ELISSA RHAÍS

PAUL TABET

ELISSA RHAÍS

Tradução
Procopio Abreu

Companhia de Freud
editora

TÍTULO ORIGINAL
Elissa Rhaïs

Direitos de edição em língua portuguesa adquiridos pela
EDITORA CAMPO MATÊMICO
Proibida a reprodução total ou parcial

EDITORAÇÃO ELETRÔNICA
FA - Editoração Eletrônica

REVISÃO
Sandra Regina Felgueiras

EDITORES RESPONSÁVEIS
José Nazar
Luiz Roberto Klaczko

FICHA CATALOGRÁFICA

T113e

Tabet, Paul.
Elissa Rhaís / Paul Tabet ; [tradução Procopio Abreu]. — Rio de Janeiro : Companhia de Freud, 2001.

200 p. ; 23 cm

ISBN 85-85717-48-3

Tradução de : Elissa Rhaïs.

1. Ficção francesa. I. Abreu, Procopio. II. Título.

CDD - 843

Companhia de Freud
editora

ENDEREÇO PARA CORRESPONDÊNCIA
Rua Visconde de Pirajá, 577 - Salas 306-307
Cep 22410-003 - Ipanema - Rio de Janeiro
Tel.: (21) 540-7954 – Telefax: (21) 239-9492
email: tereza@ism.com.br

1º de janeiro de 1968. 5 horas da tarde.

No número 19 da Rua Jules-Ferry, como em todas as casas de L'Haÿ-les-Roses, cumpriu-se o rito: comeram! O festim que devia alegrar as almas transformou-se em gargarejos, toalhas sujas, cheiro de carcaças de ostras, de peles de peru grelhadas e de castanhas requentadas. Últimos votos, último champanhe, última ilusão que se vai em patuscadas. Esse fim de dia se esvai nos vapores alcóolicos, na aspereza dos charutos que acabam de ser consumidos, no suor que já escurece os colarinhos, na exaltação das vozes que enrouquecem e gritam. Mais algumas frutas secas, alguns chocolates e por alguns minutos haverá festa a lambiscar e a derreter na boca. Amanhã, em L'Haÿ-les-Roses, vai estar um pouco mais frio, um pouco mais cinzento, um pouco mais asfaltoso que de costume.

5 horas da tarde. No número 19 da rua Jules-Ferry, enclausurado em seu quarto, um homem de setenta anos fala e sofre, ele que precisa falar e sofrer. Para sobreviver ainda. Para se ajudar a morrer. Que fratura lhe estará devastando o corpo, a vontade, a mente para fazê-lo assim delirar, falar por enigmas? Encolhido, as mãos atrás das costas, a nuca vermelha, o rosto terroso e crispado, anda sem parar em volta da cama. Não ouve, vindo do salão, nem os risos nem a voz crepitante de um primo que começou a cantar. É apenas o espectador de si mesmo, esgotado por uma insuportável tensão.

Há algumas horas trancado com o filho nesse quarto, tenta lhe dizer algo. "Algo que só pode ser grave e perturbador", pensa Pierre vendo-o torcer os dedos, ouvindo-o ofegar, pronunciar frases incoerentes. "Onde está o pai que conheci, que me dava gosto e força de viver e de amar, rápido, sedutor, o sorriso às vezes um pouco triste mas sempre pronto para todas as ternuras, para todas as indulgências? Que tinha a arte de falar, de calar-se, de exaltar, de escrutar minha alma?".

Este homem no entanto parecia sólido, quase sem mistério. Um pouco mais inteligente, certo, um pouco mais culto que todos à sua volta. Meio brincalhão, meio conquistador, meio amargo e desiludido. Mas nada que pudesse inquietar um filho que talvez, é verdade, a admiração deixasse cego. Bastava a Pierre, para imaginá-lo forte, invulnerável, sentir seu braço sobre seu ombro, ouvi-lo fazer amor com Laura, a mãe, ou ver brilhar os olhos das mulheres que ele encantava, em certas noites de festa, alegre, solto, "alto", a contar-lhes uma velha lenda otomana ou a história ambígua de um pequeno regador...

Subitamente, aos vinte e seis anos, Pierre tem a impressão de não saber nada do pai. Não se fez nenhuma pergunta sobre seu passado, sobre as razões que, por vezes, no meio de uma conversa ou de uma gargalhada, crispavam uma sombra em seu rosto, o tempo de uma imagem, de uma palavra, de um cheiro ressurgido por acaso de um alhures desconhecido.

E Pierre, agora, tem vontade de interrogá-lo, de ir fuçar nesse passado mal enterrado, de descobrir a face escondida desse pai do qual só guardou até o presente a verdade primeira, evidente, dada a todos. O que sabe dele ao certo?

Na carteira de identidade: Raul Dahan, chamado Rhaís. Nascido em 17 de abril de 1899 em Bouzaréah (Argélia). Rhaís! um pseudônimo de escritor herdado de uma tia de quem Pierre ouvira vagamente falar e cuja obra, hoje esquecida, ele sabe que escrita em colaboração com Raul, conheceu certo sucesso entre as duas guerras. Leu até um ou dois de seus livros que encontrou por acaso na biblioteca: relatos exóticos, coloridos, de escrita em desuso, atravessados por personagens orientais a um só tempo simples e excessivos, figuras da paixão, da volúpia e do orgulho, capazes de todos os sacrifícios bem como de todas as crueldades para defender um amor ou uma dignidade ameaçados. Estilo Pierre Loti, mais leve talvez, mas mais vivo, menos complacente com as descrições ou a cor local. "Deve ser desse período, imagina, que data o gosto de Raul pela literatura e pelas letras antigas". Pierre sempre ficou fascinado com o número de poemas franceses, ingleses e árabes que seu pai podia recitar de memória, com a facilidade que tinha de traduzir Sêneca ou Cícero sem dicionário. Sempre ficou impressionado de ver a febre que animava o rosto do pai todas as vezes que o surpreendia dissertando, em seu escritório, para um jovem deslumbrado e silencioso, sobre o estilo de Flaubert, a moral de Voltaire ou os amores ilícitos de Victor Hugo. Sem precisar realmente de dinheiro, sempre fizera questão de dar aulas particulares e Pierre sabia que para ele aquelas duas horas da noite eram as mais estimulantes do dia, uma droga indispensável, uma maneira, talvez, de suportar outra coisa...

A literatura constituía, em sua existência, um território à parte ao qual, sem dúvida, ele se apegava com paixão, mas que paradoxalmente sempre deixara afastado de suas atividades principais; em sua vida profissional, notadamente, Raul não tivera muito a oportunidade de usar suas competências literárias: funcionário especializado em problemas de gestão, conselheiro técnico, depois chefe de pessoal até 1960 na OIA, em Blida.

A OIA, Oficina Industrial do Ar: dois mil e quinhentos operários a serviço do Ministério da Defesa para o reparo dos motores de aviões militares. O êxito exemplar em seu ofício: o administrativo sério, pontual, devotado, apreciado pelos superiores, amado pelos colaboradores. Vinte e cinco anos de uma vida de funcionário, aparentemente sem histórias. Além do mais com uma intensa atividade sindical que o levara ao ponto mais alto das responsabilidades nesse setor. E Pierre lembra: 17 de abril de 1955. Uma data inscrita com precisão em sua memória. Raul voltara, na véspera, de uma missão em Paris, a mala cheia de presentes com o bom cheiro da França, entre eles o tradicional coco comprado no Bulevar Saint-Michel. Naquela manhã, convidou Pierre para ir com ele ao trabalho: "É quinta-feira, você poderia passar o dia comigo. Almoçaremos na cantina. Além do mais, sabe, em Paris consegui coisas tão extraordinárias para todos os operários que hoje vai ser para mim um grande dia".

Os dez quilômetros que separavam a OIA do centro da cidade eram uma festa para Pierre, que gostava de ver o pai dirigir seu velho 203 como se pilotasse um bólido, o acelerador pregado ao chão, num estrondo de lataria e de descargas. No caminho, Raul lhe explicou que acabava de obter dos "patrões" em Paris que oitocentos empregados, na maioria operários, ameaçados de demissão, fossem mantidos por dois anos. As oficinas deveriam demonstrar durante esse período que ainda poderiam ser rentáveis. O desmantelamento da fábrica e o desemprego evitados por pouco, ele estava seguro de que cada um redobraria os esforços para transformar sursis em salvamento definitivo...

Chegaram, um e outro, excitados. "Curioso", resmungou Raul entrando em seu escritório por uma porta de serviço, após ter atravessado uma secretaria vazia, "como é que não há ninguém aqui. Eles vão me ouvir quando chegarem. Basta eu me ausentar uns dias e cada um faz o que bem entende. Logo agora que vão ter que trabalhar duas vezes mais que antes".

Abriu resmungando as ventanas da janela que dava para o pátio, uma imensa esplanada quadrada cheirando a asfalto, óleo e borracha queimada, cercada de galpões, oficinas, prédios administrativos. Pierre nada viu, num primeiro tempo, a não ser o rosto dele virar pedra, os olhos aumentarem, os gestos pararem. Estava do outro lado do escritório e não ousava se mexer tanto a imobilidade do pai e sua fascinação o intimidavam.

"Venha", disse-lhe Raul, após longos minutos, "venha ver". Pierre aproximou-se lentamente, pôs o nariz na janela e descobriu o mais inesperado, o mais impressionante dos espetáculos: centenas de homens alinhados no pátio numa dezena de filas, agachados, virados de costas para aquele escritório, calças e cuecas abaixadas sobre os sapatos. Centenas de bundas nuas expostas na luz ofuscante daquela manhã de abril. Centenas de bundas nuas ofertadas e mais adiante um imenso cartaz.

"A Rhaís, por seu aniversário, seus colegas, amigos e operários reconhecidos".

Raul chorava apertando bem forte a mão do filho. Aqueles que ele salvara festejavam à sua maneira seus cinqüenta e seis anos de vida. Gesto supremo de gratidão na pura tradição norte-africana!

Pierre tinha treze anos.

Nessa noite de 1º de janeiro, Pierre tem o sentimento de sempre ter visto nesse homem comportamentos admiráveis. Não se lembra da sombra de uma mesquinharia, nem de tê-lo uma única vez desprezado. Belo até em suas angústias, até no desamparo que por vezes pesava sobre seu olhar e seus ombros e cujas razões nunca procurou conhecer. Sublime em suas contradições, por trás das quais Pierre lia uma outra coerência, surpreendente, original. Tinha orgulho desse pai, judeu, *pied-noir**, que falava tão bem a língua árabe (ele que não sabia dizer a mínima prece em hebreu), que, ao contrário de seus compatriotas ou correligionários, tinha tantos amigos muçulmanos, que defendia, contra a família, contra os mais próximos, a idéia de uma Argélia independente e árabe.

Jubilava ao escutá-lo perorar, à noite, num terno de brim branco, diante de um *créponné***, no terraço do Café Paoli na Praça de Armas em Blida, cercado de jovens admirados, em quem sabia suscitar a contestação para melhor dominá-la em seguida por sutis demonstrações pontuadas de referências e citações.

Depois, em 1960, ameaçado pela OAS*** que não perdoava suas simpatias à causa argelina, tivera que precipitar sua partida, deixar a suntuosa mansão de Blida, batizada *dar Saada*, "A casa da felicidade", por uma modesta casa cinza de subúrbio, abandonar a fábrica, a cidade na qual era um pouco rei pelo anonimato de um escritório parisiense; pequeno posto no Ministério da Defesa, pequena poltrona, pequenas conversas sobre o consumo da gasolina, os impostos ou os trajetos de metrô. Tíquetes de restaurante ao meio-dia para ovo cozido, maionese e cabeça de vitela; partida de bilhar na hora do café e, às 17. 30h, a campainha do dever em princípio cumprido, como antigamente na escola. E no segundo seguinte, todos os dias, a mesma agitação nos corredores, os mesmos passos apressados daqueles que fogem do mesmo tédio para jantares consumidos bem rápido e camas que, por toda a semana, não vão gemer.

No início, Raul parecia suportar mais ou menos bem aquela nova existência; cansado dos grandes debates, dos grandes enfrentamentos de uma Argélia em delírio, encontrava um alívio, um certo prazer talvez, no encurtamento de sua existência, em ser apenas um número entre outros; tinha assim mais espaço para meditar e sonhar, para descobrir uma solidão que lhe faltara em sua vida blideana. Encontrava até certa poesia na simplicidade das pessoas à sua volta, no individualismo que mesmo assim não excluía a solidariedade, na obstinação em repetir os mesmos gestos às mesmas horas, na ingenuidade em se espantar com a mínima variação na cor de uma parede ou na roupa de uma garçone-

* Francês da Argélia. (NT)

** Sorvete de limão. (NT)

*** Organização armada secreta: grupo de militares e políticos que se opunha, inclusive mediante ações terroristas, à política argelina do Gen. de Gaule e à independência. (NT)

te. A indiferença dessas pessoas aos problemas metafísicos, a ausência total de imaginação o descansavam e ele não estava longe de saborear o que em outros tempos teria considerado mediocremente banal. Não se sentia mais obrigado a brilhar, nem a espantar, nem a decidir. Muito pelo contrário, o que teriam celebrado nele outrora como uma virtude teria aqui sido percebido como uma inadmissível incongruência, uma tentativa desprezível de querer aparecer.

Mas o interesse por aquele novo cenário bem rápido se extinguiu. Mal terminou de conhecer aquelas pessoas sem surpresa e sem esperança e logo começou a voltar-se para si mesmo, a falar cada vez menos, a trancar-se no escritório – ele que sempre fizera questão de trabalhar de portas abertas –, fugindo dos lugares onde entre meio-dia e uma da tarde costumava encontrar os colegas.

Aos poucos foi se afastando do mundo, empenhando-se em cortar sistematicamente toda comunicação, todo diálogo outro que estritamente profissional e ainda assim limitava-se ao essencial, a alguns embriões de frases secas pronunciadas no tom da neutralidade mais insignificante, mais redutora. Trocara os ternos de alpaca de fortes cores pastel por um eterno conjunto cinza e, desprezando toda excentricidade, tentando passar despercebido, o rosto dissimulado sob um velho feltro preto de largas abas caídas, queria estar transparente, sem forma, sem cheiro, sem existência para os outros. Toda conversa privada lhe teria sido insuportável. Estava dali por diante circulando num outro mundo ao qual ninguém tinha acesso... Teve muita dificuldade para terminar o último ano antes da aposentadoria: emagrecia, comia sem apetite e, retraindo-se e enfraquecendo, ficava cada vez mais ausente, cada vez mais fechado, não suportando mais a presença física dos colegas, menos ainda a dos corpos amontoados à sua volta no ônibus ou no metrô.

Pierre notara desde o início, desde os primeiros meses do ano de 1962, a degradação do pai; vira seu olhar ficar sombrio, as costas se dobrarem; surpreendera-o de noite andando nervoso de um lado para o outro do salão da casa, triturando um charuto, imobilizando-se por alguns segundos diante da biblioteca para imediatamente partir de novo em seus giros em torno de uma mesa, de uma poltrona, de um tapete. Mas Pierre nunca o interrogara sobre a origem da brusca deterioração de sua saúde. Uma cumplicidade que não precisara de muitas palavras para se forjar ligava o pai e o filho. Tinham se escolhido para além do vínculo parental sem procurar explicar as razões profundas daquilo; Raul cuidara bem de perto da instrução e da formação literária de Pierre; fizera-o até falar muito, para dar-lhe o gosto de exprimir-se, de traduzir-se em palavras, mas ele mesmo jamais se abrira. Nada lhe dissera de sua infância, de sua juventude, de sua vida até o casamento aos quarenta e dois anos! E Pierre se habituara a não questionar o pai.

Bruscamente, em 1965, na hora da aposentadoria de Raul, Pierre tinha partido para o Marrocos. Ao término de estudos de filosofia lentos e tediosos ao longo dos quais passara mais tempo a freqüentar os bistrôs de Saint-Germain e do Quartier Latin em busca de aventura, de uma boa cerveja inglesa ou de um otário para depenar no tarô do que a explorar os textos de Kant, Hegel ou Bergson, acabara não passando no concurso para a universidade, o que no fundo lhe pareceu imoral: tinha com efeito a impressão de saber mais sobre a liberdade, a condição humana, os fundamentos do conhecimento e da ação que a maioria dos ratos de biblioteca, seus condiscípulos! Rapidamente se consolara achando que a vida seria certamente mais excitante, mais móvel, mais fértil em imprevistos sem um desses grandes concursos que são o emblema e a glória dos universitários estabelecidos e que conferem às pessoas, aos olhos de seus concidadãos, um *a priori* de sério e toda uma série de virtudes ou de valores de que estão evidentemente excluídas a leviandade, a frivolidade, a improvisação. Todos eles "vícios" para os quais agora ousava assumir, saborear um pendor delicioso. Um anúncio no jornal *Le Monde* para o recrutamento de voluntários do Serviço Nacional, um dossiê na Rua La Pérouse e Pierre partira para ensinar a filosofia dita "ocidental" aos berberes do Liceu de Azrou.

Tivera poucos contatos com o pai durante aqueles três anos: uma carta de vez em quando, um telefonema no Natal e na Páscoa, alguns dias juntos nas férias de verão. Pierre suportava mal o espetáculo da decadência de Raul: olhares lastimosos, carregados de indecifrável súplica, silêncios, suspiros, a maneira que tinha agora de dramatizar os menores incidentes da vida cotidiana, uma xícara derrubada, um botão solto, um barulho anormal na rua, imagens novas que vinham percutir aquela, suntuosa, que iluminara sua juventude. E Pierre estava feliz demais, loucamente entusiasta da experiência que estava vivendo no Marrocos para dar atenção à aflição daquele homem. Então, passando por cima da penosa impressão de trair o pai, inventava-se, a cada volta ao país do sol, razões para esquecer ou minimizar a gravidade do estado no qual o deixava, convencido, ou fingindo estar, de que não lhe podia ser de nenhum socorro, de nenhuma utilidade. Raul parecia atingido por um mal aparentemente misterioso para o qual Pierre e os outros buscavam as clássicas hipóteses mais banais: "o vazio brutal da aposentadoria", "o ócio forçado para um homem que foi tão ativo", "o repatriamento da Argélia, a mudança de vida, de mentalidade que ele na verdade nunca suportou", "Paris e suas dificuldades, seus problemas, o céu cinza, o barulho, a poluição". Quem teria tido a audácia de imaginar que aquele homem escondia um continente perdido? Que talvez tivesse usado uma máscara durante mais de vinte e cinco anos, dissimulando um mal antigo e profundo cujos fantasmas vinham agora assediá-lo?

Em 23 de dezembro, quando se aprestava a partir para uma grande viagem ao sul do Marrocos, Pierre recebeu este telegrama: "Necessidade urgente de vê-lo e de falar-lhe. Venha, peço-lhe. Raul".

Chegara à Estação Lyon no dia 27, de manhã bem cedo. Paris inaugurava um inverno atroz, de geada suja, vento gelado, passantes encolhidos de frio, motoristas de nervos à flor da pele, taças de vinho tinto consumidas sem alegria em balcões brilhantes demais, funcionários apressados em voltar para seus escritórios bem aquecidos. Pierre já sentia saudades das cores violentas, dos perfumes tenazes que acabava de deixar, da calorosa convivialidade daqueles que ele já considerava como irmãos e daquele universo que o adotara, que se tornara sua verdadeira vida. E sob o céu sem emoção, sem piscar de olho e sem futuro da Estação Lyon, Pierre, febril, transido, de antemão desanimado, perguntava-se por que viera, que força o impelira a renunciar a seus projetos – Natal debaixo da tenda no deserto, o encontro com novos rostos, novos costumes, outras exaltações em perspectiva diante da diversidade dos modos, dos comportamentos, das paisagens, dos ritos daquele país. Pensava naquele pão quente que não compartilharia, nos melhores pedaços de frango ou de carneiro que lhe teriam estendido ou que ele teria oferecido a seus vizinhos de mesa, naqueles cantos que não entoaria com os outros na excitação dos odores de incenso, da música e do balanço das dançarinas. Por que diabo respondera, sem discutir, ao apelo de um velho que provavelmente se imaginava mais doente do que estava e que estava tendo talvez um capricho de velho pai infeliz por não ter junto de si, para as festas, "o filho querido".

Na calçada da estação, foi tomado por uma brusca apreensão que o fez estacar, pousar as malas e oferecer-se a todos os frios, a todos os ventos; e se estivesse deixando aquela vida para sempre? E se acontecesse um drama que o impedisse de lá retornar? "Mas tenho de voltar de qualquer maneira; estou sendo esperado dia 7 de janeiro. O que é que poderia me prender aqui?". Tentou assim tranqüilizar-se para não desabar, recolheu a bagagem e arrastou-se lentamente até a entrada do metrô cujo hálito expulsou provisoriamente seus temores.

Chegou a L'Haÿ-les-Roses extenuado, trêmulo, exasperado com aquele metrô abafado e que não acabava mais, de estações a baldeações, de corredores a escadas, de porteiras verdes a porteiras cinzentas, com a espera, de pé, na Porte d'Italie, numa corrente de ar agressiva, de um ônibus sem desculpa por estar atrasado, desconfortável, turbulento, com a lentidão de um chofer empenhado em economizar os últimos recursos de sua máquina e em respeitar todos os sinais, todos os avisos, todas as faixas amarelas e todas as instruções e todos os regulamentos da terra. A ponto de crer que ele ainda acrescentava mais, que inventava regulamentos suplementares.

O nervosismo de Pierre sumiu no instante preciso em que encontrou o olhar de Raul. Olhar de doente, de homem acuado, perdido, no limite da ruptura e da explosão. Pierre logo entendeu que o pai não o fizera vir por nada...

E no entanto vão ser necessários cinco dias para que Raul abra as portas de sua prisão e se ponha a falar. Com efeito, cinco dias que Pierre está trancado nessa casa de subúrbio, cinco dias a sufocar entre os silêncios tensos do pai e as atenções solícitas da mãe que, na circunstância, o irritam. Ele não fez aquela longa viagem e renunciou a férias que prometiam ser apaixonantes para consertar pulôveres, comer a "comidinha" da mãe ou festejar a passagem do ano com tios, tias e primos com quem não tem nada a ver!

Durante esses cinco dias, intermináveis, opressores, Pierre não fez uma única pergunta. O pai, fechado, desvairado, dava a impressão de só se dar conta da presença do filho quando este último fazia menção de sair. Precipitava-se então sobre ele: "Fique aqui, eu lhe suplico, não me deixe. Preciso de você".

Pierre cedia a cada vez, persuadido de que ia enfim ficar sabendo o que o pai tinha a lhe dizer. Mas nada. A cada vez Raul logo caíra em sua prostração.

De repente, na atmosfera agônica daquela festa de Ano Novo, Pierre tem o sentimento de que algo de essencial, de definitivo está acontecendo: Raul está falando! Pierre entende pouca coisa de um relato incoerente e atabalhoado mas, pela primeira vez, ouve pronunciar um prenome desconhecido: Leila!

Pela primeira vez, compreende que aquele homem não é só seu pai e o marido de sua mãe, que foi antes o outro de uma outra, o ator de uma outra vida, de uma outra aventura. Essa descoberta deixa Raul bem junto dele: está começando a confissão de um pai a um filho, que vai selá-los um ao outro e bem além das próprias palavras; ela faz dele ao mesmo tempo herói de uma existência que parece ter contado tanto para ele, mas que Pierre não consegue bem imaginar já que nada daquela existência lhe diz respeito. Surge um alhures que vai desabar sobre sua vida e que por enquanto gira em torno de dois prenomes, Raul e Leila, Leila e Raul, como o título enigmático de um folhetim perfumado de exotismo, de uma história de amor entre uma mulher misteriosa, "espetáculo inexistente", e este mesmo homem que hoje se cria e se destrói ao mesmo tempo.

"Eu não era nada, entende, nada! Nada a não ser uma criança abandonada. O mundo me dava medo. Nele sempre me senti desprovido, frágil, exilado, ameaçado. Quando me deram um ninho, um corpo de mulher – e no entanto o dela, Deus sabe que era...! –, nele me senti bem. Era acolhedor, havia luz, eu tinha vinte anos. Não posso mais. Minha cabeça vai estourar".

Os convidados se foram. Laura entra no quarto com seu cheiro de flor de laranjeira e creme de baunilha. Tenta distraí-lo. Nada dá jeito. Raul viaja em seu sofrimento.

Naquela noite, Pierre o ouviu levantar várias vezes e mexer no armário de remédios. Ia entender pouco mais tarde que a vida de Raul estaria dali por diante sendo jogada a cada noite diante da porta daquele armário.

O dia seguinte era segunda-feira. Daquelas segundas assassinas de estrelas que nos puxam o tapete e nos jogam no asfalto, de sonhos de veludo em café quente com cheiro de aposta perdida. Laura saíra por volta das três da tarde e Pierre se preparava também para sair a fim de encontrar amigos e bistrôs parisienses quando o pai se aproximou dele e, apertando-lhe bem forte o punho: "Fique", disse-lhe como uma súplica, "tenho ainda muitas outras coisas a lhe dizer".

Pierre mesmo assim tinha vontade de escapar. Pressa de deixar a atmosfera doentia, angustiante daquela casa onde sentia insinuar-se o cheiro obsceno da revelação e do escândalo. Algo o impelia a fugir, a desertar, a abandonar aquele homem a seu destino. Como se, apesar de tudo o que queria saber a seu respeito, tivesse medo de descobrir a verdade. Medo do desconhecido no qual Raul ia mergulhá-lo. Medo de afundar num universo ao qual de repente queria ficar estranho. Estava convicto de que sua vida estava alhures, em algum lugar entre a Rua du Dragon, o Café Cluny e um anfiteatro da Sorbonne, ou lá, no cheiro de lã e de manteiga de cabra, nos bazares do Médio Atlas e no canto dos muezins. Convicto ao mesmo tempo de que corria grave perigo caso ficasse escutando as divagações de um velho de testa úmida, olhos vermelhos, mãos trêmulas.

Ficou no entanto. Como se respondesse a uma convocação da qual não tivesse finalmente chance alguma de poder se esquivar. Devia imperativamente ceder àquele encontro imprevisto.

"Venha", disse-lhe Raul, "venha comigo ao porão".

Para descer até o porão, era preciso primeiro sair da casa e contornar o alpendre. Pierre recebeu como uma agressão o frio cinza e a geada daquele início de ano, o barulho lastimoso dos freios dos ônibus, o espetáculo daqueles homens e daquelas mulheres de olhos de concreto, apressados demais, cobertos demais, sós demais. Era deles que se sentia de repente muito longe; era àquela vida que ele subitamente se tornava indiferente. Era apenas um filho seguindo o passo do pai, descendo rápido atrás dele a mesma escada em direção ao mesmo buraco negro e úmido, em busca de um tesouro que lhes ia fabricar uma filiação tal que nenhum acasalamento, nenhum registro civil jamais havia engendrado.

Num canto do porão um monte enorme de carvão.

"Tome, pegue esta pá e me ajude a retirar este carvão-de-pedra".

Pierre não entendia. Achava aquele trabalho absurdo e ridículos aquele pai e aquele filho penando no gelado e na escuridão no meio de detritos e teias de aranha para mudar de lugar alguns centímetros uma montanha de antracito. Obedecia entretanto, silencioso, resignado.

Quando os últimos pedaços foram retirados, Raul pôs-se de joelhos na fuligem. Raspou febrilmente o chão e retirou uma placa de ferro grossa que levantou com dificuldade. Um buraco fora cavado naquele lugar de onde ele exumou duas enormes malas escurecidas, empoeiradas. Pierre tinha a impressão de estar vivendo uma cena inverossímil, quase irreal: aquele porão, sujo, mal cuidado, no qual descera mil vez para buscar carvão e que detestava, porque era justamente o lugar inquietante de uma corvéia freqüente demais, eis que aquele lugar ao qual às vezes atribuía um falso poder maléfico continha verdadeiros mistérios. Que podia bem haver naquelas malas e por que Raul dava a elas tanta importância? Por que as havia escondido e, a julgar pelo estado de deterioração, há tanto tempo?

Os gestos, as palavras eram incoerentes. Os olhos estavam injetados de sangue quando começou a estender sobre os tapetes do salão as milhares de folhas amarelas amontoadas que ele tirava das malas em pacotes cuidadosamente amarrados. Pierre estava atordoado com a maneira a um só tempo febril e metódica que ele tinha de desfazer todos aqueles nós, como se estivesse abrindo fragmentos de sua vida cuja verdade fabulosa e atroz ele desamarrava: manuscritos, cartas, jornais velhos do entre-guerras. Após identificar e classificar todos esses documentos, Raul se acalmou, respirou fundo e, depois de reter o fôlego por alguns segundos, pôs-se lenta e pausadamente a falar...

Pierre olhou um instante pela janela do salão. Adivinhou, através do vidro embaçado, na penumbra, os galhos de uma pereira, a única árvore daquele minúsculo jardim que ele achara irrisório, grotesco, inútil – à imagem daquele subúrbio e daqueles que o povoavam – e diante do qual sentira subir soluços na primeira vez que, vindo da Argélia, descobrira o lugar onde viveria dali por diante.

Soube nesse momento que caíra numa armadilha da qual talvez não pudesse mais se livrar. Sonhou uma última vez com dunas, aldeias de terra, vales de loureiros-rosa, com aquela claridade das noites da África que já lhe pareciam longínquos. Acolheu assim distraidamente as primeiras palavras de Raul mas bem rápido algo de envolvente o impeliu a entrar no relato. Não resistiu, ignorando ainda que aquelas palavras que se insinuavam nele como se fossem sortilégios o emparedavam insensivelmente numa prisão cujo horror mais tarde descobriria. E que esse emparedamento se assemelharia estranhamente ao outro, cuja história Raul começava a lhe contar, nesse 2 de janeiro de 1968 às dezoito horas...

I

Leila Bou Mendil nascera em Blida, em 1882, de pai muçulmano e mãe judia de origem francesa.

O pai, mestre absoluto em casa, frio, silencioso, autoritário, vendia panos. Criança, ela passava longas horas em sua loja a acariciar os cortes de seda e a enfiar o rosto nos tafetás e nos veludos. Daí lhe veio o gosto pelos belos tecidos e a importância da roupa que situa o indivíduo na sociedade.

Conservou também desse período a imagem daqueles homens sentados sobre uma grande esteira no fundo da loja, no fim da tarde, e que discutiam, durante horas, a meia voz, bebendo chá e fumando longos cachimbos odorantes.

Sonhava sentar-se no colo do pai e escutar na totalidade os relatos ou os debates políticos que recolhia em fragmentos todas as vezes que lhes trazia uma nova chaleira. Levava o maior tempo possível para percorrer a distância que separava a porta da bandeja a fim de ganhar alguns segundos, algumas palavras. Bem cedo sentiu que as coisas interessantes da vida se passavam ali e não no lavadouro ou na cozinha; e confusamente sentia raiva do pai por dali excluir as mulheres, da mãe por aceitar. Esta última no entanto, de aparência doce e resignada, ardia em mil revoltas interiores e lhe ensinava às vezes, em voz baixa, o mundo tal como o via, amanhã, em que as mulheres reinariam e governariam, orgulhosas de suas leis e de seus desejos, novas, vingadoras, implacáveis.

"Dia virá..." repetia a cada humilhação, a cada um de seus recalques. Mas Leila adivinhava bem que todos aqueles discursos não passavam de sonhos. A mãe nunca faria revolução alguma. Inventara para si mesma silêncios e resignações demais. Leila rapidamente se deu conta disso quando ficou decidido que a casariam com um rico comerciante de especiarias vindo do Egito e instalado com toda a família na Cabília. A mãe não protestou.

Puseram-lhe então o véu certa manhã. Pintaram-na bem forte com *khôl** em volta de seus grandes olhos negros. Passaram-lhe nos lábios tintura de nozes e vestiram-na com um cafetã branco coberto de pérolas sob o qual se adivinhavam seios vigorosos, ancas voluptuosas e uma cintura bem desenhada que ataram com um cinto bordado de seda preta com uma fivela de esmeralda. Foi assim depositada, os cabelos tingidos de henê, o rosto cor de açafrão e o corpo delicadamente besuntado com uma loção à base de âmbar e almíscar, sobre o leito de um homem de quarenta anos que ela nunca vira e que cheirava a cominho e gengibre. Ela tinha dezessete anos.

Esse homem a amou no início com um amor violento, apaixonado, exclusivo. Não tocava mais em nenhuma das outras três mulheres de seu harém. Aquela jovem tinha se tornado para ele uma obsessão, queimava-o sem parar. Estava fascinado por sua pele branca e lisa, pela maneira que tinha de se encolher na cama quando ele entrava em seu quarto. Os pudores, as crispações, a maneira de esticar as pernas para dar mais rigidez e altivez ao andar, o olhar longínquo, ausente e agitado, tudo nela o deixava louco, incapaz de fazer outra coisa que olhá-la e possuí-la. E seu cheiro! Que o perseguia. De que não conseguia se livrar nem mesmo longe dela. Por mais que mandasse cobrir seu corpo de perfumes capitosos, ela ainda exalava algo de quente e frio, como um açúcar glacial que parecia provir do fundo de seu sexo e da marca irredutível de sua diferença. Aquele cheiro, aquele alhures que ela trazia consigo o provocava, o excitava e o inquietava ao mesmo tempo. Leila era o oposto do que até então ele havia conhecido nas mulheres: as ancas ondulantes, os olhares lascivos, os cheiros um pouco repugnantes de suor e almíscar misturados, os arrebatamentos no amor que ele bem sentia por vezes que eram simulados para dar prazer ao mestre e dar-lhe a ilusão de posse e triunfo. Ele devorava seu corpo, brutalmente, furiosamente, em assaltos fulgurantes entrecortados de longos perío-

* Maquiagem de cor escura. (NT)

dos de carícias que a deixavam ao amanhecer esgotada, vazia, machucada, não só pelo ímpeto do marido mas pelos esforços que fizera para dissimular suas emoções e reter seu desejo de gozo.

Eram a juventude e a beleza dessa moça que ele celebrava e saqueava, mas também tinha que acertar uma conta com a história. Essa mulher tinha sangue judeu e a impiedade desse sangue aumentava sua sensualidade e seu poder de sedução, mas fazia dela ao mesmo tempo uma amaldiçoada que ele devia diminuir, que devia destruir. Desejava-a dia e noite, ela que era seu erro, sua decadência, seu pecado. Então, dividido entre desejo e sentimento de culpa, tentava expulsar um e outro fazendo do ato de amor uma manifestação de seu poder, uma vingança histórica, uma execução. Queria alienar a alma alienando o corpo. Contava atingi-la no mais fundo de seu ser fazendo dela uma amante ativa, vibrante, dependente. Queria que ela se inflamasse por ele, que o solicitasse, que o amasse. Para dominá-la totalmente. Para infligir-lhe e, através dela, para infligir a sua raça uma irremediável sujeira. Sabia que o amor do escravo pelo tirano é o mais terrível ultraje à natureza humana.

Ora, embora Leila tivesse consentido aquele casamento porque não aprendera a protestar, porque ainda não conhecia as palavras da revolta ou da contestação, tudo nela recusava aquele homem e sua condição de filha vendida. Inventara para si, com os meios de que dispunha, uma forma de luta talvez mais temível ainda: o ódio mortal. Inabalável. A resistência passiva, que esgota o outro constrangendo-o a fingir não se dar conta. O corpo sacrificado, servido em pasto, submetido para melhor desprezar, para melhor triunfar. A passividade. E o silêncio, que exaspera por repetir ao infinito o que ele contém, o que quer significar.

Nunca se falavam, totalmente investidos em enfrentamentos que língua alguma podia traduzir tanto eram profundos, imediatos, crípticos. As únicas palavras que existiam entre eles eram aquelas que ele delirava no auge de seu prazer.

Às vezes, nas noites que a lua conseguia empalidecer infiltrando-se através das gelosias, ele encontrava o olhar dela que o desafiava do fundo de seus lençóis brancos demais para não estar em conivência com alguma potência oculta. Recomeçava então com mais energia e a penetrava, excitado por não poder furá-la ainda mais, mais alto, mais longe, mais forte, furioso por não poder fazê-la berrar de prazer ou de dor. Matava-se querendo matá-la de amor e ficava com raiva daquela submissão, daquela passividade que ele entendia ser a força, a terra de resistência, a inviolável e imperdoável superioridade daquela mulher. Atolava-se todas as noites em combates que sabia de antemão perdidos. Todos.

*

Seis meses se passaram desde o casamento quando uma noite ela não ouviu mais o barulho das babuchas arrastando no ladrilho nem o entreabrir furtivo da porta que fazia penetrar em seu quarto o temível cheiro de especiarias. O desejo se esgotara ou imaginara ele, para melhor vencê-la, outro sofrimento?

Sentiu-se aliviada naquela noite. Não buscou entender as razões daquela libertação nem a ameaça que continha. Abriu totalmente as janelas na noite e saboreou o primeiro ar fresco do fim do verão. Agradeceu ao Senhor por tê-la poupado. Dançou, cantou, como no tempo em que era jovem, em que era virgem. Cantarolava ainda quando adormeceu, estendida, relaxada, serena.

Não podia imaginar a que torturas a conduziria seu despertar, em 21 de setembro de 1899.

1899. Um ano como os outros para toda uma humanidade que não tem outro horizonte a não ser o cotidiano e o alinhamento alfabético dos dias que passam e que devem ser salvos um por um.

1899. Os historiadores perversos – aqueles que gostam de datas, números, faixas históricas que começam e que acabam – fazem balanços, traçam perspectivas. Vemos enfrentarem-se passadistas e futuristas, nostálgicos e curiosos. Uns se sentem bem nesse século e temem vê-lo terminar, dever cair com ele noutra época. Outros têm pressa de cruzar-lhe os últimos contrafortes pois, além, entrevêem a vitória do homem sobre si mesmo, sobre a natureza, sobre a injustiça, sobre Deus!

1899. Uma jovem de dezessete anos, já consumida, entra no anonimato e na escuridão de um harém. Seu mestre não quer mais saber dela porque ela não quis saber dele. Será punida como ele o foi por ter tentado subverter a história e a tradição.

Uma escrava deve ser possuída, utilizada. Deve às vezes até ser mutilada para que vire definitivamente objeto. Este é o atroz poder do mestre ao mesmo tempo que o reconhecimento de seu limite: é impossível reinar muito tempo sobre um ser que dispõe de todas as suas faculdades, é preciso então amputá-lo, diminuí-lo. Mas não se deve pretender transgredir esse limite. Querer tornar um escravo feliz é uma presunção de poder supremo que só os deuses possuem... talvez. Podem-se infligir todas as torturas e os piores sofrimentos. Não se pode obrigar a amar. O homem ousou um combate impossível e perdeu. Mas resta-lhe ainda um último poder: entregar a ímpia aos maus tratos da solidão e do nada.

"Daqui por diante ela viverá apenas com outras mulheres. Sairá somente uma vez por semana para ir ao banho sob boa guarda. Que seja maldita, ela e todos os seus descendentes, e que meu olhar nunca mais a encontre".

Foi esta sentença que o mestre pronunciou em 21 de setembro de 1899. Ele morreu no início do ano de 1914 sem jamais ter revisto em quinze anos aquela que no entanto vivia sob seu teto.

Quinze anos! Quinze anos de destruição e inferno. Dias intermináveis, divididos entre a cozinha, as refeições, os cuidados dados inutilmente ao corpo, as horas de discussões entre mulheres, vazias, mesquinhas. Essas horas que não terminam de se esticar sem cor, sem acontecimento, sem surpresa. Os assuntos mais insignificantes aos quais se dá uma importância desmedida, para ganhar tempo, para evitar pensar, para evitar não pensar: as proporções de canela e passas no cuscuz, o cafetã da vizinha em visita um mês antes e do qual se comentam cem vezes, mil vezes, a qualidade do tecido, o corte, os bordados, os relatos das noites de amor com o mestre, relatos sempre falsificados, triunfantes, sempre os mesmos, que cada uma finge levar a sério pois terão que acreditar nela quando for sua vez. Rainhas de uma manhã de cheiros de axila e sexo de propósito mal lavados, cuja comédia, nervosismo, faces ardendo dissimulam mal que ficaram insatisfeitas, tratadas como corpos para gozar. Noites sórdidas sem ternura e sem alegria das quais se deve fazer, de manhã, horas de paraísos para parecer ser amada, um pouco mais, um pouco melhor que as outras, para se dar a ilusão de existir. Fazer crer que conta para alguém, para aquele mesmo justamente para quem não conta. Não mais que as outras. A luz, os homens, vistos de cima, dos apartamentos calafetados, dos corredores reservados às mulheres. O mundo através das malhas do muxarabiê. Em cima, as sombras falantes e silenciosas a um só tempo, condenadas a errar através do labirinto dos corredores, das portas secretas, das alcovas, das cozinhas; em cima, a prisão e suas grades. Embaixo, a vida, vista quadrada. E o olho se cansa de ficar colado ao caixilho para pegar, para roubar alguma parcela de existência, um fragmento de rosto, um pedacinho de conversa, migalhas irrisórias que são carregadas consigo ao longo das noites para juntá-las ponta a ponta e delas tentar fazer castelos, pradarias, cantos de amor.

A vida de Leila não passa de uma ficção. Ela não sabe mais muito bem o que pertence ao real e o que nasce do universo maravilhoso e opressor que ela inventa para si, dessa maneira, a cada retorno cotidiano da sombra e da solidão. Uma palavra, uma frase captadas ao acaso e ei-la princesa, poderosa e respeitada. Trata negócios, compra milhares de quilômetros de seda dos mais ricos comerciantes da Arábia e os espalha sobre a terra inteira. As árvores são de seda, as nuvens são de seda, o mar é de seda e a roupa desse homem que ela escolheu para a noite, que lhe trarão coberto de poeira e cheirando a hálito de cavalos selvagens. Acaricia-lhe longamente o gibão, despe-o com lentidão infinita, puxa-o para si mas se retira cada vez que sente aumentar no homem o prazer. Recomeça dez vezes, cem vezes até que ele desabe, morto.

Os sonhos às vezes a transportam a Paris que a mãe visitou e de que lhe falou das largas avenidas, dos grandes prédios de andares e das senhoras sem véu na rua, acompanhadas de senhores que não parecem comandá-las. Loura, delicadamente maquiada, tem intermináveis discussões em salões enfumaçados. O que é dito nesses altos lugares de sua imaginação? Ela nunca vai saber, apesar dos esforços que faz ao amanhecer para encontrar alguns vestígios daquelas conversas. Talvez, na verdade, sonhe apenas gestos e atitudes. Os lábios de seus sonhos articulam apenas palavras de silêncio. Vai sempre perceber somente vagos murmúrios opacos, vozes longínquas e sem falas às quais tenta desesperadamente dar um conteúdo distinto. Sua infância, sua cultura são nutridas apenas de perfumes, cores e ritos cujo valor mais tarde descobrirá. Por enquanto se atormenta cada dia mais por estar reduzida a arremedar em seus sonhos a vida intelectual. Envergonha-se dessas farsas a que mesmo assim se agarra para evitar o nada.

As lembranças de infância vão ficando vagas: Blida aos poucos se esfuma. Vão morrendo os odores de jasmim e de flores de laranjeira, os acalantos que a mãe cantava costurando e a sombra que a colina estendia lentamente sobre a planície como que para melhor dominá-la e enterrá-la. Vai desaprendendo ao longo dos anos o pouco que sabia. É verdade que nunca aprendeu a ler e a escrever. Mas tem no entanto a impressão de que não faz muito conhecia o ritmo das estações, os gestos da benção, o tempo de que precisa o sol para desaparecer por trás da montanha e os arrepios dos vizinhos cujo sexo ela às vezes acariciava, no fundo do quintal, através da grade que separava as casas.

Pouco a pouco vai esquecendo quem é, quem foi. Descuida-se, lava-se cada vez menos, torna-se preguiçosa, ranzinza, silenciosa. No início, descobria um mundo novo, interessava-se por ele, tentava fazer perguntas, discutir com as outras mulheres. Agora as brincadeiras e o teatro delas não a distraem mais. Cansou dos risos forçados, das briguinhas. Falar, sorrir, andar a cansam. Gestos, frases, trajetos se encurtam. Sai cada vez menos, até para ir ao banho, no entanto uma das raras distrações das mulheres do harém. Atravessar um corredor, enfrentar o dia, responder quando lhe falam tornam-se suplícios. As próprias revoltas vão se abrandando à medida que diminuem suas forças físicas e mentais. Em certos dias acha até que recusaria deixar o harém se lhe propusessem isso tanto se sente desprovida, vazia, incapaz de se assumir. A maldição do mestre se cumpre ao levá-la ao definhamento.

Além disso tem de suportar todos os dias as gozações, o desprezo, as pequenas crueldades de Zorah e Malika, duas de suas companheiras de harém. Não suportaram que o mestre as tivesse deixado durante seis meses e hoje se vingam. Contam com freqüência a história de uma pequena judia que quisera encantar o senhor do Atlas e que Alá havia punido.

"Ah! era bela aquela pretensiosa, com suas pernas compridas, a barriga reta e os seios saltitantes. Imagine, uma estrangeira reinar sobre nós, fiéis servidores de Alá", lança Zorah prosternando-se e levantando os braços ao céu.

"Olhem-na agora", acrescenta Malika; "está gorda e feia; abatida, enorme, seu rosto cai sobre vários queixos. Nem um escravo ia querer isso".

A inação, o ócio, quando não deixam loucas ou idiotas as mulheres do harém, dão a elas com freqüência um apetite insaciável. Leila come sem parar, de tédio, de raiva, de desespero. Ao fim de alguns anos, pesa cento e dez quilos, inchada, esfalfada, irreconhecível.

Zorah e Malika foram aos poucos se acostumando a botá-la para fazer as tarefas mais ingratas: lavar-lhes as calcinhas, os sutiãs grudentos, a louça gordurosa com água fria, bater os tapetes, os colchões, soprar vinte vezes por dia no *canoun** para atiçar o fogo (a cinza e a poeira de carvão se espalham então e a fazem tossir, sufocar), depenar frangos, descascar quilos de nabos, cardos, berinjelas. No início se revoltava, chorava, esbravejava. A mente agora não reage mais a não ser registrando e ela aceita até dançar certas noites para a grande alegria das duas concubinas que riem com ferocidade vendo-a balançar as banhas e tropeçar pesadamente cada vez que prende os pés nos véus, gotejante, bêbada do vinho que a forçam a beber.

Atravessa assim esses anos de violência feita ao corpo e à alma. Anos, séculos de confiscação, de castração, a engolir suas exaltações e seus desejos. Outra qualquer teria ficado extenuada e totalmente destruída. Ela nem sabe mais por que deve odiar o marido. Certas noites, imagina que ele se deita sobre ela, que a abraça e a penetra com ímpeto. Seus sonhos fazem dele um príncipe de beleza, força e ternura. E, no limite extremo dos carinhos que ela se dá, inflige-se a suprema humilhação: esticar e oferecer seu corpo àquele que a condenou.

*

Leila tinha a "sorte" de sofrer um pouco mais que as outras. Foi talvez o que a salvou. Apesar da resignação, apesar do olhar cada vez mais apagado e opaco, apesar do apodrecimento das faculdades intelectuais, Leila não cessava de viver cada um daqueles dias, cada uma daquelas noites como feridas, lacerações.

Numa noite em que caíra mais pesadamente que de hábito no arrebatamento de uma daquelas festas grotescas que lhe infligiam, Mabrouka, a criadinha negra, precipitara-se para levantá-la. Leila sentia dores atrozes. Um dos joelhos se desconjuntara. Mabrouka, que era um pouco curandeira, massageou-a por muito tempo, apesar do nojo que sentia em tocar aquela carne inchada de gordura e celulite.

"Há muito tempo venho assistindo a seu calvário e sinto pena de você. Vi-a entrar no harém altiva e bela. Infelizes aqueles que fizeram de você o que é hoje".

---

* Braseiro, grelha. (NT)

Mabrouka chorou por muito tempo pelo drama de Leila. Leila também teria gostado de chorar de sofrimento e enternecimento mas seus olhos estavam secos de tanto chorar. Aquele gesto de solicitude, aquela piedade deixavam-na ainda mais consciente de sua condição e sentia-se mal por ser o que era: uma marionete monstruosa de joelho roxo. Mabrouka finalmente lhe perguntou:

"Mas o que é que ainda a faz viver?

– A dor", respondeu.

E desmaiou, fugindo assim da própria imagem que Mabrouka, em sua ternura, lhe havia refletido.

Um oásis, no entanto, naquela lenta descida aos infernos: Aicha, a decana do harém, a "*chirha*", ela também exilada, pária, ela também achincalhada porque as carnes murcharam e o mestre não a olha mais, não a "convida" mais, não lhe oferece mais as mais belas pulseiras, os mais belos panos.

As duas mulheres precisaram de vários anos para se entender e se amar. Mas tinham acabado por se descobrir e descobrir que um destino comum as ligava. Puseram-se então a conversar, Aicha apiedando-se da infelicidade de Leila, esta última admirando na velha o lado fabulador, enfático, que se acalentava de palavras e sonhos, e a intuição viva e refinada que nada ignorava dos jogos mais sutis da alma. Aicha conhecia todo o outro lado da grandeza, a perversidade dos moralistas, as evasivas, os fingimentos, os pequenos reis, os grandes senhores, o poder estratégico do sexo da mulher e a ingenuidade dos homens. Afirmava ter encontrado grandes traficantes de armas que pretendiam salvar o mundo, um príncipe da Arábia morto de desespero aos vinte anos no alto de uma colina, por querer "falar com Deus", mulheres combatentes do Rif, com olhos de rebeldes ferozes e apaixonados, "talhadas na montanha", lutando contra todos, árabes e franceses, pela independência de sua tribo.

Viajara pelo Egito, Arábia, Marrocos, com os pais primeiro, com o marido depois, e conhecia uma quantidade inesgotável de histórias, lendas que confiou uma a uma a Leila. Atriz nata, contava maravilhosamente bem, ria, dilacerava-se, chorava, morria com seus heróis. Sabia ser, na mesma noite, a rainha, o vizir, a dançarina, o carrasco, a vítima. Sabia imitar a infância, o prazer de amor e a morte. Conhecia os cantos revolucionários do Alto Atlas e as cantilenas dos fumantes de haxixe. Afirmava ter assistido, dissimulada atrás de uma tapeçaria, ao processo de Lalla Zoulikha, a "filha dos paxás", culpada por ter amado um oficial judeu e condenada à morte pelos homens de sua tribo.

Leila gostava especialmente de ouvir e reouvir a história de Saada, a marroquina:

"Eles haviam deixado certa manhã o Marrocos onde nasceram. Que loucura havia tomado conta deles? Se você conhecesse esse país, compreenderia: lá os louros não morrem nunca; lá, se você tem fome, pode entrar em qualquer casa, mesmo a mais pobre, um lugar a espera em volta da mesa".

Os olhos de Aicha punham-se a sonhar. Ela fazia entrar luz de "lá" no cômodo escuro onde elas ficavam, sentadas no chão, de pernas cruzadas, uma diante da outra.

"Mas talvez ainda acreditassem neste provérbio de infelicidade: Muda, ganharás. Messaoud, é verdade, não tinha mais trabalho. O patrão francês – que ele amava como um cão ama seu dono –, expulso pela guerra e pela recessão, retornara a seu país. Ninguém mais queria saber dele então. Faziam com que pagasse caro sua fidelidade. Disseram-lhe: deixe este país, vá para a Argélia; as pessoas lá são ricas, felizes e há trabalho para todos.

Ele partiu então com sua mulher Saada, sua filha Aouicha que ainda não tinha seis meses, o cunhado Sadik e a sogra Friha. Tudo o que havia duramente economizado durante trinta anos mal deu para pagar a viagem.

Imagine a desilusão que tiveram ao chegar a Blida, esgotados, famintos. Todas as portas se fechavam diante deles, inclusive aquelas onde lhes haviam recomendado ir bater. O blideano já não é lá muito acolhedor... Além do mais a Argélia também sofria com uma guerra.

Sem trabalho, sem pão, sem moradia. Dava dó vê-los errar, tristes e infelizes. Que tristeza! Encontraram mesmo assim abrigo num galpão. E Messaoud acabou conseguindo com um sapateiro um trabalho extenuante de seis horas da manhã às oito horas da noite por um salário de miséria. Justo com o que comprar por dia algumas tâmaras e, ainda assim, as mais machucadas, as do fundo do tonel... Que tristeza, que vergonha para aquele homem não poder dar de comer à sua família!

Mas a mais infeliz era talvez Saada. Bela moça, sabe, as pernas compridas, a pele dourada, os lábios sensuais, o olhar perturbador. Os pais lhe haviam dado o nome da felicidade. Ela não conseguia suportar aquele sofrimento, aquelas privações, aquela degradação!".

Aicha balançava a cabeça com um ar de comiseração, soltando profundos suspiros. Como entendia a dor daquela mulher!

"Certa manhã, Saada sentou-se na calçada a alguns metros do sótão onde moravam, o bebê colado ao seio. Como era atraente vestida com o belo cafetã vermelho que a mãe lhe dera de casamento! Percebia-se suas coxas soberbas, firmes, bem desenhadas, o peito cheio, duro.

Um burguês por lá passava, como todas as manhãs há vinte anos. Foi tomado de admiração e desejo. A tal ponto perturbado que ficou imóvel diante dela a contemplá-la.

Ela por sua vez o olhou, sem pudor, sorridente. Um vendedor de doces passou junto deles. O homem comprou-lhe todo o tabuleiro e o ofereceu a Saada. Ela aceitou.

Viram-se de novo.

Ela entrava assim, sem ter realmente querido, no caminho da prostituição.

A partir daquele dia vendeu-se a dezenas, a centenas de outros homens, por quase nada, um pedaço de carne, um pouco de açúcar, algumas moedas. E Messaoud, e Friha, e Sadik comiam o produto de seus crimes fingindo ignorá-los. Tentavam persuadir-se de que aquela comida, aquele dinheiro, ela os ganhava honestamente.

Friha, por sua vez, ia escondida ler a sorte na casa de famílias ricas do bairro. Para ela também era a decadência. No Marrocos, era uma mulher escutada, respeitada. Em Blida, Friha era quase uma mendiga. Os poucos tostões que de vez em quando arrumava tinham um cheiro que a desagradava.

Sadik, este, logo conhecera maus rapazes. Com eles, aprendia a roubar e a assaltar os passantes.

Em algumas semanas aquela família, outrora limpa e unida, se dispersara. Tornara-se malsã, dilacerada pelo ódio, pela suspeita, pelo desprezo".

Aicha chorava. Leila chorava. Aquele drama era o delas e elas o sentiam na garganta, no peito e na pele.

"Saada cada vez menos se escondia. Às vezes até levava os amantes para casa, entregava-se a eles diante da mãe. Na verdade não tinha vergonha. Tinha simplesmente escolhido sobreviver.

Friha ainda tentava salvar as aparências. Imagine, aquela mãe, ver a filha chegar àquele ponto! Receava que Messaoud descobrisse a verdade, que fizesse escândalo, que matasse talvez a mulher!

Você imagina bem que Messaoud havia entendido tudo desde o início. Mas gostava mesmo assim da esposa. Ora, ela por sua vez só se recusava a ele. Uma noite, então, quando não agüentava mais, de tristeza, de desejo, agarrou uma menina de doze anos. Estuprou-a. Matou-a. Aquilo tinha que acabar assim.

Friha morreu na mesma noite de vergonha e desespero.

Sadik desapareceu junto com seus companheiros de miséria.

Messaoud foi condenado a trabalhos forçados.

Quanto a Saada, esta continuou seu '*métier*' durante algum tempo e ganhou dinheiro suficiente para comprar dois cafetãs novos e se tornar cantora num cabaré. Pois naquele tempo, não bastava ter bela voz e ser moça fácil para ser contratada num café cantante. Era preciso igualmente possuir pelo menos dois belos cafetãs que eram trazidos como dote, como garantia. Oh! é claro que não era ainda um meio lá muito honrado de ganhar a vida (Saada quase sempre acabava a noite com algum rico e generoso cliente seduzido por sua beleza) mas era sempre melhor que a calçada. E Saada tinha um status!".

– Um quê? questionou Leila pela primeira vez.

– Um status! Vale dizer que as moças do cabaré eram consideradas como empregadas, declaradas oficialmente às autoridades, à polícia e que podiam assim exercer a profissão livremente. Sem ficar o tempo todo com medo dos agentes da Polícia de Costumes.

Apesar das explicações de Aicha, Leila não entendia muito bem o que podia representar o status de um indivíduo numa sociedade. Do berço ao serralho só lhe haviam falado de deveres. Ignorava que uma mulher pudesse ter direitos. Embora, por instinto, tivesse lutado, lutava ainda à sua maneira, para não viver de joelhos. Compreendia apenas que Saada e a filha estavam – ao menos provisoriamente – salvas do naufrágio e que tinham uma situação mais invejável que a sua.

As duas amigas às vezes comentavam até de madrugada o destino da bela Saada. E quando enfim desabavam ao mesmo tempo no tapete, os mesmos sonhos lhes restituíam as mesmas canções, as mesmas carícias, o mesmo olhar provocante e cínico sobre homens devastados pelo desejo e pelo álcool...

Leila mergulhava assim a alma no destino daqueles heróis soberbos ou execráveis, apaixonados, violentos na volúpia, de dignidade suscetível mas fiel na vontade de Alá. Ficava feliz com as punições merecidas e as justas recompensas do céu; admirava as mulheres triunfantes que precipitam nos infernos machos inconstantes ou sórdidos; ficava por vezes com raiva e acusava Deus, seus mistérios e suas incoerências, quando sentia que Ele não reconhecia os seus e que Ele realizava surdas e estranhas maldições cujo mecanismo ela não entendia. Pois Aicha tinha a arte de criar suspense, de embaralhar as cartas, de tirar bruscamente do rumo o curso lógico dos acontecimentos e de precipitar a queda de personagens que não haviam cometido outros crimes a não ser amar.

Tal era a história dramática de Sid el-Haoui que ela lhe contou uma noite:

"Um velho alcaide chamado Sid el-Haoui estava em paz fumando um narguilê de água de flor de laranjeira, na última noite do ramadã, em sua morada afastada, silenciosa. Sua mulher, Ella Fathma, despachava-se na cozinha, ocupada em preparar o jantar. Tudo estava calmo naquela casa e um visitante distraído lá só teria visto a imagem da felicidade perfeita de um casal já velho mas sereno.

Porém, com um pouco de atenção, poderia ter lido nos gestos mecânicos e no olhar transtornado de Ella Fathma uma grande dor e uma forte tensão interior. Pois o filho Youssef havia morrido alguns meses antes na terra dos Roumis e a mãe estava inconsolável".

Aicha calou-se um instante como que para melhor penetrar-se do silêncio vivo e patético daquela morada assaltada por uma presença invisível. "De repente", retomou ela, com o olhar angustiado e ameaçador, "Said, o cavalo árabe, relinchou no outro extremo do quintal. O alcaide pensou que seria bom sair um pouco com ele, descer até a cidade para acalmar-lhe os nervos. Mas hesitava em deixar a mulher sozinha nessa noite de festa e luto. O cavalo relinchou uma segunda, depois uma terceira vez. Aqueles apelos do bicho ressoavam na alma dolorida de Ella Fathma como um presságio de infelicidade. Sid el-Haoui, o velho cavaleiro, não pôde resistir.

Desceu então para a cidade, só com seus pensamentos – o pensamento de sua mulher tão duramente experimentada e que entrava pacientemente todos os dias sob a terra –, o pensamento daquele filho de vinte anos, aquele filho único lá caído e deitado em terra desconhecida. O velho alcaide pensava, um pouco menos empinado que de hábito sobre o cavalo, e ouvia subirem os rumores da cidade onde eram vendidas as oferendas para os marabus, os doces de mel, o pão quente, o jasmim. Cruzou lentamente a porta de Rahba, atravessou a praça do mercado e continuou a ir assim na noite estrelada rumo aos bairros animados. Chegando ao coração da cidade antiga, percebeu os sons bem doces de uma orquestra oriental e ficou tentado em abrir sobre sua alma aquela janela de alegria, em pedir um canto naquela casa de felicidade.

Sid el-Haoui, o alcaide venerado, de linhagem antiga e virtuosa, penetrou assim pela primeira vez naquele lugar de embriaguez e devassidão. Tudo lá respirava sensualidade, frêmito da carne, desejo, sonho.

Sid el-Haoui bem rápido se deixou envolver naquela atmosfera e começou a vibrar àquela melopéia que convinha bem a seu estado de ânimo. Os violinos sofriam e gozavam ao mesmo tempo. Infatigáveis, excitavam-se em recomeçar mil vez as mesmas melodias langorosas ou violentas. Desafiavam-se através da música, como se nenhum quisesse parar primeiro, cada um buscando naquele combate lancinante a quintessência de si e a morte do outro".

Aicha interrompeu seu relato uma segunda vez. Estava imitando os músicos cantarolando e queria que Leila, como se fosse tão importante quanto conhecer o fim da história, se impregnasse da atmosfera daquele café. Que não perdesse nada dos gestos ágeis e nervosos dos violonistas e do balanço voluptuoso de seus corpos. Que sentisse subir aquela febre nascida do casamento inebriante da música, do álcool e do desejo.

De repente Aicha se transformou. Levantou com um movimento gracioso da mão os cabelos em desordem, empinou o busto e assumiu um ar grave e distante. Tornara-se Halima Fouad el-Begri, a bela moura de voz "elétrica", a estrela do Café, e entoou um após outro seus mais belos cantos: "A canção da tarde", "A separação dos amados".

Quando a tarde amarelece
Sinto saudades de meu aduar...
Quando a tarde amarelece
Sinto saudades de tudo o que amo...
O sono se tornou pecado para mim
Ó dona das graças,
Por ti troquei todos os meus,
E de ti tornei-me escravo;
E meu pranto a taça transbordou,
E vivo sem comida,
E a saudade pesa sobre mim...
Quando a tarde amarelece

Suspiro ao ver a amada,
E tenho medo do tirano!
Toda a tarde sinto o coração desmanchar
Apertado pela angústia...
Ó reunião de meus amigos,
Passo as tardes solitário!
Não me visitam mais
O amor me traiu
Jogou-me no deserto...
Quando a tarde amarelece...

(Através do espaço, a amada respondia:)

Olha a violeta:
Solitária, afastada, abandonada...
Sobre ela as folhas verdes teceram um domo.
Como o tirano me descobriria?
E, acima da violeta, as flores de laranjeira,
Quando se abrem, fazem curvar mais os galhos...
Então, dá-me de beber do que amo,
Sacia-me de bebidas de cores...
Quando a tarde amarelece...

Mas por que Aicha enrijeceu, lívida, as pálpebras dilatadas, o olhar subitamente parado num lugar imaginário do quarto?

"O que foi?", questionou Leila inquieta.

"– Você vai entender", respondeu Aicha. "Halima só amara um homem, Sid Youssef, o filho do velho alcaide. De manhã, no cemitério, ela ouvira os lamentos da mãe dele que viera, em memória do filho sem sepultura, chorar sobre outro túmulo. Sentiu uma grande compaixão pela tristeza daquela mulher e sua própria dor ressurgiu, mais violenta que nunca. E, de repente, eis que reconhecia o pai de Sid Youssef, ali bem perto da orquestra. Teve um desejo forte de lhe falar. Desejava igualmente entregar-lhe um amuleto que seu filho lhe confiara antes de partir para a guerra. Achava que aquela lembrança devia ficar com os pais dele. Por isso mandou dizer a Sid el-Haoui que desejava conversar com ele, durante o repouso, no fundo do jardim.

Ora, Sid Youssef estava vivo. Tinha, por milagre, escapado da morte, abandonado em meio a centenas de cadáveres e oficialmente considerado morto. E Sid Youssef, o ressuscitado, voltara, naquela noite, à sua cidade. Entretanto, antes de anunciar a todos a boa nova, quisera ver como se comportava a mulher que ele tanto amava, a maravilhosa Halima que lhe jurara para sempre fidelidade. Ele a seguira de longe. Quando a viu indo ter com Sid el-Haoui, quando percebeu o murmúrio cúmplice da conversa dos dois, quando enfim suas mãos se juntaram ternamente, ficou louco e começou a delirar. Pronunciou palavras incoerentes de vingança e de injúrias. Seu ciúme se exasperava de minuto em minuto e decidiu matar o culpado.

Imagine o drama", concluiu Aicha sem fôlego. "Sid el-Haoui que se vai ao longo de um caminho ladeado de plátanos, na sombra da noite, cabeça baixa, testa pensativa, segurando o cavalo pela rédea porque sente necessidade de andar. Aos setenta anos, ficou emocionado com a graça e a beleza daquela moça, com sua generosidade também. Não a culpa por sua decadência: ela está nas mãos de Alá. Entende que o filho tenha vibrado por ela. Nessa noite, ele está propenso a todas as indulgências, exceto a respeito daquela horrível guerra que massacrou seu filho. Está por inteiro voltado para si mesmo e não percebe o barulho de passos precipitados atrás de si".

Leila não vai ouvir muito mais: Aicha está estendida no chão, olhos fechados, uma das mãos no peito.

Said, o cavalo, voltou só para casa. Abandonou pelo caminho o velho alcaide coberto de sangue e poeira.

*

Aicha morreu numa noite de novembro de 1909, dez anos após a entrada de Leila no harém. Vítima de meningite, foi levada em três dias após sofrimentos terríveis, pedindo o tempo todo ao Senhor que a poupasse e a chamasse para si, delirando, repetindo sem cessar as mesmas histórias, berrando injúrias contra o marido e contra todos os homens da terra.

Aicha a contadora de histórias um dia não imitou mais a dor e a morte; sua imaginação se apagou e, com ela, o que aquela morada ainda podia derramar de sonho e poesia.

Ao ouvir subirem e se espalharem os gritos e os lamentos das criadas, Leila se sentiu órfã. Abandonada à opressão e ao desprezo dos que a cercavam, prisioneira no fundo de uma cela da qual sequer teria forças para se evadir.

Nessa primeira noite de luto, lembrou-se de uma das últimas histórias que Aicha lhe contara. A história da pequena Mina e a boneca que ela tanto amava, que não largava nunca, com quem inventava mil paraísos. Seu brinquedo. Seu orgulho. Seu poema.

Um dia, a velha Nerissa havia confiado sua última moeda de cinco francos a Mina com ordem de ir fazer compras no armazém. No caminho Mina perdeu a moeda. Voltou com as mãos vazias. A velha em fúria pegara então a boneca e a jogara na fornalha do fogão à lenha. Magoada, desvairada, Mina berrara de dor correndo pela casa, batendo a cabeça nos muros, rasgando as roupas, arranhando o rosto como se fosse pela morte de um ente amado.

Nessa noite, Leila entendia melhor a tristeza da pequena Mina. Do fundo de seu leito deixava escapar os mesmos gemidos, proferia as mesmas imprecações. Chorava o desaparecimento de seu último brinquedo, do único perfume de aventura que jamais respirara, dos únicos amores que conhecera: aquelas figuras fascinantes e fugidias que povoavam a imaginação da velha.

Estava enterrando os belos oficiais, de nobre linhagem, em uniforme branco, cobertos de sangue e glória no coração da batalha; aqueles poetas que lhe cantavam seu amor ao crepúsculo, sob as laranjeiras; e Sid Youssef o apaixonado; e Abdel-Kader o bem-aventurado e tantos outros de que ela fora a egéria, a companheira, a esposa, a enfermeira, a amante. Estava enterrando sua última juventude, seu último percurso de ilusões.

Estava só, estava velha, estava feia. Menos vazia no entanto do que acreditava. Não imaginava que um dia teria a oportunidade de mostrar aquele inferno e de fazer reviver imagens cuja iconografia estaria para sempre em sua mente.

Os anos que se seguiram foram certamente os mais duros de sua existência. Vivia então apenas de automatismos. Sem imaginação. Sem revolta. Semi-inconsciente. Por inteiro emparedada em seu sofrimento e sua solidão. Praticamente só se mexia para ir do quarto à cozinha e da cozinha ao quarto. Percursos irrisórios cumpridos sem consciência, duas vezes por dia, por um bicho atraído pelo cheiro e pela promessa de comida. Atravessava feito uma sonâmbula os corredores dos apartamentos das mulheres, falando sozinha, em voz alta. Frases incoerentes, ora vulgares, violentas, injuriosas, ora ingênuas, quase doces. A maldita amaldiçoava a casa, o céu, a terra, as crianças ou as criadas com quem cruzava pelos corredores e todos os homens e todas as mulheres desse mundo. Insultava a si mesma babando, arranhando o rosto, as mãos, as coxas. Às vezes, ao contrário, imobilizava-se diante de um mancha numa parede, uma formiga, um vaga-lume, um pedaço de pano no chão. O que dizia àqueles bichinhos, àqueles resíduos? Nada provavelmente. Contemplação pesada, banal, silenciosa, que a esvaziava de sua humanidade e fazia dela mesma bichinho, resíduo, lugar vazio de um tempo morto.

Só voltava a ter um pouco de consciência ao se preparar para comer, imensos pratos de cuscuz com favas que engolia sentada no chão, junto dos fogões à lenha. Preparava com raiva enormes bolas de sêmola que fazia desaparecer bem rápido na boca. E aquelas que ainda ousavam olhá-la ficavam assustadas com seu ar de louca e a selvageria de seus gestos.

As outras mulheres fugiam dela, não lhe dirigiam mais a palavra, sequer zombavam dela tanto estavam impressionadas com sua degradação física e mental. Seca, brigona, parecia sempre querer morder e quando alguém cruzava com ela apressava o passo como se acabasse de passar perto do diabo.

Leila tecera para si uma outra prisão bem mais temível que aquela na qual o marido quisera trancá-la. O silêncio, o isolamento, a recusa de falar. Furiosa, irredutível, com o risco de atolar-se e enlouquecer ao fim do caminho.

Mabrouka fora embora para se casar com um jovem vendedor de Laghouat. Aicha morrera. Desde então, Leila compusera para si – conscientemente ou não – um personagem de mulher suja, repugnante, agressiva. Cuspia em todas as portas, janelas, mesas e ninguém ousava impedi-la nem discutir com ela tanto inspirava temor e nojo. Preferia o embrutecimento, a solidão, até mesmo a morte do que pactuar com um mundo que a perdera. Só tinha uma única força, aquela que a impelia a resistir até a última sujeira, até a última destruição. Só tinha uma única inteligência, aquela que lhe demonstrava de modo confuso que era ao preço daquela resistência que talvez salvasse a vida e a liberdade. Mas ainda não estava inteiramente convencida de que restasse algo a ser salvo nela.

Leila tornara-se um bicho, um monstro. Mas era com aquela monstruosidade que ela armava sua insubmissão. Pensava às vezes, nos raros momentos de lucidez e desespero, que, se um dia saísse dali, faria pagar caro à humanidade por tê-la obrigado a utilizar a arma derradeira da derradeira resistência: a destruição de si.

Depois, numa noite, gritos assustadores subiram dos apartamentos e se espalharam por toda a casa. Mulheres berravam, portas batiam. A morada, de hábito austera e silenciosa, vibrava de cima a baixo. Zorah e Malika passaram diante da porta de Leila, com os cabelos desgrenhados, arranhando o rosto, lançando ao céu abomináveis imprecações. As senhoras elegantes e brincalhonas que eram tinham agora rostos de bichos, torcidos de dor, desfigurados.

Leila logo sentiu o cheiro da morte. Algo explodiu nela que lhe deu de novo consciência da realidade. Saiu do quarto com uma velocidade e um ardor que havia perdido há muito tempo. No patamar, encontrou Mouny, a velha criada. Esta lhe contou entre dois gemidos que o mestre acabava de entregar a alma após terríveis sofrimentos, envenenado por um molho não se sabia preparado por quem. Mouny lembrou-se até a morte do estranho sorriso sarcástico que naquele instante deformou o rosto de Leila. (Estava ela feliz com a morte de seu carrasco? Era ela responsável por aquilo? Imaginava ela simplesmente que o era? Nunca se soube.).

O luto durou sete dias e sete noites. A família inteira, vinda às pressas das aldeias vizinhas, estava reunida e durante uma semana foram só preces, lamentos e discussões ao longo de intermináveis vigílias. Louvavam as qualidades do mestre, contavam os episódios mais importantes de sua vida e amaldiçoavam o diabo que o envenenara. Os homens drapeados em seus burnus brancos, sentados de pernas cruzadas sobre esteiras, chamavam o olhar de Deus sobre a bondade e a retidão do desaparecido, estabeleciam os óbolos que deveriam ser distribuídos aos pobres e acertavam o procedimento da herança.

As mulheres se agitavam entre as próprias preces, as imprecações e a preparação do chá e da comida.

Leila não participava de nenhuma dessas atividades. Enclausurada em seu quarto por ordem do irmão do defunto, não tinha o direito de sair de lá sob pretexto algum. Uma criada lhe trazia comida duas vezes por dia. Nenhuma outra pessoa devia aproximar-se dela. De qualquer modo, nada mais podia atingi-la. Estranha ao universo no qual vivera quinze anos, assim estava também a toda aquela agitação e àquela multidão que ela não conhecia, que não queria conhecer. Quanto ao silêncio e ao isolamento aos quais a condenavam, ela mesma neles mergulhara há muito tempo. Suportara tormentos e humilhações demais para poder sofrer ainda mais. Estava doravante instalada além do sofrimento, tão profundamente doente que poderia sofrer sem dor todos os males da terra. Alegrava-se até por não participar daquelas cerimônias. Nada tinha a dizer àquela gente e, ainda que devesse morrer, sentia-se libertada. Daquele homem, de seu ódio, de sua maldição.

Na noite do sétimo dia, alguém, cujo rosto ela não distinguiu de imediato na penumbra, entrou no quarto. Acabou por reconhecer Mouloud, o irmão de seu marido, que ela vira algumas vezes, embaixo, no pátio, através dos muxarabiês que a isolavam do mundo. Grande, poderoso, os olhos e a testa enrugados por fortíssima tensão interior, olhou Leila longamente sem dizer uma palavra, imobilizado na entrada do cômodo, o olho fixado naquela massa estatelada sobre a cama. Um movimento vertical da cabeça pontuava por vezes seus pensamentos e adivinhava-se que estava pasmado de descobrir aquela por quem o escândalo entrara na família. Todos conheciam sua existência. Poucos tinham se aproximado dela. Diziam que era uma feiticeira e que se devia evitá-la: encarnava o diabo para todos os membros da tribo que se diziam sujos por contá-la entre eles.

Leila achou que ele parecia com o irmão. Possuía a mesma mistura de beleza selvagem e de crueldade que a um só tempo a fascinara e aterrorizara. Todo o seu ódio brotou novamente ao mesmo tempo que lembrou, contra a vontade, as emoções sentidas sob os carinhos ardentes do marido e que ela tivera tanta dificuldade para dissimular.

"Você causou muito mal a meu irmão e a nossa família. Vá embora! Volte para a casa dos seus. E que nunca mais ouçamos falar de você!".

Sid Mouloud baixou então os olhos, os ombros caíram ligeiramente, como se estivesse perturbado por suas próprias palavras. Era o mensageiro de uma ordem que agora o perturbava, pois marcava o cumprimento definitivo, irremissível, do ódio e da vingança. Ora, Sid Mouloud lutara muito na vida. Cortara muitas cabeças nos campos de batalha mas, como os grandes combatentes, sabia poupar os vencidos e preferia o perdão à punição.

Agora era a vez de Leila olhá-lo. Percebia o mal-estar daquele homem e eis que de repente, sem uma palavra, ela se comunicava com alguém.

O que se disseram naquele silêncio, naquele instante em que seus olhares se cruzaram? Duas vidas, em resumo, e o lamento de que o destino só os tivesse aproximado para se odiarem.

Sid Mouloud deixou o cômodo precipitadamente, irritado por ter-se traído por alguns segundos diante daquela mulher que no entanto merecia os piores castigos.

Leila passou sem dormir sua última noite naquela casa.

Juntou as coisas, o cafetã branco do casamento, as calças, os véus, os lenços, os dois pares de escarpins finos, prateados, vestígios do tempo em que admiravam seus pés perfeitos, leves, transparentes. Guardou numa caixinha de veludo preto puído as cinco pulseiras de ouro que a mãe lhe dera, às escondidas, após a cerimônia, antes de sua partida para a Cabília.

"Para lhe dar sorte!", dissera chorando. E, no momento em que a filha se afastava, jogara água em seus pés para protegê-la contra a infelicidade e a doença, para revê-la sempre sã e pura como aquela água.

Leila esboçou um sorriso desiludido ao evocar aquela lembrança. Achava bem inútil uma mãe que sequer podia dar sorte aos filhos. Julgava irrisórias e ridículas aquelas superstições que acabavam de demonstrar sua ineficiência. Durante todos aqueles anos, a mãe só a visitara raras vezes. O caminho de Blida a Djidjelli era longo e a velha mulher, roída de reumatismos, estava esgotada. Censurava às vezes a filha por não vir nunca a Blida.

"Não gosta mais de sua mãe?", perguntava-lhe gemendo.

Leila sempre inventava razões ou desviava a conversa. Era orgulhosa demais para confessar seu calvário aos pais, ainda mais por se achar em parte responsável por ele. E a velha mulher de lá voltava sempre triste e abatida por ver a filha feia, mal cuidada, distante. Sentia que algo de grave estava acontecendo na vida de Leila, mas não tinha coragem de falar daquilo com o marido. "De qualquer modo, ele não fará nada", dizia-se para aliviar a consciência.

Depois de arrumar a mala, Leila deitou-se na cama e, pela primeira vez desde muito tempo, começou a chorar. Estava reencontrando as lágrimas da infância, das primeiras grandes tristezas, das primeiras violências diante das injustiças de que se achava vítima. Chorava pelo monstro que se tornara, pela cremação de sua juventude, pelos livros que não lera, pelas peles que não acariciara e por todos os céus estrelados de onde jamais descera para ela um canto de amor.

Chorou assim durante horas e reviu uma a uma as imagens de sua longa tortura: a violência com que o marido a dilacerara na noite de núpcias e seu ar triunfante diante do sangue vertido. Como se acabasse de matá-la, como se a tivesse oferecido em sacrifício a seu Deus! Estremeceu ao lembrar as longas noites de solidão em que quisera gritar até fazer explodir as paredes daquela casa, em que chamava um homem, uma carícia, um sexo com toda a força de seus vinte anos. Reviu os rostos hilariantes e careteiros de Zorah e Malika quando ela desabava no chão, e o horror, e o nojo que lia no olhar dos outros a partir do dia em que se abandonou por completo.

Chorou por seu sangue maldito, por seus sonhos expulsos, por Aicha. Ao se lembrar da amiga, cantarolou em meio a soluços uma velha romança que, diziam, a esperta Gousseme cantava para o amante, comendo com ele peixes de amor, enquanto seu velho esposo, imaginando-a morta, já mandava rezar preces para ela:

Ele veio até mim
Fui até ele
Ele levou a mão à minha cintura
Tudo o que ele me pediu
Eu lhe dei
No sonho, ó meus amigos, no sonho.

Pensou enfim no filho que o marido lhe fizera numa daquelas noites de tortura e cuja existência ela sempre quisera ignorar. Filho maldito, sem prenome fixo (Kacem para uns, René para outros), sem religião (o pai sempre recusara mandar batizá-lo), criado por amas, quase nunca vira a mãe. Duas ou três vezes, fora obrigada a aproximar-se dele quando, aos oito anos, quase morrera de uma grave pneumonia: não suportara seu olhar fixo sobre ela. Desde então, sempre encontrava um pretexto para evitar encontrá-lo.

Porém, recentemente, ele a visitara e ela descobrira um rapaz silencioso e fechado mas aparentemente doce e afetuoso. Não se disseram nada mas ela imaginara ler no fundo de seus olhos de míope uma longa queixa, quase uma censura. O desamparo daquele adolescente a emocionara. Não tinha, é claro, instinto materno e detestara demais o pai para amar o filho. Mas algo naquela criança se assemelhava a ela. O mesmo desvio talvez. O mesmo bivaque no mesmo ecossistema. Perguntou-se se iam confiá-lo a ela. Nada reclamava mas pensava que no fim das contas talvez ele pudesse distraí-la e ajudá-la.

Leila adormeceu quando já amanhecia. Dormiu alguns minutos. Quando acordou, que viu a luz nascente através das persianas, começou a tremer. Desejava que o dia não viesse jamais. Tinha medo. Medo de sua liberdade. Medo daquele mundo que ia ter de enfrentar e que não conhecia mais. Na hora de deixar aquela casa que no entanto era o lugar de seus infortúnios, sua prisão, seu túmulo, eis que recuava, que se agarrava à mortalha; tinha a sensação de estar enferma e de que jamais poderia mostrar às claras sua ignorância e sua deformidade.

O harém era seu universo, o único no qual podia mover-se, o único que teria conhecido. Nada ignorava das rivalidades, dos ciúmes, das lutas de influência que lá se desencadeavam, do olhar furtivo das mulheres para os homens com quem cruzavam ao ir ao banho, de seus amores clandestinos, do estado de embrutecimento em que estavam confinadas ao serem obrigadas a ser belas, perfumadas, amorosas, fiéis, fecundas e boas cozinheiras. As únicas virtudes que lhes eram concedidas. Nada ignorava das pequenas alegrias, dos falsos suspiros, das solidariedades de um dia, das traições do dia seguinte, dos cheiros de incenso, do ruído abafado das babuchas de noite nos corredores, da maneira de preparar uma decocção para tratar ou para enfeitiçar, das cozinhas sempre sujas e a zumbir e dos pátios lavados com a água abundante de imensas bacias despejadas. Desse teatro, ela conhecia o lugar de cada objeto e os gestos de cada um.

Mas o que sabia da vida lá fora? Das regras e práticas de uma sociedade que deixara criança, quinze anos antes? O que sabia daquela guerra que se preparava e de que diziam que ia subverter o mundo? Além disso, ousaria apresentar-se assim à família, aos vizinhos, aos amigos? Ficara sabendo que em Blida as mais audaciosas histórias – as mais venenosas também – circulavam a seu respeito. Teria força para responder às questões, às insinuações, às zombarias que já adivinhava?

Por um instante os primeiros ruídos da casa que despertava lhe pareceram doces porque familiares. Teve até a impressão fugidia de ter, em certas manhãs, experimentado a volúpia de seu próprio nada. Abandonou-se assim por alguns segundos ao que ainda não era por inteiro seu passado. Bem rápido recobrou o espírito, reencontrou seu ar selvagem, recolheu pesadamente a mala, desceu resolutamente os degraus que levavam ao vestíbulo, depois, sem fechar a porta atrás de si, encheu a manhã.

Não imaginava que o mundo no qual estava mergulhando fosse estranhamente semelhante àquele que estava deixando. Que ali ou lá os mesmos medos, os mesmos egoísmos, as mesmas paixões animassem os homens. Que, às vezes, em níveis diferentes, lá se travassem os mesmos combates, se reivindicassem os mesmos direitos, se solicitassem as mesmas ternuras.

Na rua, uma criança esbarrou nela ao sair precipitadamente de casa. Leila grunhiu. Leila a injuriou. Foi assim que batizou seus primeiros passos rumo ao desconhecido e à liberdade.

*

Leila chegou no fim da tarde em Blida, esgotada pela viagem num velho ônibus desconfortável, pela noite sem sono, pelo primeiro contato com o mundo que a atordoava e a desamparava. Quando a mãe a acolheu e a conduziu a seu quarto, ela estava em pedaços; andava e respirava com dificuldade. A cabeça vazia, o corpo desabado, os cabelos sujos e rígidos. Resmungava palavras incompreensíveis, desvairada, perdida em espaços onde ninguém podia encontrá-la.

Nas primeiras semanas, fechou-se num mutismo quase total. Não via ninguém, falava muito pouco com a mãe. Estava livre, certo, mas de que liberdade? Doente, analfabeta, não sabia muito bem quem era, nem mesmo de que feridas devia começar a se desfazer. A volta à casa lhe fazia mais dolorosamente ainda medir o caminho percorrido e o tamanho do desastre.

O olhar dos homens não se detinha mais sobre ela. E quando Blida adormecia na serenidade misteriosa e murmurante das noites da África, sozinha na varanda, pensava, oprimida, em todas as mutilações, em todas as tatuagens que não apagaria mais do corpo nem da alma. Esfregava violentamente o ventre contra os pilares do terraço e desabava pesadamente sobre os ladrilhos onde não era mais que uma medusa jogada ao chão, inerte, viscosa. Se alguém tivesse se aproximado dela quando se levantava, teria ficado aterrorizado ao ler em seus olhos tanto ódio e tanta vontade de vingança.

O pai morrera um ano antes, o que não lhe causara tristeza alguma. Ele fazia parte da panóplia de seu rancor. Era ele quem a havia "vendido". Sua morte era um ato expiatório. Seu único mérito era deixar para atrás duas casas e um capital confortável que as punha por algum tempo ao abrigo da necessidade.

Desde que ele desaparecera, a viúva vinha reencontrando os gestos e as tradições de seus ancestrais. Lembrava-se de que era judia e, como o marido sempre a obrigara aos ritos muçulmanos, fazia questão de recuperar o tempo perdido e de se redimir do que considerava um perjúrio. Não ia, é claro, à sinagoga e não recitava preces. Não as conhecia. Mas fazia aquilo que faz um judeu reconhecer outro. Jejuava no dia do Grande Perdão, comia sem lêvedo durante a Páscoa e todas as sextas à noite servia uma *dafina* de grão-de-bico e pés de vitelo que cozinhara religiosamente na brasa durante dois dias.

Leila olhava a nova devoção da mãe com certa ironia. Filha de duas religiões, não queria saber de nenhuma. Sabia que devia a seu sangue judeu boa parte de sua infelicidade. No entanto, sentia mais raiva do fanatismo que da religião, dos homens que do islamismo. Guardava apenas sua dor de mulher ferida e as atrocidades da prisão. Não esperava nenhum socorro de Deus algum. Não trazia em si nenhuma grande causa. Precisava por enquanto sobreviver, agarrar-se a seus restos, mas, se um dia devesse se vingar, seria mais enquanto mulher que enquanto judia e para fazer sofrer tanto quanto sofrera. Talvez no fundo não suportasse o fato de ser judia. Sempre vira os judeus desprezados, perseguidos tanto pelos árabes quanto pelos franceses. Queria agora ser da raça dos que desprezam, dos que oprimem.

Quando a guerra estourou, ela estava ainda muito impregnada por seus sofrimentos para se dar conta do que acontecia. Aquela guerra não podia atingi-la, não lhe dizia respeito. Era apenas uma abstração diante da realidade imediata, concreta, lancinante de suas feridas. Leila ia assim atravessar como uma estranha aqueles quatro anos de cataclismo.

Após um período de convalescência lento e difícil, Leila foi progressivamente reaprendendo as coisas e os gestos da vida e, apesar de terríveis momentos de abatimento, foi pouco a pouco se abrindo ao mundo. Descobria os perfumes da terra, as alegrias da refeição partilhada, o prazer de olhar as pessoas passarem, de fechar atrás de si a porta de casa e de se ver sem objetivo na rua, nos jardins e na praça pública onde às vezes, à noite, a fanfarra municipal dava um concerto.

Embora ainda estivesse muito gorda, emagrecera, os olhos estavam menos vermelhos, menos inchados. Certa manhã, como não conseguia enfiar um anel no dedo, contemplara-se longamente no espelho. Até então, jamais se olhara realmente. Bem cedo, no harém, sentira o corpo inflar, encher-se de gordura e água; com freqüência apalpara os braços, os seios, os quadris. Mas, assustada pela idéia mesma de sua própria imagem, evitara com cuidado, durante anos, todos os espelhos, todos os vidros. Nesse dia, porém, ousara enfrentar-se; demorara-se no corpo, detalhando todos os inchaços que lhe escondiam os olhos, o pescoço, o sexo, tentando familiarizar-se com sua enfermidade, empenhando-se em vencer aquela repulsa que sentia de si mesma.

Decidiu então combater sua obesidade. Não estava em questão, é claro, consultar um médico: sua infelicidade era só sua e ela aprendera a lutar sozinha, sem palavras, sem gemidos. Tomou a resolução de comer menos, de suprimir como ouvira dizer o pão, as gorduras e as massas. Dali por diante, parava todos os dias diante do espelho, apalpava as banhas, o rosto, as coxas, irritada por não emagrecer mais rápido, por não se encontrar de novo certa manhã esbelta e leve. Desanimou mais de uma vez e com freqüência sucumbiu às fomes atrozes que lhe martelavam a barriga. Engolia então quilos de cuscuz, de massas, de carnes com molho, arruinando em poucos minutos uma semana de dieta, de pequenas vitórias dolorosamente adquiridas.

Conseguiu mesmo assim perder peso e modelar uma silhueta menos repelente. Ia ficando vaidosa, aprendia a maquilar-se, esforçava-se em esconder a deformidade aumentando os olhos, vestindo-se com burnus amplos e vaporosos. Às vezes até sorria. Algo levemente perceptível, que lhe dava de novo um pouco do encanto perdido, ressurgia de sua juventude. Algo na voz, menos oprimida, mais delicada. Algo no olhar de novo orgulhoso, preso a seu interlocutor com um nada de insolência e desafio.

Ficara amiga de uma vizinha, viúva também. Não trocavam nenhuma confidência sobre o passado, como se partilhassem as mesmas vergonhas, como se tivessem escolhido os mesmos tabus. Mas gostavam de ir juntas ao mercado, de chocar com brincadeiras jovens virgens envergonhadas e de esperar em silêncio o primeiro frescor da noite, mergulhadas em devaneios paralelos, sentadas num banco diante da mesquita do Bois-Sacré.

Cuidava igualmente do filho. A família do marido, achando que devia purificar-se e não guardar marca alguma daquela que encarnava o mal, decidira finalmente separar-se da criança. Alguém viera certa manhã "devolver ao diabo o que lhe pertence" e logo retornara não sem ter cuspido na soleira da casa para preservar-se do mau olhado. Mãe e filho não tinham manifestado entusiasmo algum com o reencontro e a perspectiva de viverem juntos. Bem rápido, no entanto, se adaptaram um ao outro. René era dócil e inteligente. Leila dava-lhe uma liberdade enorme. Ele foi então aprender a vida na rua. Não se viam muito, expandiam-se pouco, mas bastava-lhes um gesto pudico de ternura, um olhar de cumplicidade para se admitirem e legitimarem um destino comum.

Um ano transcorrera desde a volta a Blida. Leila sentia-se melhor, mais solta, menos atormentada. Aceitara até assistir a uma festa dada por uma das maiores famílias judias da cidade em honra do *bar mitsva* do filho. Divertiu-se, cantarolou com a orquestra canções judias e árabes que a memória lhe restituía da infância. Estava fascinada com aquela atmosfera de alegria intensa. Um pouco bêbada também, pela música, por alguns copos de álcool que tomara. Sua primeira festa depois de quinze anos! Pouco tempo antes, era incapaz de imaginar que aquilo ainda pudesse existir e sobretudo que ela pudesse sentir prazer naquilo.

Era mais de meia-noite quando pensou em voltar. A mãe, cansada, fora embora mais cedo. Aceitou ser acompanhada por um primo afastado, pai de quatro filhos, que viera só de Miliana. Ele também estava bêbado. Bateram pernas durante muito tempo pelas ruas de Blida. Riam das histórias judias que ele contava. Ao chegarem no meio do jardim Bizot, pararam debaixo de um cedro. Abraçaram-se, esfregaram as barrigas gordas uma na outra. Leila sufocava, enlouquecida, queimada por aquele contato; não havia tocado uma carne de homem há tantos anos! Ele a pegou de pé, suando, ofegando, embaraçado em seus longos véus. Brusco, desajeitado, apressado, não soube satisfazê-la.

Leila pôs no mundo oito meses mais tarde uma menina minúscula a quem deu o nome de Monique. Tinha um grosso tufo de cabelos negros no alto do crânio.

Leila recusou obstinadamente revelar a quem quer que fosse o nome do pai. Ele mesmo nunca soube que tivera um quinto filho. Era demais para a velha mãe. Aquele novo golpe a fulminou. Caiu doente de vergonha, tristeza e esgotamento. As pernas tombaram e morreram certa manhã. O resto do corpo ia sobreviver. Por muito tempo.

*

Em que está pensando Leila, em 21 de setembro de 1917? Com certeza não nas atrocidades que a humanidade está conhecendo. Tampouco provavelmente no obscuro destino de sua mãe cujos últimos despojos ela acompanha, na avenida que leva ao cemitério, e dos quais já se sente tão longe.

Não pôde assinar o registro de falecimentos e ainda está irritada com a vergonha que passou.

Lembra-se de que num 21 de setembro, como esse...

Pensa que o tempo está bom, que ela não fica bem de preto.

Pensa principalmente em Raul, aquele rapaz alto de olhar ardente, testa alta e inteligente, que lhe apresentaram como filho de uma prima e que espontaneamente a chamou "tia". O que leu nos olhos daquele adolescente? Dá-se conta de que acaba de ali cruzar com seu outro destino?

Sabe, pelo menos, que tem vontade de conhecê-lo melhor e que o convidará num próximo domingo...

II

Em Blida, na cidade dos perfumes, das rosas e das laranjeiras, a mansão dos Bou Mendil era grande, bela, bem situada. Na ponta da planície, ao pé da montanha, era como um cruzamento de correntes de ar e de odores que ela sabia misturar e dosar. Entrava-se nela vindo das grandes extensões de vinhas feitas de sol e cores. Saía-se dela sobre a neve. De noite, os perfumes de jasmim, de laranjeira tornavam-se mais sensíveis, enchiam o espaço, infiltravam-se pelas ventanas e, tanto na varanda quanto no salão, a respiração não era mais um mecanismo, e sim um ato forte, violento, alegre.

Ao anoitecer, quando a África se recolhe e exala misteriosos sussurros, Raul, desde que morava na casa da tia, gostava de fazer longos passeios pelo jardim. Lá recebia os dons da natureza e meditava sobre o choque das civilizações ou o destino dos grandes escritores. Às vezes também revia aquela noite que mudara sua vida, um ano antes, em 19 de novembro de 1917.

Fora em Bouzaréah, sua aldeia natal, perto de Argel.

Bouzaréah! Um balão de ar puro que, naquele ano de 1917, só conhece da guerra os comunicados, chegados com muito atraso. Uma pequena aldeia cercada de miséria e sol. Que esconde a cara sob a linguagem dos ricos: "Um cantinho agradável, cheio de encanto e poesia", "Um lugar preservado", "Um paraíso para a saúde". Que se dobra um pouco mais cada vez que uma criança lá morre de fome... Que não tolera nenhum invasor, nenhuma agressão exterior. Forçado no entanto a organizar a mais dura das resistências, diante de um inimigo cuja chegada não está datada, nem é datável, que não expulsarão, porque veio de lugar nenhum, porque está ancorado na terra, no cotidiano, porque é a ausência de meios e de razões de viver. A história esqueceria um dia de nomeá-lo como poderia esquecer que essa aldeia teria existido...

No coração desse povoado, uma casa estreita, recolhida, cinzenta, que procura não ser notada entre duas casas estreitas, cinzentas. Raul tinha a impressão de ainda ter sobre si o cheiro dessa casa, um cheiro "doentio", de pequenez, de pequenas janelas para o pátio. A vida lá se encolhera, se acanhara, entre uma velha mesa sem cor e um baú sem idade, entre os dedos murchos de uma mulherzinha medicada, encolhida em suas longínquas roupas de luto e os abafamentos de outra mulher, sua filha: um ser sem forma, transparente, sem fôlego e que parecia nunca ter tido outro ancoradouro que o carrinho que ela arrastava, sobre o qual agonizava um homem descarnado, purulento, paralisado, seu marido.

Existem dramas que nascem num dia de catástrofe, de guerra, de cólera do céu. E que matam. No 21 *bis* da Rua dos Íris, em Bouzaréah, a felicidade acampava, enraizada há séculos. Lá se morria pouco e velho. Assistia-se a uma tortura permanente, a uma tragédia inerente às coisas e aos seres, a uma derrota eterna.

Naquela noite, Raul entrara na casa, como de costume, feito uma luz. Trazia consigo o frescor e a saúde de fora. O corpo grande, ágil e vivo, o olhar imenso, a cabeleira negra, densa e ondulada, davam-lhe o ar de um estranho de passagem, limpo e são, num dormitório de agonizantes. Debruçou-se para beijar a mãe e a irmã, cumprimentou de longe o cunhado e sentou-se à mesa naquele quarto miserável que servia de salão, sala de jantar e cozinha. Ao anoitecer, a casa e a família tornavam-se ainda mais lúgubres; aquelas mulheres de preto, na penumbra, com seus movimentos lentos e difíceis, eram como um arrepio da terra, uma greta do crepúsculo. Cada um se apressou em terminar a sopa de silêncio: tinham que acabar de comer antes da noite para economizar luz.

Em poucos minutos, o olhar de Raul se apagara, se resfriara; aqueles odores, aqueles gestos furtivos, aquelas sombras sinistras que pouco a pouco se haviam colado nele o envolveram e como que o esmagaram. Tinha cem anos quando penetrou no quarto, arrastando os pés, acabrunhado. Acendeu uma vela e começou a se despir, os gestos decompostos, ausente. Tudo o que trouxera de vida e frescor ao entrar rápido se esvanecera. Ele era apenas uma sombra entre as sombras, vazia, distraída, prisioneira das forças maléficas da noite. Assim mesmo tirou um livro da sacola, sentou-se na cama e começou a decifrar as palavras que dançavam entre os caprichos de sombra e luz da vela.

Lia assim todas as noites e nascia então para uma outra vida, ator de um mundo de que não era mais a vítima, ofuscante em suas roupagens literárias, ora dançarino ora coreógrafo das palavras. Ele era a própria palavra, que viravolteava, que caía para melhor alçar vôo novamente. Era a um só tempo Flaubert, Stendhal, Rousseau e Baudelaire. As palavras na noite queimavam-no e ele quase sempre entrava pela madrugada, até que seus olhos se consumissem e que desabasse para um breve sono, agitado, salpicado de sonhos fortes demais, esgotantes.

Raul fizera estudos secundários brilhantes e, graças a uma pequena bolsa do governo, estava começando no Liceu Bugeaud uma licenciatura em letras preparatória para o concurso à Escola Normal Superior. Os professores de francês haviam sempre louvado suas qualidades de estilo e de imaginação e haviam várias vezes ressaltado os méritos daquele rapaz que sabiam pobre e entregue a si mesmo.

Sofria com a miséria? Podia-se supor. Freqüentemente vítima de injustiças em sala de aula, zombavam dele também por suas roupas de velho, cinzentas e puídas, as camisas de colarinho amarelado, a pasta de brim gasto. Mas, principalmente, era judeu e, em 1917, na sociedade francesa de Argel, não era permitido, não era perdoado a um jovem judeu e pobre ser o primeiro da classe.

Judeu e pobre. Quantos destinos se articularam em torno dessas duas realidades para finalmente se parecerem!

Judeu e pobre, Raul tinha bem consciência – pois vivia isso todos os dias – de começar na vida com um olho a menos e um nariz a mais.

Mas Raul, por ter em excesso a ambição das pessoas de sua raça, por encontrar na miséria a oportunidade, o pretexto da transcendência, do desafio – a si e à humanidade –, não era na verdade amargo. Conseguia saborear, valorizar as vitórias e sua memória guardava apenas os triunfos e os prazeres. Por isso, era quase sempre com um estranho sorriso no canto dos lábios, o peito empinado, que atravessava as arcadas da Rua Rovigo e cruzava as grades do colégio.

Na verdade, esse adolescente já pressentia seu gênio e queria ser capaz de superar todas as desvantagens. Conseguia transformar em pérolas os buracos de sua roupa e tornar suntuosas as deselegâncias com que a natureza queria extenuá-lo de início.

Naquele 19 de novembro no entanto, quando ouviu baterem à porta, alguns minutos após ter começado a ler, Raul não imaginava que o destino vinha assaltá-lo. A mãe entrara com timidez, quase com vergonha em seu quarto. Vinha anunciar-lhe que deviam se separar: uma parte da pensão retirada; além disso aquela tia rica, generosa diziam, que precisava de um secretário e que propunha pegar Raul. "Para aliviá-la", dissera à prima.

"É evidente que você precisará interromper os estudos por algum tempo, alguns meses talvez, não há faculdade em Blida, mas sua tia pretende passar longos períodos em Paris. Lá, você poderá continuar a licenciatura, terá grandes professores, fará...".

Raul não escutava mais, nervoso, agitado por sentimentos confusos, diversos. Certo, ele estava se tornando uma criança legada, o pequeno pobre de que iam se livrar "para seu bem". Mas consolava-se já se imaginando em Paris, a cidade de seus sonhos da qual lera que tinha o poder de revelar os homens a eles mesmos e os gênios à história e ele no fundo não receava realmente mudar de vida, de meio, de mãe, de projetos.

As únicas violências, os únicos grandes impulsos que conhecera até ali tinham sido os de sua imaginação. As realidades da vida não o atingiam de verdade e ele nunca estava por inteiro em suas alegrias e em seus sofrimentos. Entendia, é claro, que uma nova vida ia começar para ele, sentia bem que uma chance lhe era dada, doía-lhe também ver a mãe descarnada, trêmula, tentar ocultar sua dor. Entretanto, uma vez feita a mala, não sentia nada de preciso. Não estava mais inteiramente em seu passado, o futuro lhe era desconhecido. Estava só, isso ele sabia. Mas sempre estivera e sempre o soubera. Na verdade, nunca sofrera realmente com a solidão. Antes a buscara, desdobrando nela todas as suas riquezas interiores, todas as suas forças vivas. Raul era um grande pudico, aprendera a esconder seus sentimentos e sua condição; precisava estar só para não ter mais vergonha, para não ter mais medo.

Em Blida, a adaptação se fizera suavemente. Raul bem rápido gostara daquela grande construção colonial aberta aos ventos; aquele imenso cipreste no fundo do jardim cujas raízes, diziam, um dia devorariam a casa; aquele limoeiro no qual se podia trepar facilmente e cuja estranha disposição dos galhos fazia uma espécie de rede natural; aqueles móveis incrustados de nácar, aquelas tapeçarias que pareciam vir do fim do Oriente, do fundo de um palácio das *Mil e uma noites*, com suas palhetas faiscantes, seus imensos drapeados.

Pensava pouco na mãe com quem nunca tivera muitas relações. Mesmo assim sentia por ela uma grande afeição. Era doce, calma, discreta. Pouco preocupada consigo mesma, sacrificara-lhe o essencial de sua vida, renunciando a tudo para lhe proporcionar um mínimo de comodidade. Suas únicas vitórias, suas únicas alegrias eram as que recolhia da saúde e dos sucessos do filho.

Raul podia, é claro, ficar sem ela, às vezes até esquecê-la. Precisava apenas saber que ela existia, que estava em algum lugar para ele. Como uma drágea antiga que conservamos num vidro velho no fundo de um armário. Sabemos que não a tomaremos mais. Sabemos que sua insignificância a destina a ficar perdida na memória dos homens. Mas gostamos que ali esteja, entre duas pilhas de lençóis ou no fundo de uma panela de barro rachada. Ela é testemunha de nossa sobrevivência. Do que ainda contém de açúcar e cor emana uma doçura permanente que nos retém o tempo de um gesto, de uma porta aberta e de novo fechada.

Aquele primeiro ano transcorrera então numa aparente serenidade. Raul aprendia o ritmo e os prazeres cotidianos das pessoas bem de vida; descobria os quartos inundados de sol, as comidas apetitosas, as estações que se tem tempo de ver passar, as conversas mundanas. Com efeito, desde a morte da mãe, Leila recebia muito. Gostava em particular de cercar-se de intelectuais judeus ou muçulmanos cujas conversas a inebriavam. Pareciam com aqueles que brilhavam nos salões parisienses de seus sonhos e, mesmo sem entender-lhes muito bem o jargão, estava fascinada com o fato de a realidade lhe restituir as palavras que seus delírios haviam recusado significar-lhe.

Raul escutava mais que falava. A observação daqueles jogos da vida mundana e da linguagem o apaixonavam. Divertia-se ao mesmo tempo com as intrigas daqueles minotauros de salão, com a facilidade que tinham em perorar e em se achar sedutores. Na verdade, ele mesmo tinha medo das palavras – ou as respeitava demais – como se estivesse convencido de que só deviam servir para exprimir verdadeiros sentimentos ou verdades definitivas. E, do fundo de seu silêncio, não estava longe de pensar que a inteligência exibida, utilizada como meio de sedução, estava bem próxima da estupidez. Ela rapidamente se tornava um espetáculo dado a si mesma, oco, repetitivo, vazio de sua substância, como uma roleta aspirada por seu próprio movimento.

Além disso, não entendia como a tia, analfabeta, conseguira atrair à sua casa uma sociedade que se vangloriava de cultura e ostentava um nobre desprezo por tudo o que não se referia ao "espírito". Atriz genial ou falsos intelectuais? Em meio a interrogações e dúvidas, Raul entrevia o que só saberia muito mais tarde, isto é, que não existe cultura colonial a não ser em *trompe l'œil*, que o imperialismo nunca engrandeceu nem os colonizadores, nem os colonizados, é claro...

Raul trabalhava pouco. Leila o empregava uma ou duas horas por dia para acompanhar suas contas e redigir algumas cartas à administração ou aos amigos que ela começava a fazer. Ele tinha assim muito tempo para ler, passear, sonhar. Às vezes, com um pouco de sentimento de culpa, pensava que era feito para aquele tipo aristocrático de existência que permite ao espírito liberar-se, ao coração emocionar-se, à razão exercer-se e à imaginação fecundar. Visitava a mãe duas vezes por mês. Não tinha muito o que conversar com ela, mas sentia prazer em tranqüilizá-la e em vê-la sorrir de felicidade diante de sua cara radiante e de suas roupas bem talhadas.

No entanto, no centro daquele paraíso, Raul percebia uma ameaça obscura. Alguma coisa suspeita e inquietante se insinuava a seu redor. E os perigos que ele confusamente pressentia, os sinais maléficos que desvendava naquela casa só podiam provir daquela mulher, aquela "tia". Espessa, misteriosa, ora vulgar ora graciosa, desajeitada e hábil, sempre voluntariosa, o andar a um só tempo pesado e ondulado, as mãos e a testa úmidas, o olhar obscuro, pesado, quase sempre irado. Ela o fascinava e o horrorizava. Inventava então mil astúcias para evitar aproximar-se dela, tocá-la, beijá-la. Certas noites, quando ela recebia os amigos, deitada num sofá de couro branco, maquilada, os olhos aumentados pelo *khôl*, emanava dela um encanto aveludado e estranho. Os maravilhosos cafetãs de cores pastel, os cintos prateados que enfeitavam seu corpo, sua maneira a um só tempo cantante e muito feminina de falar o árabe davam-lhe naqueles momentos uma presença sensual que deixava Raul sem jeito, subjugado.

Ele tinha entretanto a fineza e a delicadeza dos grandes românticos. Seu erotismo se formara através de leituras ocidentais de onde via surgir altas e esbeltas mulheres louras de perversões fabricadas, compostas como produtos manufaturados. Mas seu sangue era oriental e, apesar da vergonha e do pudor, sentia-se às vezes muito perturbado diante das ancas ondulantes, das formas desenhadas, do almíscar das mulheres com quem cruzava na rua. Pegara uma, certo dia, numa casa de tolerância, mas não sentira nenhum prazer. O pânico, é claro, mas também o imaginário cujo sabor se esvai ao se tornar realidade.

Tinha tido um curto amor de adolescente por uma jovem frágil e doentia que tinha a arte de fazê-lo falar e de escutá-lo. O único ser no mundo a quem teria confessado uma parcela de seus sonhos, de seus tormentos, de suas exaltações. Para ela sonhara *peignoirs* de renda rosa, grandes tigelas de cobre cheias de buganvílias, longas viagens por países de brumas, preocupados em espreitar a morte mais suntuosa por trás da economia de palavras e gestos; em seus sonhos, ela era amorosa e altiva, entregando-se a ele sobre profundos tapetes de longos pelos brancos. Para ela escrevera sublimes poemas de amor, nos quais lhe jurava não ter outra vontade senão "rir com seu verão / e viver com sua beleza", estar com ela "por toda parte / em sol aberto ou na lama", convidando-a a "partilhar seu inebriamento e suas loucuras", exaltando ao mesmo tempo a "indiferença / aos grandes combates, aos grandes medos / quando não leva ao silêncio / quando leva ao fervor".

Ela tivera um dia que deixar a Argélia para um tratamento num sanatório na França. Nunca mais a reviu.

Certas noites, Raul tinha às vezes dificuldade de pegar no sono e revivia aquela cena na praia, numa manhã do verão anterior... Leila sentira vontade de sair. Tinham ido todos no velho Cadillac verde que Mahmoud, o fiel servidor, tirava da garagem e dirigia uma vez por mês. Era um verdadeiro dia de verão africano, tórrido, sem ruído, sem vida, bem perto do sol. Mas o mar estava maravilhoso, fresco, salvador, novo. René e ele tinham nadado muito tempo, ele depois desabara na praia, feliz, esgotado. Enterrara o corpo na areia, grão de areia por sua vez, deliciosamente vazio e nu. Raul então levantara a cabeça. Tinha ficado muito tempo debaixo do calor pesado? Viu a alguns centímetros de si um pé primeiramente, branco, violeta, quase sem dedos, em seguida pêlos, alguns centímetros de carne estirada, amassada, de brilho repugnante. À volta e acima, tecido, muito tecido, véu, seda e bem no alto uma cabeça sem rosto, sem expressão, sem vida. Só havia no mundo aquela massa, aquele gordo monte branco. Desmaiou.

Quando acordou, a tia dava-lhe tapinhas no rosto, aspergia-lhe água do mar. Viu o rosto dela debruçado sobre ele, a um só tempo inquieto e tranqüilizador. Quase esqueceu que acabava de ver a morte de branco, de pêlos e com pés sem dedos.

Raul pressentiu assim bem cedo que um desígnio diabólico ao qual estava convocado animava aquela mulher. Perguntava-se às vezes, desatinado, para que ondas ela ia arrastá-lo. Esses momentos de angústia muito breves e muito violentos deixavam-no em pânico, decomposto. Queria então fugir daquela casa, voltar para os fantasmas cinzentos de sua infância. Estes, pelos menos, não eram perigosos pois já estavam mortos, sem esperança, sem projeto, sem urgência. Mas que motivo poderia ter invocado? A tia o tratava bem; René o ignorava mas não lhe demonstrava nenhuma animosidade; Monique o paparicava, fazia-lhe mil graças. Depois, bem rápido encontrava o perfume irradiante do jasmim, os cachos bem cheios da uva vermelha que crescia debaixo do caramanchão fecundado por todas as riquezas conjugadas do céu e da terra e aquele casarão de pedra que parecia poder resistir a todos os ventos, a todas as agressões, a todos os martelamentos do tempo e da história.

*

21 de abril de 1919.

Esta noite é a festa dos vinte anos de Raul e o fim da guerra.

Ambiente alegre e refinado para a burguesia colonial. Judeus, muçulmanos, cristãos estão juntos e fingem ser irmãos. O notável Si Kaddour exibe por toda parte o filho que acaba de cobrir-se de glória e decorações em combate. Émile Thiar, professor de francês que se tornou negociante de camisas, forçado a entrar no comércio para manter os caprichos de sua fulgurante esposa e os amantes de seus dois filhos, homossexuais. Robert Chiche, açougueiro, solteiro, sedutor, trinta e cinco anos, tem como ponto de honra nunca continuar uma ligação mais de dois meses, vangloria-se de ter tido mais de trezentas amantes ("depois disso não se conta mais") mas de nunca ter tocado na mulher de um amigo... sem antes ter-lhe pedido permissão. Lucien Ramos, vice-prefeito, fabricante de massas e de cuscuz; fortuna colossal; em sua casa, come em louças de prata, é servido por um mordomo de luvas brancas, coleciona miniaturas de trens; nunca colaborou durante a guerra; obteve do prefeito um decreto ordenando a todos os habitantes que pintassem de verde as janelas para que manifestassem sua imensa alegria e saudassem a vitória: as más línguas dizem que ele possuía um velho estoque de tinta verde não vendida na maior loja de Blida de que é igualmente proprietário. Michel Sebbag, proprietário de um armazém; outros maledicentes afirmam que, após ter posto uma dentadura de ouro, dormiu sete noites seguidas em seu cofre-forte; contam também que seu pai fora suplantado em avareza por outro proprietário de armazém, um mozabita instalado bem em frente, do outro lado da calçada; este conseguira conservar novo um leque durante quarenta anos utilizando-o todos os dias: ele agitava a cabeça diante do instrumento, o que, bem entendido, não é conforme ao uso mais fiel ao provérbio: a usura vale mais a nossos pés que a nossos sapatos. Violette Diacomo, cinqüenta anos, consumiu mais maridos do que leu de livros na vida. Boba, vaidosa, leviana, está há oito dias iniciando o filho de Si Kaddour nas alegrias do amor.

Leila fez questão de que a festa fosse esplêndida. Ela marcava oficialmente sua entrada na sociedade blideana e para isso convidou suas personalidades mais originais e mais "úteis". Vinhos da Mitidja quentes e espessos. Iguarias finas e variadas: uma cozinheira espanhola preparou uma imensa paella. Nezra, a melhor fazedora de cuscuz da cidade, superou-se: o grão é uma obra-prima e o carneiro macio à vontade. Mahmoud mandou fritar centenas de pasteizinhos de carne regados de limão. Os convidados passeiam no jardim entre sombra e luz, entre álcoois e refresco de orchata. Dançam na varanda e no salão ao som de uma orquestra oriental: tangos, *paso doble*, velhas melopéias árabes que cantam o amor e o vinho.

Raul, esta noite, está alegre e brilhante. Faz belos elogios às damas, recita-lhes versos de Musset ou de Baudelaire e conversa política com seus esposos. Sua grande cabeleira negra bem colada atrás realça mais sua testa e o brilho de seus olhos. Está um pouco ébrio de música, de vinho e desse primeiro champanhe de liberdade. As mulheres na penumbra são desejáveis e o excitam.

Leila às vezes se aproxima dele, passa-lhe um braço sobre o ombro e interroga-o, cheia de solicitude:

"Está se divertindo bastante?

– Sim, tia.

– Está feliz?

– Sim, tia, obrigado".

Raul sente menos repulsa que de hábito ao contato de Leila. Nesta noite, a tia é maternal, terna, tranqüilizadora. E ele pensa ao responder-lhe que com certeza está errado por ter tais apreensões. Que mal ela poderia lhe fazer? Parece até só lhe querer bem e ele se sente um ingrato. Para aliviar a consciência, elogia-a pela organização da noitada e convida-a para dançar.

"Esse casal é estranho e não combina", pensa Violette Diacomo observando-os. "A gorda Leila tem muita sorte de ter um sobrinho tão bonito".

São duas horas da manhã quando a música acaba e os últimos convidados se vão. A primavera já está tórrida, a noite sem ar. Leila e Raul, ainda tontos, acotovelados no parapeito do terraço, espreitam o primeiro frescor do fim da noite. Não sentem sono. Diante deles, na montanha, os aduares fundiram-se na pedra e formam apenas massas sombrias; mas Raul e Leila conhecem cada casa, cada detalhe dessa paisagem e se divertem reconstituindo-os de memória. Leila aproximou-se insensivelmente de Raul. Agora apóia suavemente o quadril no do rapaz.

Ela tem trinta e sete anos, ele tem vinte. Quando se vê sobre ela e mergulha em seu corpo, tem a sensação de estar cumprindo sua primeira destruição e de ter chegado ao instante temido em que tem de queimar a alma.

Ao despertar, Raul estava só na cama. Leila se agitava pela casa cantarolando a melodia do amante ferido que a orquestra tanto tocara. Tinha preparado o desjejum no terraço já inundado de luz. Comeram juntos. Ela radiante, volúvel, solícita como uma jovem casada. Ele taciturno, de cara amarrada, invadido pelas imagens da véspera: o corpo da tia, branco, adiposo, suando debaixo do seu e o nojo que sentira depois do amor, que só conseguira vencer bem mais tarde, com o sono. Revia também os corpos graciosos daquelas jovens de formas voluptuosas, modeladas em vestidos justos, excitantes. Aqueles corpos que teria gostado de possuir e que lhe haviam roubado.

Raul olhava pensativamente Leila enquanto ela comentava rindo os melhores momentos da festa. Sentia raiva dela por tê-lo atraído, por ter-se aproveitado de sua embriaguez, de sua semi-inconsciência. Sentia-se roubado, violentado em algum lugar no essencial de sua juventude, de seus sonhos, de suas ilusões. E além do mais aquele acasalamento era um incesto. Essa palavra o atormentava desde que acordara e aumentava o horror daquela manhã azul demais, clara demais, agressiva demais. "É claro que eu poderia ter resistido", pensava, "ter encontrado um pretexto para ir me deitar, fingir não entender quando ela começou a me acariciar". Mas não, não teria conseguido e sabia disso! Aquela mulher usava de um poder mágico, demoníaco, ao qual ele não podia deixar de se submeter. Já estava convencido de que ela lhe imporia de novo seu corpo e outras submissões, e outras frustrações. Ela acabava de lhe confiscar a carne. Ele agora estava esperando que ela se apropriasse de sua alma.

Contemplou por um momento a montanha. O sol a devolvera à vida e desvelava-lhe os mínimos movimentos, os menores recônditos. Todo um mundo de camponeses, crianças, mulheres com véus se deslocava, se agitava e era possível distinguir cada gesto, cada contorção. Raul pôde até perceber o sofrimento de um ancião contraindo o rosto sob o peso de um imenso fardo que ele parecia ter carregado por toda a eternidade sobre as costas para transportá-lo sempre mais longe, sempre mais alto. E aquele teatro era ainda mais impressionante por ser mudo, o calor já pesado, espesso, fazendo tela a toda sonoridade.

Leila se dera conta, desde o início, da morosidade de Raul mas fingira ignorá-la, pensando que sua conversa sem fim acabaria por alegrá-lo. Não conseguindo, decidiu mudar de tática.

"Meu sobrinho não está muito alegre esta manhã", disse-lhe, brincalhona, tomando sua mão.

Raul bem rápido imaginou que retiraria vivamente a mão para manifestar seu nojo mas não fez nada disso. Limitou-se a ficar silencioso, o olhar perdido num falso devaneio.

"Em que está pensando? Em quem está pensando? Hem? Diga-me!".

Mesmo mutismo de Raul. Mesma ausência.

Leila engoliu um início de exasperação, esboçou um muxoxo irônico e, após ter refletido um instante, lançou:

"Não se tem o direito de ficar triste na sua idade. Você é bonito, jovem, inteligente, paparicado! Não? E é homem! Tem então todas as razões para estar feliz e acreditar em seu sucesso".

Raul por dentro concordava que ela tinha razão: sim, ele era "paparicado"! Do que se queixava? Mas não podia deixar de pensar que ela estava assim evitando tocar no essencial. Ele mesmo tinha a coragem?

Ela acrescentou, risonha e decidida:

"Vou lhe contar uma história. Estou certa de que vai distraí-lo e de que fará com que meça melhor sua sorte. Era uma vez uma família de marroquinos de Fez que emigrara para Blida porque o homem, Messaoud, não encontrava mais trabalho em sua cidade natal. Tinham dito a ele que a Argélia era opulenta e que os artesãos lá eram dez vezes mais bem pagos que no Marrocos. Além disso, ele se lembrava do provérbio que diz 'Mude, assim ganhará'. Chegaram então certa manhã em nossa cidade, esgotados, famintos, Messaoud, a mulher Saada, a filha Aouicha, o cunhado Sadik e Friha a sogra. O pouco dinheiro que ele havia economizado na vida mal dera para as despesas da viagem de toda a tribo".

Leila se interrompeu. A lembrança de Aicha e a sombra do harém ressurgiram, perturbaram-na e vieram ofuscar o alegre triunfo daquela manhã de primavera. Uma ruga encolheu sua testa, seu olhar ficou espesso como cada vez que o passado a reclamava. Mesmo assim achou forças para se recuperar e continuar. Não mais como um divertimento mas como um ato de exorcismo. Como um ato de filiação igualmente: ao transmitir essa história que Aicha lhe havia confiado, ao fazer penetrar em seu universo aquele rapaz a quem ela já acabava de impor seu corpo, ela se apossava dele, fazia dele sua coisa e seu herdeiro.

"Messaoud", prosseguiu, "era tão vil e feio quanto sua mulher era bela e distinta. Os olhares dos homens ficavam perturbados imaginando as longas pernas da marroquina, suas formas bem desenhadas, seu rosto voluptuoso e selvagem".

À evocação de Saada, Raul, que até ali tinha escutado com o ouvido distante, ficou mais atento. Gostava de relatos percorridos por fabulosas belezas e certos adjetivos, certas expressões próprias àquelas mulheres faziam-no sonhar: representava-se então seus sorrisos, suas peles, seus abandonos. Sua imaginação as levava por relatos paralelos, inventava-lhes novas vidas, novas aventuras de que se tornava autor e ator.

Naquele momento, Leila lhe contava a história de Saada, a exilada, a prostituída. Aicha fizera dela uma vítima da sociedade, da guerra e da cupidez dos homens. Leila, embora insistisse em seus encantos e sua sensualidade – não sem observar atentamente as reações de Raul –, descreveu-a como um ser imundo, voraz, perigoso. Uma feiticeira avara e manipuladora, sedenta de luxo e liberdade, disposta a todos os comprometimentos a fim de satisfazer suas ambições.

"Você se dá conta, essa mulher, sujar toda uma família e levá-la assim à ruína! Ela estava com o diabo! Foi ela quem trouxe infelicidade a todos. Pobre gente perseguida pela maldição!".

Leila triunfava: Raul escutava agora num estado muito febril. A odisséia daquela família o apaixonava. Algo no entanto o incomodava naquele relato: tudo nele era sórdido demais. Teria preferido contar a história de outro jeito, dar aos personagens outra dimensão, tratá-los com mais profundidade. Seu romantismo aderia ao destino trágico dos heróis mas reclamava deles ao mesmo tempo mais nobreza na tormenta. A humanidade não era por natureza violenta, egoísta, trivial. Era preciso explicar, ir buscar as raízes daquela decadência, seguir aqueles homens e mulheres na fatalidade que os carregava, para encontrar em algum lugar uma janela por onde salvar ao menos uma parcela de suas almas.

Raul pôs-se então a questionar a tia: "Quem lhe contou esta história?

– Uma amiga.

– Como se chama? Onde mora?

– Ela morreu.

– Onde, quando, como a conheceu?".

Era agora a vez de Leila se retrair e se calar. Estava fora de questão contar sua vida àquela criança curiosa demais, inteligente demais. Suas feridas lhe pertenciam, incuráveis. Nutriam sua segunda natureza; forçavam-na a viver. Pouco lhe importava tratar-se. Sabia que linguagem alguma, piedade alguma a libertariam. Nunca mais voltaria a ser o que fora. Nunca mais seria o que sonhara ser aos quinze anos. Qualquer que fosse o peso de seu silêncio, tinha de viver no espaço que seus sofrimentos e a maldição do marido lhe haviam determinado. Do fundo de sua prisão, organizava-se e, mesmo sem esperança de sair de lá, obrigava-se a tecer a teia de sua nova existência. Como um condenado resignado a passar o resto de seus dias numa cela mas que ainda se dá razões de viver, pensar e agir, continuando do fundo de seu buraco a organizar maldades. Seus crimes nada lhe renderão. Mas a imaginação lhe basta. Governador por procuração. Espectador das próprias fantasias. Rei definitivamente pregado em seu trono.

Raul viveu os dias que se seguiram numa agitação enorme. A história de Saada o perseguia, o impedia de dormir. Sentia vontade de saber ainda mais sobre suas origens, de partir à descoberta daquele Marrocos que parecia tão misterioso e de que os argelinos desconfiavam. Queria também conhecer essa cidade de Blida onde agora vivia mas que na verdade nunca visitara. E particularmente os bairros nativos que diziam ser pouco seguros mas cuja autenticidade ele pressentia. Para enfim penetrar por inteiro no segredo de Saada, tinha de ir ao encontro do islã e do mundo islâmico, de seus verdadeiros preceitos, de suas falsas superstições e daquela língua divina pela qual o Profeta se expressara, que ligava assim tão forte o povo à lei. Raul já conhecia bem o árabe que, muito jovem, gostara de estudar e praticar. Língua literária por excelência, língua do encantamento. Mas também língua da paixão, da humanidade verdadeira, que sabe nomear tanto a relação do homem com Deus, quanto a do homem com a natureza, e a do homem com o homem.

Sua cultura árabe o distinguia mais ainda de seus colegas pouco propensos a aprender a língua e os modos de seus colonizados. No colégio, zombavam por vezes do uso excessivo que ele gostava de fazer, por provocação, de velhos provérbios orientais. Decorara enorme quantidade deles e não havia situação da vida corrente à qual não correspondesse um adágio, um aforismo ou um ditado. Sacava-os no bom momento com um sorriso gozador, como se fizesse pouco a um só tempo de seu interlocutor e de seu próprio discurso. Os professores admiravam sua erudição e a audácia fulgurante de suas análises, que o levavam a aproximações empolgantes entre Racine, Flaubert, Stendhal, Chateaubriand e o Oriente.

Freqüentou assiduamente a biblioteca municipal, devorando em um mês mais de cinqüenta livros, tomando notas, separando citações, treinando traduzir certas passagens de uma língua à outra. Trabalhava às vezes até de madrugada. Como todas as pessoas frágeis, sabia encontrar forças na hora em que as pessoas sólidas mergulham na lassidão e no cansaço. Aprendia a não precisar de sono, achando inútil dormir muito tempo todos os dias. É desta época que datam suas primeiras insônias. Vão atormentar todo o fim de sua vida. No momento, estava decidido a suportá-las todas, a provocá-las até: Raul trazia consigo um grande projeto...

Descobriu Pierre Loti, os irmãos Tharaud, Adès e Josipovici, toda uma literatura que fazia furor, mas que ele havia desprezado por leituras mais clássicas. *O Livro de Goha o simples*, em particular, seduziu-o. Goha, "o homem de coração de criança", nascido belo, forte e idiota e que, mais tarde, habitado pela lembrança de uma deusa de pedra da época faraônica, acorda, transforma-se e conhece uma vida aventurosa, excessiva, ao longo da qual descobre a violência, o ciúme, a dignidade e o amor. E, a seu redor, todos aqueles personagens que, um após o outro, vão se perdendo, envolvidos por seu encanto, sua ingenuidade, sua fantasia: Harva, a ama, prostituída por sua causa após vinte anos de castidade exemplar; Nour el-Lin, a mulher de seu mestre, a orgulhosa sultana, sucumbindo por sua vez e atraindo para si, por causa de suas loucas imprudências, o supremo castigo; e o próprio el-Zaki, o xeque, o filósofo, o ilustre, o homem de todas as sabedorias, sob o efeito de seu estranho magnetismo.

Raul lera a frase de Octave Mirbeau: "Só entendi o Oriente, só o vivi no dia em que li *Goha o simples*. O Oriente inteiro parece dizer aqui: aí está, sou eu".

Raul, porém, fazia restrições tanto a respeito de Mirbeau quanto ao próprio livro. Tinha a impressão de que as palavras em voga "Oriente" e "orientalismo" recobriam uma vasta confusão. De que Oriente queriam falar? O dos Vedas ou o das *Mil e uma noites*, o de Buda ou o de Maomé, o de Lafcadio Hearn ou o de Ernest Psichari? Uma duração da qual não se discernia nem o começo nem o fim, um espaço cujos limites eram mais ou menos Tóquio e Fez não podiam servir de lugar comum a uma família de noções, a um gênero literário. Raul preferia as descrições precisas, em lugares precisos, de personagens bem identificáveis que recusam qualquer extensão, qualquer generalização.

E, por certo, *Goha* era uma história oriental escrita por orientais mas numa língua ocidental e para um público do Ocidente. Esta hesitação entre maneiras contraditórias e filosofias inassimiláveis umas às outras o incomodava. Goha, novo Cândido, otimista como seu ancestral, sugeria na verdade um pessimismo definitivo. Voltaire, misturando sufismo e bergsonismo.

Jérome e Jean Tharaud o entusiasmaram. Por que não nascera poeta viajante para fechar as malas imediatamente e partir à descoberta de Fez "onde se conserva, embalsamada em cedro, uma idade média de preces, de velha ciência oculta, de profissões imóveis! Cidade sombria onde os homens têm um rosto pálido, belos olhos que nada deixam ver da alma".

Teria dado tudo para encontrar o paxá de Marrakech, o Glaoui, filho de uma escrava negra, que se tornara líder inconteste dos grandes senhores do Atlas. Aqueles homens orgulhosos, sensuais, frementes, protegidos por suas florestas que dizem serem eternas: "E quando em todos os outros lugares os cedros não forem mais senão uma grande imagem de lembrança e poesia, os homens por muito tempo ainda poderão vir contemplar no Atlas, em meio àqueles troncos soberbos, àqueles brotos vivazes e àqueles patriarcas embranquecidos, as testemunhas da Bíblia e do Cântico dos Cânticos".

Leila estava espantada de ver Raul naquele estado. Conhecia-o mais sonhador, menos exaltado. De noite, surpreendia-o às vezes, debruçado sobre os livros, o olhar ávido, febril, extraordinariamente vivo no silêncio pontuado pelo rangido da pena. Não entendia muito bem o que ele fazia, irritava-se com suas respostas evasivas quando o questionava. Mas ficava feliz de ter só para ela aquele rapaz alto que tanto a perturbava e com o qual gostaria de cobrir o corpo todas as noites. Ela ousava bem de tempos em tempos algumas carícias que ele conseguia abreviar pretextando cansaço, calor, trabalho. Não insistia. Limitava-se a ser a guardiã de um templo do qual seria um dia a sacerdotisa.

Raul estava totalmente absorvido por sua viagem. Quanto mais avançava, mais se dava conta de que os grandes orientalistas, Loti, Chateaubriand, nunca haviam contemplado senão eles mesmos. Historiógrafos dos próprios sentimentos, só haviam estado à escuta de suas reações, de sua inquietude ao contato das civilizações desconhecidas. Escrivães de sua sensibilidade, só tinham sabido escrever uma única paisagem, a de seu eu. Múmias, mercados, templos derrubados, cheiros de incenso e de miséria, todos pretextos para meditações introspectivas e tipicamente ocidentais. Só Flaubert escapava em parte à crítica: sua vontade de fazer desaparecer o autor entre o leitor e o objeto dava mais presença e realidade à pintura de seus personagens e de seus cenários. É claro que não conseguia tudo completamente: como imaginar uma transcrição não entremeada pelo real? Mas essa imolação do escritor sabendo retirar-se, como o mar, para restituir ao mundo da terra o que lhe pertence, Raul a considerava o ato fundamental gerador da arte de escrever.

Uma terna cumplicidade se estabelecera entre Raul e a pequena Monique, a menina tendo verdadeira adoração por aquele primo grande que lhe servia de pai. Com freqüência Raul a encontrava escondida debaixo de sua mesa para onde ela se esgueirara sem que ele se desse conta. Pegava-a então no colo. Ela se encolhia junto a ele que continuava a trabalhar acariciando-lhe suavemente os cabelos enquanto ela adormecia feito uma gata. Com ele, ela gostava de rir, comer, brincar, sentir medo escalando em seus braços o limoeiro e deitando-se naquele imenso galho que parecia ter crescido para fazer um leito para as crianças.

Para niná-la, ele lhe recitava os poemas que descobria em suas leituras e que bem rápido aprendia de cor. Ou então cantarolava para ela velhas canções árabes que o velho sapateiro de Bouzaréah salmodiava do fundo de sua lojinha encardida, os olhos semicerrados sobre solas que consertava pela décima vez. E quando Raul começava a se retirar na ponta dos pés, crendo, a seu sopro regular, que estava adormecida, Monique abria um olho esperto e suplicava dobrando graciosamente a cabeça:

"Karamouni, cante Karamouni pra mim".

Raul fazia menção de ralhar com ela mas acabava sempre aceitando:

Karam Karamouni
Ela é de pêssego e de romã
É uma bela menina
Ela desceu ao riacho
Com o traseiro pelado
Uma mosca a picou.

Monique sorria maravilhada e adormecia enfim, com o polegar na boca, o indicador languidamente dobrado sobre o nariz.

*

Saturado de leitura, cansado dos orientalismos pomposos e fabricados, Raul decidiu partir à descoberta de Blida, a cidade misteriosa que se esconde, como uma rosa altiva.

"Chamam-te Blida (cidadezinha). Pois eu te chamo Ourida (rosinha)". Assim falava, no tempo dos turcos, um alcaide chegado do deserto e que sabia bem que, nos relatos dos caravaneiros, Ourida é também um nome de bela mulher apaixonada. Mas essa mulher, indiferente aos estranhos, quer se preservar e só se dá aos seus. Não é raro um blideano, acolhendo um amigo vindo de outro lugar com mil palavras de boas vindas, soltar no meio da conversa esta frasezinha, aparentemente sem importância mas significativa: "E quando pretende ir embora?".

Raul descobriu uma sociedade compósita em que todas as raças se misturavam, em que conflitos incessantes dilaceravam uma humanidade primitiva, inflamada, subjugada, dividida entre a fidelidade a suas crenças, a seus ritos e as seduções enganosas do Ocidente. Bem rápido aprendeu a distinguir um argelino de um marroquino ou de um tunisiano, um sedentário de um beduíno, um berbere de outro berbere, todas aquelas pessoas que os franceses chamavam "os árabes" e que tinham no entanto origens, costumes, culturas diferentes. Era aquilo então a realidade daquele país! Duas sociedades vizinhas que se ignoravam mutuamente com algumas passarelas no nível das classes mais elevadas e a exploração de uma pela outra. E para cada uma sua estrutura, sua diversidade, suas hierarquias. Que ponto comum podia haver entre um industrial dos altos de Argel, vindo do Languedoc, refinado, rico e bom católico, e um operário maltês da periferia de Oran? Tão pouco na verdade quanto entre um agricultor da Cabília e um farmacêutico árabe, diplomado na Universidade de Lausanne. Em comum, talvez, a mesma ilusão: o sentimento de possuir a mesma terra reivindicada por cada um em nome de sua história.

Durante dias e dias, Raul percorreu as estreitas ruelas da *medina**, familiarizando-se com os rostos, as casas, o barulho das fontes, o cheiro de lã bruta e a miséria daqueles que renunciaram até a expulsar as moscas de seus corpos. Ficou sabendo que mais de uma criança em duas morria de fome ou de doença antes da adolescência; que se podia ganhar 1,50 francos por dia trabalhando do nascer ao pôr-do-sol; que numerosas famílias viviam o ano inteiro de tâmaras e lactose; e as magras economias acumuladas durante o ano inteiro para uma festa, para um rito e o desespero dos homens quando não podiam matar um carneiro por filho homem da família no dia do Aïd el-Kébir. Viu como se podia iludir um povo, torná-lo inconsciente com o chá, a droga e... a vontade de Alá desviada de seus verdadeiros preceitos para servir de álibi à miséria.

E no entanto essa cidade sempre fora considerada na África do Norte como a capital dos prazeres, das festas e do perfume. Vinha-se de toda parte para lá se

* Parte muçulmana de uma cidade. (NT)

divertir. Ricos burgueses árabes, estrangeiros em viagem eram atraídos em particular pelos cafés cantantes que haviam amplamente contribuído para dar à cidade a fama de leviandade e luxúria. O álcool lá jorrava aos borbotões, as dançarinas eram belas, perfumadas, fáceis. Raul parou com freqüência para sonhar diante do mais célebre deles, o Café Si Beggar, fechado como os outros em 1914. Parecia-lhe ouvir as melopéias intermináveis que punham em transe músicos, dançarinas e espectadores, o riso pesado dos homens transportados pelo desejo e pela droga, a voz surda e envolvente das cantoras modeladas em cafetãs de veludos púrpura dos quais demoravam a se despir.

Ainda se podia perceber da rua o jardim que uma grande família continuava a manter e imaginar os amores furtivos do fim da noite sob as figueiras, as romãzeiras ou as magnólias.

Raul ligou-se ao guardião do banho mouro mais famoso da cidade. Ligeiramente corcunda, o rosto profundamente marcado, o olhar vivo, esse homem aprendera a olhar, escutar e calar. Sua longa prática da sociedade das mulheres, cuja confiança sabia ganhar passando despercebido, tornara-o mestre na arte de julgar com uma simples olhada a qualidade daquelas que se apresentavam na entrada. Ninguém melhor que ele poderia ter distinguido, sob o *haïc**, uma nova-rica de uma moça de boa família, uma virgem de uma depravada, uma habitante da cidade de uma da montanha.

Aquele jovem elegante e cortês, que falava um árabe de grande pureza, lhe agradara. De hábito silencioso, desconfiado, pouco dado às confidências, o velho ficava feliz e se animava quando Raul o encontrava, na hora em que as últimas clientes deixavam o estabelecimento, ainda bem quentes, perfumadas. Juntos, iam se instalar no terraço de um café e papeavam bebendo chá em copinhos que queimavam os dedos.

O velho guardião conhecia todo mundo e fazia comentários sobre cada passante: um fulano que, antes da guerra, vestia sempre a mesma camisa usada e passava discreto, assumia agora ares importantes em sua *gandoura*** de seda branca imaculada.

---

* Grande pedaço de pano que as mulheres muçulmanas usam, como manto, por cima da roupa, às vezes servindo de véu. (NT)

** Túnica sem mangas. (NT)

"Você não pode imaginar quantas toneladas de açúcar e óleo ele vendeu no mercado negro! E quer que achemos que é um grande senhor! Costumamos dizer entre nós: 'Se você quer refazer uma reputação, espere primeiro que desapareçam todos os que o conheceram'".

Um outro, em compensação, atravessava a ruela baixando a cabeça, com o passo pesado:

"Veja como os olhos dele estão tristes. Está inconsolável. Dois filhos perdidos na guerra, você imagina! A filha se casa amanhã; ele deveria estar contente. Mas nada jamais lhe trará de volta o sorriso".

"Está vendo aquele marroquino sentado na mesa ali adiante? Observe-o falar. Que conversa mole! Tenho certeza de que está convencendo o alfaiate que está diante dele para que lhe dê mais crédito. E vai conseguir! Ah! esses caras são fortes! Entre nós dizemos: 'Corte a cabeça do marroquino antes que ele fale! Se abrir a boca, salvou a pele'".

Raul ria, maravilhado com o novo adágio que acabava de aprender.

"E aquela mulher! Posso lhe garantir que não é séria: a cabeça mexeu quando cruzou com aquele rapaz e seu olho fixou-o por baixo do véu".

Raul não notara nada. Perguntou-lhe, intrigado:

"Como é que você pôde ver isso?".

O velho assumiu um ar entendido e vagamente desiludido. Como explicar àquele rapaz toda uma vida de observação minuciosa dos semelhantes, quase um século a vigiar a alma por trás do inexprimível, por trás de um gesto, um sorriso, um andar, um roçar, o fundo de um olhar?

Às vezes, Raul e seu companheiro perambulavam, na hora do crepúsculo, pelos bairros populares. Assistiam aos preparativos de fechamento das lojas: o vendedor de tecidos, "o comerciante que faz sonhar as mulheres", dobrava cuidadosamente seus cortes, o quitandeiro contava suas moedas, o moedor de café esmagava seus últimos grãos lançando de tempos em tempos olhares inquietos para a rua.

"Parece que ele tem medo", notou um dia Raul. "Por que esse olho raivoso sobre nós? O que é que fizemos a ele?

– Estamos olhando para ele. E para um moedor de café é o maior perigo. Ninguém é mais supersticioso que esse homem. Ele está convencido de que vamos lhe trazer azar e atrapalhar seu negócio.

– Teme o mau-olhado mais que teu inimigo", declarou sentenciosamente Raul, feliz por poder exibir sua cultura árabe.

Divertiam-se vendo o mozabita fingir ignorar a hora. Todo o bairro sabia que sua lojinha seria a última aberta. Para ganhar uns tostões a mais, para vender mais um pouco de sal ou de pimenta vermelha.

Certa vez, Raul ouviu ao anoitecer, subindo de certas casas, cantos que pareciam canções de ninar. Um detalhe no entanto o intrigava. Questionou o amigo:

"Por que essa mulher canta tão forte? Não é assim que vai adormecer o filho. No entanto, olhe-a através da janela, ela de fato carrega um bebê nos braços e parece niná-lo".

O velho sorriu maliciosamente:

"Escute bem a letra da canção e entenderá".

Raul prestou atenção por um momento mas sua perplexidade só fez aumentar: de fato percebia frases que lhe pareciam incoerentes. Falava-se de avareza, de mesquinharia, de maldições. Curiosa maneira de se dirigir a crianças!

O silêncio se fez por um instante na rua. Depois ouviram, saindo de uma casa vizinha, outra letra em cima de uma canção de ninar, tão violenta e venenosa quanto a outra. Prostituição, sujeira, ossos queimando no inferno constituíam os temas principais daquele novo encantamento.

O guardião não deixou Raul na expectativa por muito tempo mais.

"Essas canções de ninar", disse, "são apenas pretextos. Na verdade, essas mulheres dizem uma à outra seu ódio sem se enfrentarem diretamente. É um velho costume um pouco covarde, mas que poupa muitas brigas. Essas duas mulheres amanhã, ao se cruzarem na rua, vão se cumprimentar quase com cortesia. Talvez continuem amanhã e depois a despejar seus rancores até o dia em que terão esgotado todo seu fel. Então, vão cantarolar de novo para seus bebês e o pior terá sido evitado. Mas às vezes usam também esse meio para trocar palavras de estima que, por pudor, não ousam se dizer...".

A guerra e o amor em canções e por bebês interpostos: havia com que fazer sonhar um rapaz de vinte anos nos dias após 14-18.

Raul há muito tempo vinha se controlando para não interrogar o amigo sobre o que acontecia no interior do banho mouro. Pensar naqueles corpos deitados sobre os ladrilhos, transpirando no vapor d'água, o excitava e ele ficava imaginando os gestos langorosos das criadas passando e passando a mão ou a luva em peles lisas, firmes, douradas. Ardia de vontade de saber mais, mas não ousava falar disso com medo de parecer uma curiosidade malsã. Numa noite, porém, em que haviam bebido álcool de figo nos fundos da loja de um alegre vendedor de tecidos, ele tomou coragem:

"E se você me falasse um pouco do banho mouro?", perguntou Raul com o ar de quem só procura se informar.

O velho homem deu um sorriso entendido: a febre que animava os olhos de Raul não lhe escapava e estava esperando por essa pergunta um dia ou outro.

"Pois bem, você vai ficar decepcionado! Oh! há mesmo de vez em quando umas moças distintas, ainda frescas e desejáveis, mas por uma bela quantas velhas de peito caído, quantas gordas, peludas, descarnadas, meninas desmioladas. E a balbúrdia que fazem! Não param de matraquear, de brigar, de xingar as criadas quando a água está quente demais ou fria demais, quando a luva de crina lhes arranca a pele, quando não as esfregam com força, quando sangram se depilando.

– Como você sabe disso tudo?" perguntou insidiosamente Raul.

O velho fingiu não ter ouvido e prosseguiu:

"Há, no entanto, algo interessante. Você sabia que é no banho mouro que um rapaz aprende a conhecer uma jovem e que se preparam os pedidos de casamento?

– Mas eu pensava que homem algum podia penetrar num estabelecimento reservado às mulheres.

– É verdade! Mas o melhor olho de um rapaz não é a mãe dele? Um rapaz conhece infinitamente melhor uma moça através dos olhos e do sentido psicológico da mãe, dos pais e das amigas do que se a estudasse ele mesmo. A nudez e o comportamento de uma jovem num banho são testes infalíveis para as velhas exercitadas em julgar a juventude. Elas identificam para os filhos, que nelas têm confiança, as moças bonitas e comportadas, aquelas que têm corpos graciosos, firmes, peles de cetim, ancas cheias para melhor fecundar, aquelas que ainda são pudicas e que entram na sala baixando a cabeça.

Veja, os profanos que contam que um árabe esposa uma mulher sem conhecê-la se enganam. O banho mouro é o altar da verdade para a mulher que lá não pode passar ninguém para trás, ao passo que conviver com uma européia antes do casamento, com sua maquilagem, seus disfarces, suas mascaradas, não é conhecê-la. Ao contrário do que se pensa, é o árabe que não tem surpresas na noite de núpcias...".

O paradoxo divertiu Raul que pensou consigo que fora bem inspirado em colocar a questão ao amigo. A evocação do banho mouro perderia dali por diante seu poder erótico mas ele aprendia que mesmo as celas mais fechadas, mais isoladas, as que davam a impressão de serem refúgios ou paraísos, onde se tinha a ilusão de estar só, separado do mundo, na verdade estavam implicadas de maneira complexa e precisa num tecido social, em toda uma organização da sociedade.

Raul aprendeu assim a conhecer esse mundo que a maioria dos franceses ignorava. Sentia-se bem na *medina* onde geralmente o tomavam por um árabe, egípcio ou libanês. Graças a seu guia, fizera algumas relações no bairro. Freqüentemente era convidado a entrar numa casa ou numa lojinha para beber um copo de café ou de chá de menta. Às vezes, tinha a impressão de que o Oriente estava ali, na elegância e na precisão dos gestos daquele ou daquela que servia o chá, na serenidade do olhar dos homens à saída de um marabu, no ar de profunda resignação que imobilizava o rosto do mercador de fios, sujo e molambento, na esquina da rua, no canto dos muezins, eternamente igual a ele mesmo, como aqueles motivos de tapetes ou de bandejas que deviam ser reproduzidos fielmente sem nunca acrescentar nem retirar nada. (Raul estabelecia uma outra aproximação entre esses desenhos que preenchiam totalmente a superfície do objeto e a potência da voz no apelo aos fiéis, que de repente invadia o espaço: o mesmo medo do vazio mas também a mesma vontade de traduzir a onipresença de Alá. O homem testemunha de Deus. Nunca vai saber nada das intenções de seu criador; mas está seguro de uma coisa e o exprime ritualmente: não há branco, não há vazio no universo).

Entretanto, Raul sabia bem que uma cultura não pode permanecer definitivamente imóvel, que ela fatalmente mexe aqui ou ali, que as civilizações evoluem, se transformam. A resignação espiritual ou metafísica às vontades de Alá sobre a terra não significa ausência de revolta, de imaginação e aceitação passiva de todas as misérias, de todas as alienações. Não se podia ignorar que os camponeses árabes, duramente taxados por um sistema fiscal especial e opressor, privados de todo crédito, começavam a se sublevar; que os doutores da lei rugiam diante das limitações do ensino muçulmano e da prática religiosa; que os colonos cavavam ainda mais o fosso entre as duas comunidades solapando as leis editadas por Napoleão III para o restabelecimento dos direitos dos árabes; que a fome, o cólera, o tifo iam azedar ainda mais uma população já exasperada; que um nacionalismo argelino estava nascendo sob o impulso do movimento Jovens Argelinos para a defesa da personalidade das massas nativas. Circulavam nomes que ainda não eram levados a sério mas que já lutavam pela igualdade dos direitos: o emir Khalêd, neto de Abd el-Kader, Ferhat Abbas, o doutor Ben Djelloud, Messali Hadj.

Raul percebia, assim, um descontentamento profundo. Mas como poderia ter acreditado numa reviravolta nesse país tanto as estruturas instaladas pelos franceses pareciam sólidas, sustentadas pela poderosa mãe-pátria, e tanto os oprimidos estavam, evidentemente, desprovidos de qualquer meio de expressão e de ação? Muito rápido esquecia os rugidos subterrâneos para ficar apenas em sua admiração por um povo que estava descobrindo e de quem se sentia a um só tempo próximo e muito diferente. Pois estava ao mesmo tempo encontrando sua própria dualidade. De cepa e cultura francesas, estava à vontade no universo mental ocidental, no erotismo europeu, na poesia a um só tempo sofisticada e desesperada dos grandes românticos franceses, ingleses, alemães.

Era para aquelas terras que seus sonhos de adolescente o haviam arrastado e lá permanecia irremediavelmente ancorado. Os versos de Lamartine ou de André Chénier o emocionavam, como aqueles corpos de mulheres estendidos sobre a praia ou que se podia abraçar dançando, como aqueles apelos revolucionários lançados em 1º de maio de 1919 pelos operários da maioria dos países da Europa e sufocados no sangue e na repressão. Intelectualmente, ali estava e escutava com avidez e inveja os rumores que chegavam de Paris, que vivia seu primeiro "ano louco". Contavam que a festa começara no desafio, na libertação e na raiva de viver. A França se oferecia, inventava para si imagens, rapidez, carros, novas músicas, volúpias que achincalham, prazeres que escapam a todos os tabus. Rimbaud triunfava enfim, ele que havia reclamado, para a salvação do homem, uma embriaguez demente e a renúncia às sabedorias mortíferas da Grécia antiga.

Mas Raul nascera judeu, em terra africana e árabe, e suas raízes vibravam por outras solicitações que circulavam no nível da consciência mítica num tipo mais espontâneo de relação com o mundo, mais concreto, mais carnal. Deus tinha ditado sua Lei aos homens mas lhes deixava espaço para usufruírem do que Ele criara. O caminho que levava a Ele não passava forçosamente pela renúncia às coisas da terra. "Três coisas neste mundo fazem minha felicidade: o perfume, a mulher e a prece".

O *perfume*, símbolo das belezas, das alegrias, das volúpias que Deus nos oferece e de que se deve aproveitar mas também talvez cheiro de Deus, marca do Além: a rosa, o jasmim, a laranjeira não exalam alguma coisa do Céu? A *mulher* símbolo da fertilidade. É preciso manter, reproduzir, desenvolver o que Deus criou. Se o perfume é a terra, se o homem é a água que a rega, a mulher é a raiz que nela cresce, que dela se nutre para produzir flores e frutos que vão eles mesmos alimentar a terra e renová-la. A *prece*, enfim, para agradecer a Deus por nos ter dado o perfume e a mulher.

Raul subscrevia em parte a essas proposições. Só a prece não lhe dizia respeito. Era evidentemente esvaziar o resto de seu substrato e de sua justificação mas, refratário a qualquer prática religiosa, era mais sensível à estética dos ritos do que à sua espiritualidade e, ao antigo preceito, preferia este poema que um velho descrente árabe recentemente compusera:

Existem três paixões e volúpias
Do amor delas nunca estou saciado:
O cavalo, as mulheres e os copos de esquecimento.

*

Dois meses transcorreram desde que Raul recebera como em confissão o relato da vida de Saada e, em tão pouco tempo, quanto caminho percorrido! Como as sombrias aventuras de uma família marroquina e o destino de uma pequena prostituta tinham podido desencadear tanta desordem em sua vida? Quantas leituras, quantas descobertas, quantas mudanças desde então! Raul sentia ter-se tornado rico, ter sabido penetrar um mundo que ele só fizera imaginar. E tinha pressa de mostrá-lo.

Agora estava seguro de ter encontrado a bela marroquina sentada no umbral de sua porta, numa ruazinha tortuosa e suja, o seio nu dado ao bebê e à curiosidade dos passantes. Seguira seus passos através da cidade, no mercado pululante de vida, atravessado por mil gritos de vendedores ou entre os comedores de haxixe de olhos afogados de sonho. Era ainda ela, de madrugada, quem acabava de sair de um fumadouro e que a Polícia de Costumes perseguia pela cidade adormecida. Aquela moça esplêndida que corria descobrindo as pernas, a batida precipitada de seus passos, o sopro rouco de seu peito, o murmúrio das fontes, tudo isso era de uma beleza trágica que fascinava Raul.

Acreditara ver igualmente Messaoud, caolho e infeliz em sua *gandoura* em farrapos, penar por alguns tostões o dia inteiro no fundo da vendinha encardida de um pequeno fabricante de babuchas. E Sadik, olho vivo e boca zombeteira, fez sobre a orelha, em busca de frescor e de um golpe novo para aplicar. E Friha encarquilhada, as pálpebras sanguinolentas, tentando passar despercebida e penetrando como que às escondidas numa morada burguesa para ler o futuro.

Aqueles personagens existiam; ele os conhecia como conhecia seu cenário, seus costumes, suas crenças. Personagens racineanos, judeus, maometanos, condenados a errar, incapazes de escapar a seu destino, por inteiro nas mãos de Alá.

Numa noite, Raul quase que naturalmente começou a escrever. Precisava não perder nada das imagens, leituras, diálogos de que estava impregnado e daquele sistema complexo de relações que ele aos poucos ia conseguindo reconstituir e que unia os personagens entre si, os personagens e suas raízes, os personagens e seu meio e tudo a Deus e à religião.

Messaoud e sua tribo encarnavam o exílio, a diáspora, todos aqueles que um dia ou outro são condenados a se desprender de suas raízes, a se pôr em marcha para um alhures ilusório; aqueles que não respirarão mais o ar da aldeia, o perfume da terra, o cheiro da rua, da casa, dos armários. E a chegada a um mundo diferente, hostil, onde todo estranho é suspeito, onde ninguém faz nada para os acolher ("quem não te conhece te despreza"). Raul imaginava tanto melhor o desamparo dessa família já que ele mesmo tinha o sentimento de ser uma criança no exílio, expulsa, enxertada, transplantada numa terra que parecia um paraíso mas na qual seria sempre um estranho.

Na verdade, via Messaoud principalmente como uma vítima da guerra e da colonização. Seu mestre, europeu, não gostava dos muçulmanos e ele, o servidor, tampouco gostava de seus correligionários. A guerra arruinou o patrão. Um bom escravo deve sofrer a mesma sorte que seu mestre. Ninguém mais quer saber dele na aldeia. Deixará então o país e irá para outro lugar, em busca de um patrão que se assemelharia ao que ele perdeu e que ele poderia servir fielmente, à procura de outro canil, de outra contrafação da amizade, e daqueles raros gestos de reconhecimento que um mestre bom demais sabe dosar para estimular o zelo de seu servidor. Messaoud ou a ausência de poder de intervenção sobre a existência e a sociedade. Sejam quais forem seus sonhos ou suas tentativas, a mecânica de seu destino vai atolá-lo progressivamente para conduzi-lo inexoravelmente à asfixia.

Mas Messaoud encarnava também o amor. Vil e covarde é verdade, incapaz de tirar a mulher do caminho da prostituição, ousa comer a comida que ela conseguiu vendendo o corpo. Ama mesmo assim aquela mulher, como o único e último bem que ainda possui e não pode arriscar perdê-la fazendo-lhe censuras. Se bebe, é para não se olhar. Se estupra uma menina, é evidentemente por desespero, por frustração (faz tanto tempo que Saada que o despreza não lhe oferece seu corpo), mas é sobretudo para tentar algo, qualquer coisa, até o pior, para romper o círculo dos infernos. Talvez também para de certa maneira salvar sua mulher carregando um pecado mais grave que o dela. Para salvar Deus? Sustentarão isto mais tarde dos heróis racineanos que se culpam para lavar Deus, para desculpar o Pai. Raul por enquanto não chegara a este ponto, ou antes, não estava longe de pensar que a vida era só uma tentativa desesperada para se salvar de Deus. Às vezes se perguntava também se Deus não era um pouco exibicionista, se não fazia de propósito ao punir os bons e ao recompensar os maus, ao pegar a contrapé a pequena lógica dos homens para mostrar seu poder, para garantir o mistério, para dizer aos homens que Ele sabe o que Ele faz, se eles não o sabem ou não o entendem. E que enfim o projeto de Deus pertence apenas a Ele, inacessível, impenetrável. Se Ele desse toda a luz, se a história se desenrolasse conforme esquemas perfeitamente inteligíveis à humanidade, Deus não seria mais Deus. Que distância, que diferença ainda haveria entre o Pai e seus filhos? Deus não seria mais senão a consciência dos homens.

Ora, o pai nessa história era na verdade Friha, a mãe de Saada, guardiã da lei sem a qual o mundo mergulha no caos, pilar da célula familiar, última muralha dos homens e expressão da vontade divina. Se ela sofre, é menos pela falta de moral da filha do que pelas ameaças que pesam sobre sua família. Messaoud não pode de maneira alguma saber a verdade; sua cólera quebraria tudo. Ela então resiste, encobre, escora-se para sustentar ainda as colunas desse templo que está desabando. Até o momento da rachadura inevitável. Ela morre sob os escombros.

Diante dela, Sadik e Saad, os impacientes, os revoltados, definidos pela "recusa de herdar", a recusa de ser apenas o discurso dos outros ou a carroça de

Deus, tomados pela vontade de escapar ao tempo imóvel, forçados a escolher a emancipação e a infidelidade para inaugurar um tempo novo através do qual esperam revelar-se a si mesmos e se realizar. Não sabem para quais aventuras, para quais dramas talvez, sua decisão os precipita. Entenderam apenas instintivamente que para ter uma chance de se salvar era preciso num certo momento romper, quebrar, fraturar e recusar submeter-se.

Saada, a marroquina, por quem Raul fez essa longa viagem, não tem outro meio de ação a não ser seu corpo. Não lhe deram nem cultura nem competência. Pecadora de pés nus e cabeça vazia, seu instinto, sua energia de filha das montanhas e sua beleza bastarão para alimentar uma rebelião que fará mil estragos à sua volta, que porá em pedaços família, moral, religião. Mas é isto ou a fome, isto ou a morte. Saada que dorme ao sol, Saada que se mira, se perfuma e se espreguiça após ter consumido sua presa, Saada é da família daqueles que recusam abdicar, símbolo de resistência diante de todas as legitimações ideológicas, moralizadoras, até mesmo teológicas da injustiça, do sofrimento e da miséria.

Aouicha, enfim, o bebê, a esperança, a sobrevivente. O que quer que aconteça, dramas, apocalipse, morte de Deus, um filho subsistirá que refará o mundo. Nascido na conformidade, criado no pecado, terá de escolher entre outras submissões e outras revoltas. Vai lhe bastar, como diz Freud mais ou menos na mesma época, ser amado pela mãe para querer ser o "rei do mundo".

Raul escrevia então. Com o ímpeto dos vinte anos mas já mestre de seu jovem talento. O romance se ordenava em torno desses personagens e desse cenário que lhe eram agora familiares. Tinha às vezes a impressão de não ter nada a inventar: testemunhava o que tinha aprendido, reproduzia o que tinha visto, traduzia o que Leila lhe contara. Estava encarregado de conduzir a seu fim heróis cujo caminho estava traçado, o destino, moldado. Nada podia fazer por eles. Sofria por escrever, na sua idade, uma história tão trágica, sem espaço para a vontade e a liberdade. (Certo, havia Saada para aceitar o desafio, mas a que preço devia ela pagar sua coragem e sua sobrevivência!). E ele recuava o máximo possível o instante da queda deles, como o capelão que pede alguns minutos ainda para o condenado que ele está encarregado de assistir. Era preciso dar-lhes a possibilidade de tentar alguns combates, algumas saídas, embora inúteis, e principalmente de ver que corriam para a perdição. Assim, Raul, embora depositário daquela história, não deixava de ser autor por inteiro, a tarefa essencial do romancista consistindo não só em contemplar o fundo das almas mas em fazer o olhar dos heróis enfrentar o próprio destino. Para melhor significar o fracasso, todo olhar não pode ser senão a constatação do irrevogável.

*

Aquele mês de julho de 1919 foi particularmente tórrido. De dia, a natureza, os homens ficavam em suspenso, imóveis, à espera do primeiro arrepio. E com freqüência a noite se esquivava a essa espera; o ar até de madrugada continuava pesado e abafado. E cada um a tentar todas as receitas que a África usa para capturar o frescor: duchas todas as horas, lençóis molhados com água fria e encharcados dez vezes na noite, corpos deitados sobre os ladrilhos.

Raul passou o verão quase todo sozinho, tendo por companheiro Mahmoud, o homem pau para toda obra, que ficara em Blida para cuidar dele. Leila passava a maior parte da semana em Chréa, a vizinha estação de montanha que se avistava do alpendre da mansão. Lá protegia Monique do calor num chalé emprestado por uma amiga. Ele dormia de dia e trabalhava de noite. Esperava as primeiras luzes da montanha como um sinal, um piscar de olho. Animava-se então novamente após a espessura úmida e inútil do dia. De novo as imagens afluíam, as situações ficavam precisas e ele cobria suas folhas com uma escrita inclinada, regular, bem desenhada. Trabalhava assim até as seis horas da manhã, até o momento em que sua mente caía novamente no nada do dia.

Estava feliz com aquela solidão, com a liberdade de viver a seu ritmo, de escrever, de meditar que lhe era assim dada. Às vezes, ao anoitecer, pensava na mãe, no pai morto jovem demais, que não conhecera o bastante mas de quem guardava a lembrança de um homem forte, bigodudo, generoso. Aquele pai sabia pegar a mão do filho na sua (mais de dez anos depois, Raul ainda sentia o contato quente, cheio, tranqüilizante daquela mão), sabia percorrer com ele a aldeia explicando-lhe a história de seus ancestrais, levá-lo para passar as tardes entre velhos talmudistas barbudos de olhos cintilantes, benzê-lo com um imenso gesto protetor na noite do Grande Perdão na sinagoga.

Pensava também naquelas mulheres, árabes ou européias, com quem cruzara na rua e cuja lembrança o perturbava: corpos entrevistos, aspirados, dos quais ele havia guardado o rastro de um perfume, um balanço, um pedaço de perna, a curva de um seio ou de um quadril; rostos velados que ele reconstituía elegantes, ávidos, sensuais, ofertados a todos os desejos. Voltava então raivosamente ao trabalho. Descrevia melhor a emoção daquele homem que descobria um dia na rua onde passava todas as manhãs há vinte anos a bela Saada de pele dourada, sentada na soleira de sua porta, o peito descoberto, o olhar altivo e despudorado. O que não teria dado aquele passante para abraçá-la, para deixar-se penetrar por seu perfume, para possuí-la! Raul conhecia bem demais o preço dos corpos cobiçados e os tormentos do amor imaginário!

Poderia ter tido no entanto a liberdade de se distrair, de conviver com jovens da sua idade, de folgar em seus jogos, em suas festas. Poderia ter tirado proveito de seu físico, de seu desembaraço, de sua cultura para seduzir ou ser amado. O olhar das mulheres parava em geral sobre ele e esses olhares não o deixavam indiferente. Mas ele nunca ousava explorar sua vantagem e deixou escapar as poucas ocasiões que poderia ter tido com certas vizinhas ou amigas da tia... Saía raramente, quase totalmente monopolizado pela redação do romance e pelos problemas que encontrava para "amarrar" o relato, dar cor e profundidade aos personagens, aliviar seu estilo, torná-lo mais vivo, mais alerta.

Informara finalmente Leila de seu projeto. A cada um de seus retornos lia para ela as páginas que escrevera durante a semana. Ela estava maravilhada. Sim, era desse jeito que Aicha contava aquela história. Tinha a impressão de voltar dez anos atrás, nos raros momentos de exaltação que a amiga lhe ofertara. Mas logo ressurgiam os fantasmas sinistros e grotescos daquela parte de sua vida de que não conseguia se livrar. Os odores, os ruídos daquela casa, as madrugadas dolorosas que não traziam promessa alguma, o bailado inútil das criadas, as carícias assassinas do marido, a ferocidade das concubinas, tudo estava ali presente, brotando a todo momento, e ela devia a cada vez, para não soçobrar, agarrar-se muito rápido a uma realidade concreta, fútil: arrumar a casa, jardinar, preparar pasteizinhos frescos enrolados entre os dedos, grelhar amêndoas, pegar Raul pelo braço e sentir junto a si aquele corpo jovem.

Uma certa cumplicidade se estabelecera aliás entre eles: Leila fazia observações quanto ao interesse de tal ou tal passagem do relato. Raul em geral não levava em conta, mas ficava comovido com a atenção dada pela tia a seu trabalho. Ela cuidava perfeitamente dele, incentivava-o, e o rapaz ficava surpreso de ver tanto ardor em seus olhos. Perguntava-se se o personagem daquela mulher não era no fundo muito próximo do de Saada e se ela também não estava à sua maneira iniciando uma segunda vida, um novo itinerário. Naquelas últimas semanas, ficara sabendo por alto que Leila vivera num harém onde sofrera muito e sentia piedade dela, quase esquecendo os sofrimentos que haviam povoado os primeiros meses de sua vida em Blida. Gostaria muito de ter tentado alguns gestos de afeição para expulsar as sombras que por vezes afligiam os olhos da tia mas temia que ela se sentisse encorajada a levar mais adiante sua vantagem e a lhe reclamar provas de afeição de outro tipo.

O mês de agosto e o romance estavam acabando. Raul chegava ao temido instante em que devia precipitar o drama. No entanto não tinha vontade de perder aqueles personagens com os quais acabava de atravessar uma etapa importante de sua existência. Amava a coragem e a obstinação de Friha, a ternura inconfessa, desajeitada de Messaoud, o humor de Sadik, a desenvoltura de Saada. Ora, tinha então que deixá-los, fazê-los morrer, jogá-los na prisão ou enviá-los à deportação. Raul sentia o coração apertado ao passear debaixo do caramanchão já carregado de grossas uvas vermelhas: "Por que não poupar essas pessoas?" pensava. "O escritor tem o poder de vencer o inexorável e de parar o destino. Basta que decida e o curso das coisas muda. E no entanto não. Já estão quase mortas. Só posso ser testemunha, impotente, de seus últimos sobressaltos".

Redigiu bem rápido, rápido demais, o fim da história, depois pousou sobre o manuscrito uma última folha sobre a qual escreveu em letras grossas e finas minuciosamente traçadas: *Saada a marroquina.*

Os acontecimentos então se precipitaram. Raul mal havia pousado a caneta e Leila lhe contou a história do velho alcaide Sid el-Haoui e, infatigável, sem transição, o jovem começou a escrever esta nova aventura. Decidiu que Halima Fouad el-Begri, "a cantora de pulmões de boi", era a filha de Saada. Ainda mais bela, mais graciosa, mais voluptuosa que a mãe, ela inaugura uma nova geração de cantoras profissionais que não se prostituem. Prometeu seu corpo e seu coração a um único homem, o filho do alcaide, e os guarda para ele. Mas esse amor, puro, romântico, não é feito para durar. Aí mais uma vez a fatalidade intervém. Como se todos esses heróis fossem objeto de uma implacável maldição. O próprio Raul não estava perseguido pelo sentimento de uma ameaça permanente? Às vezes se perguntava se acabaria como Messaoud ou como Sid el-Haoui. Em certos momentos de pânico, não estava longe de pensar que só estava contando a própria história. Talvez a de Leila também, portadora de um mal estranho e contagioso, roída por horríveis demônios devoradores, horrendos.

Acompanhou então o velho alcaide rumo à cidade numa noite de frescor como naquele fim de verão. Sentiu profundamente os temores de sua esposa diante do relincho do cavalo cujos apelos perturbavam o silêncio doloroso daquela noite de lembrança. Compreendeu a emoção do velho homem diante da noiva de seu filho. Porém a história de Sid Youssef, sobrevivendo por milagre e voltando à aldeia, não o satisfazia. Parecia-lhe totalmente inverossímil. Não tinha, além disso, vontade de contar um parricídio. O pai e o filho amavam-se demais para que um tal mal-entendido pudesse assim separá-los. Sid Youssef teria questionado o pai, teria procurado entender, sem a mínima suspeita. Raul achava o quiproquó inconveniente para aquela família, lugar de tanta pureza e nobreza. No entanto, se devia poupar a alma e a honra de Sid Youssef, sabia que não podia salvar o pai. Inventou outro fim: o filho não ressuscitava mais. O alcaide sucumbia sob os golpes de um desconhecido, um bêbado ciumento que desejava a cantora e que se achou excluído, traído pelo velho...

"No fundo", pensava Raul, "que importa de que morte ele morrerá? Sid el-Haoui está condenado desde o primeiro relincho de seu cavalo!".

O mês de setembro não havia acabado e Raul terminava esse segundo romance. Da mesma maneira que havia escrito o nome de Saada, traçou em relevo: *O café cantante.*

*

Leila quis ouvir dez vezes a leitura dos dois textos. Tremia de emoção. Quem lhe diria, no fundo de sua prisão, que um dia seriam escritos livros contando as histórias de Aicha? Logo esboçava planos, imaginava o partido que poderia tirar deles. Certo, ela não tinha nenhuma cultura e não conhecia nada de literatura. Mal sabia ler, havia percorrido, com dificuldade, apenas uma dezena de livros em alguns anos, suaves histórias de amor e de corações feridos com muita facilidade, rápido demais curados, para literatura de estação de trem e romances em quadrinhos. Mesmo assim sentia o que os textos de Raul exalavam de potência e originalidade. Raul, disso estava segura, havia encontrado o tom e a escrita que convinham. Soubera instalar esses contos no mistério e na volúpia, conduzir o suspense por pequenos toques, por progressões sutis; retratara maravilhosamente o esplendor dos cenários, os tormentos que agitavam os personagens e a impotência destes em controlar seu destino. A França com certeza iria gostar desses relatos exóticos, coloridos, violentos, que eram como pontes lançadas entre Oriente e Ocidente. Aqueles heróis do fim do mundo, figuras de um imaginário popular longínquo e misterioso, eram também homens daquele tempo, implicados em paixões, conflitos, revoltas que tanto podiam ser da Europa quanto da África, que podiam ser de muçulmanos, judeus ou cristãos. Cada leitura e cada dia que passavam reforçavam sua convicção de que aqueles livros iriam conhecer um sucesso imenso.

Quanto mais os escutava, mais lhe parecia que ela mesma os escrevera, que lhe pertenciam. Aqueles contos faziam parte de sua vida. Estavam profundamente ligados aos sofrimentos que haviam devastado sua existência. Eles, somente, é que lhe haviam permitido sobreviver, alimentando-a de sonhos, trazendo-lhe um pouco de calor, de fantasia e daquela mudança de ares sem a qual não há prisão suportável. Raul fora apenas a mão que traça sinais, o transcritor, não só do desenrolar daquelas aventuras de que ela era depositária e de que queria ser a guardiã e única proprietária, mas das próprias palavras que ela acabava por convencer-se de ter inventado.

Imaginava-se então autora reconhecida, objeto de todas as admirações, de todas as homenagens. Rainha de um *Tout-Paris* festejando a primeira grande escritora do século XX. Uma Paris enfeitiçada por seus relatos, acalentada por sua língua, emocionada por seu talento de que ela diria tê-lo adquirido através de um trabalho encarniçado, solitário. Declararia estar inspirada pela vontade de testemunhar e de ter acesso – ao preço de que esforços! – ao domínio mais nobre, mais reputado da França: sua literatura. E esses sonhos a exaltavam ainda mais porquanto considerava sua futura glória como um justo retorno das coisas. Ela de fato merecera ser um dia honrada! Quem sabe até acabasse por esquecer seu inferno e a maldição do marido...

É claro que lhe acontecia tomar consciência da realidade e se perguntar como poderia, não sabendo sequer escrever, pretender se fazer passar por uma escritora. As esperanças, os entusiasmos, as belas construções desabavam então e sobre seu teatro em ruína ela passeava desesperada uma frase que voltava sem cessar, obscena, obsessiva: "Sou iletrada! sou iletrada".

Desolada com a idéia de ficar inerte por toda a vida, a contemplar a inteligência e a cultura dos outros. A liberdade reencontrada não lhe bastava. Raivosa, pensava que, para reparar o mal que lhe haviam feito, não podia limitar-se a ser espectadora. Tinha também que se tornar mestre, ator e diretor. E, do fundo de sua amargura e de seu acabrunhamento, conseguia, cada vez, dar-se novamente coragem... e esperança: não tinha nenhuma cultura, nenhum talento, nenhuma competência intelectual e não havia mais tempo para dotar-se disso, mas encontraria a força para dar o troco, para representar a comédia. O essencial não era impor-se, fazer-se admirar, provocar ciúmes, existir! numa sociedade que por muito tempo a esmagara, a enterrara, a ignorara?

Foi ver Ramos, seu amigo fabricante de massas, que ela sabia ser amante de literatura e que afirmava, além disso, ter relações nos meios intelectuais parisienses. Soltou a primeira mentira, ela mesma ficando espantada com a facilidade com que inaugurava seu novo personagem: "Escrevi em segredo dois romances. Acho que são interessantes e acabei me convencendo de que mereciam ser publicados. Mas preciso de um conselho: ignoro tudo sobre editores e suas práticas. O que devo fazer? A quem devo me dirigir? Não sei também praticamente nada do mundo das letras. Como me comportar lá? Quem comanda? Quem decide?".

Ramos sabia ser discreto. Não lhe fez nenhuma pergunta nem sobre a origem de sua vocação para a escrita, nem sobre a gênese das obras. Descreveu-lhe em detalhes o mecanismo da edição que ele conhecia bem por ter antigamente dirigido uma tipografia. Conversou com ela sobre as grandes tendências literárias da época e fez-lhe um retrato rápido, mas preciso, dos principais artistas, escritores, críticos que, em Paris, no início daqueles anos 20, estavam mais em evidência. Quando ela estava indo embora, ele lhe propôs: "Se precisar de uma intervenção, não hesite. Bourdel, diretor da Livraria Plon, deve-me tudo. Posso recomendá-la a ele".

Ramos gostava muito do olhar enigmático de Leila. O corpo nada tinha de atraente e mesmo assim, sem entender por quê, a desejava. Quando lhe apertou a mão, mais forte e mais tempo que de costume, leu em seus olhos uma determinação que o intrigou e o fascinou ao mesmo tempo. "Que mulher estranha!", pensou, sonhador. "Essa sensualidade que ela emana apesar de sua feiúra. E essa confissão surpreendente! Não a imaginava escrevendo livros".

E Ramos se perguntou, fechando a porta, se não acabava de cruzar com um grande destino...

Raul, por sua vez, estava esgotado. Quatro meses de trabalho encarniçado, de obsessões, a perseguir almas e corpos no torpor daquele verão africano. Quatro meses sem sair praticamente nunca, exceto para raras visitas ao guardião do banho mouro. Ficava agora longas horas, deitado, na varanda, a sonhar. Ele também teria gostado de sair de férias, em Paris ou à beira-mar, viver uma vida de homem livre e independente, ter amigos, amantes, rir, dançar, beber álcool, encontrar rapazes da sua idade. Mas não ousava confessar seus desejos à tia. Que direito tinha de reivindicar o que quer que fosse? Não possuía nada e ela já o mantinha integralmente. Sentia que uma teia de que estava cada dia um pouco mais prisioneiro se tecia à sua volta.

De tempos em tempos pousava um olhar nostálgico sobre os dois manuscritos cuidadosamente alinhados sobre a mesa. Mas já estava longe daqueles personagens e suas aventuras, como que diluídos em tinta, engolidos na escrita. Estava agora bem mais preocupado com a própria existência, com seu futuro. Tinha a impressão de ainda não ter visto nada, de não ter aprendido nada da vida. Aos vinte anos, não tinha nenhuma perspectiva de situação. É verdade que a tia garantia suas necessidades e lhe pagava até um pouco pelos serviços que ele lhe prestava. Mas não podia ficar a vida inteira à sombra daquela mulher. Havia, é verdade, a escrita e aquelas folhas empilhadas sobre a mesa. Mas o que faria com elas? Não tinha nenhuma relação em Argel, menos ainda em Paris e encontrar um editor parecia-lhe um empreendimento impossível que ele sequer tinha meios de tentar. Estava então perplexo e moroso naquele início de outono no qual o verão se demorava. Só Monique lhe trazia um pouco de ar e frescor. Todas as manhãs, sentada no parapeito da varanda, apoiada nele, ela o escutava "explicar-lhe a montanha". Aos quatro anos, entendia tudo, as mudanças de cor da pedra, os jogos de sombra e luz, os gestos das tecelãs e a imobilidade dos velhos eternamente sentados diante de suas portas.

"Está vendo aquele burro", dizia-lhe Raul, "como está carregado? As patas dele escorregam tentando subir. Olhe como é triste e infeliz".

Não se podia distinguir nada de preciso àquela distância, mas Monique respondia:

"Oh! sim, ele está chorando. Está vendo as grossas lágrimas dele, diga, está?".

Enfiava então o rosto no pescoço de Raul e chorava, o tempo de uma emoção, o tempo de o animal desaparecer por trás da colina, já esquecido por outros espetáculos: uma flor vaidosa e solitária ao pé de uma árvore, uma partida de futebol entre garotos com uma barulhenta lata velha de sardinhas servindo de bola, um casal de lagartixas de arrancadas fulminantes.

*

2 de outubro de 1919. 10 horas da noite.

Raul está encolhido numa chaise-longue no terraço. Está relendo pela centésima vez aquelas *Flores do mal* que gostaria de ter escrito. Ao mesmo tempo abandona o corpo à brisa de outono que o acaricia delicadamente, que seca e lhe perfuma a pele. O corpo o atormenta. Faz tempo que não toca uma mulher e os sonhos e as frustrações o esgotam.

"Raul!".

Assusta-se. "O que ela quer comigo a esta hora?", resmunga levantando-se.

Ao entrar no quarto, Leila está estendida sobre a cama, envolvida numa imensa camisa de seda branca.

"Venha aqui junto de mim; quero lhe falar". Raul senta-se à beira da cama.

"Deite; relaxe". Raul se deita.

"Sabe, você foi maravilhoso; você nos fez dois livros esplêndidos. Não sei como lhe agradecer".

Raul não entende. Não merece nenhuma recompensa dela. Aqueles textos, ele os escreveu para si.

Ao mesmo tempo a mão de Leila lhe acaricia o peito, desce ao longo de seu corpo que ele sente reagir, ficar mais ousado.

"Venha", diz ela gulosamente.

Raul há muito tempo sabe que está se perdendo. Mas é jovem demais, fraco demais, privado demais de mulheres para resistir. Mergulha nela com raiva, como se tentasse exorcismar um mal ao qual no entanto está certo de não poder escapar. Os dois gozam muito rápido.

Agora estão deitados em silêncio, lado a lado; ela tem um ar feliz, ele inquieto, pouco à vontade. O que ela quis dizer há pouco?

Ela interrompe bruscamente sua meditação:

"É preciso encontrar um nome de autor. Um nome árabe de preferência. Ramos me disse que o futuro era dos autóctones falando da própria terra, de seus costumes, de sua religião. Fica mais verdadeiro, inspira confiança.

– Talvez...".

Raul está tenso; adivinha o resto.

"E se a gente se chamasse Elissa Rhaís?

– Como?

– Elissa Rhaís!

– Mas Elissa é um prenome de mulher.

– Não sou uma mulher? Além disso Rhaís é nome de homem, 'o mestre', 'o chefe'. Eu Elissa e você Rhaís, é simples e é bonito.

– Mas você sabe bem que o prenome torna o conjunto feminino.

– E daí? De qualquer modo, é melhor acharem que sou eu o escritor. É nossa única chance de ter êxito. Não vão nunca levar a sério um rapaz da sua idade e além disso descobrirão logo logo que você é judeu. Eu, todos acham que sou muçulmana. Deixe comigo e lhe prometo glória e riqueza.

– Mas é roubo! O autor sou eu!

– Escute, Raul; quando a sua mãe me pediu para tomar você comigo, ela não podia mais sustentá-lo. Enchi você de atenções, de mimos. Você hoje talvez fosse professor ou empregado de escritório. Você não vai se mostrar ingrato comigo!".

Raul está enojado com o cinismo dessa mulher, com o perfume de cravo com que ela untou o corpo, misturado ao cheiro de jasmim sobre a mesinha de cabeceira. Tem pressa de acabar com aquilo e de estar só. Quando desaba pesadamente sobre a cama, já chora a perda de seu único bem, aqueles textos que compôs com tanto cuidado e exaltação. Desapossado do único estado civil que gostaria de ter tido: aquele que teria querido, ele, escolher para si, dar-se. Sabe que o combate é desigual entre a marionete e a aranha. Mas não entende nem por que nem como o jovem orgulhoso, sensível, culto que ele era está se tornando aquele jogo da sombra, aquele jogo de sombra manipulada.

*

28 de outubro de 1919.

Uma família árabe, para a qual todos os passantes se voltam, desembarca em Marselha. Curiosa mulher embaraçada em seus véus, cercada de dois rapazes altos que carregam malas pesadas, sendo que um aperta, além disso, em seus braços, uma menina amedrontada. Sobem a Canebière*, viram à esquerda rumo à estação. Dentro de algumas horas vão pegar o trem para Paris. Dentro de alguns dias estarão instalados num pequeno apartamento de locação, no Bulevar Raspail. Dentro de algumas semanas, sob o nome dessa mulher, sairão, na *Revue des Deux Mondes, O café cantante*, na Livraria Plon, *Saada a marroquina.*

O sucesso foi de imediato considerável. A imprensa argelina saudou aquela filha do país que estava conquistando Paris. A imprensa francesa emocionou-se com aquela muçulmana vinda de longe que contava sua terra com tanto calor e verdade.

A França descobriu com enlevo aquela Argélia a ela ligada mas da qual ignorava quase tudo.

Comunicado de imprensa preparado pela Livraria Plon com respeito à Senhora Elissa Rhaís.

"A Senhora Elissa Rhaís nasceu em Blida. Muçulmana de origem, aprendeu francês na escola de sua cidadezinha que deixou aos doze anos para tomar o véu conforme o costume árabe.

A mãe da jovem muçulmana tinha adquirido celebridade como narradora; foi escutando seus relatos que a futura romancista sentiu despertar sua vocação.

Neste outono, a Senhora Rhaís veio a Paris. Acolhida quase de imediato pela *Revue des Deux Mondes*, obteve um início estrondoso com uma longa novela, *O café cantante.*

Saada a marroquina é um romance de costumes argelinos que nos faz conhecer a alma misteriosa e simples dos muçulmanos por cenas verdadeiras, vividas, que contrastam felizmente com o falso orientalismo literário que foi demasiadamente explorado".

---

* Principal avenida de Marselha. (NT)

Trechos da imprensa de 1920.

"Todo em perfume, todo em cor, perfume áspero, cor violenta, este livro é simples. Eu disse bem que ele era rico; não luxuoso nem opulento. A verbosidade árabe nele é temperada pela medida francesa. A Senhora Rhaís não tinha que temer trair-se ao traduzir-se; mas é bem raro possuir a este ponto o gênio das duas línguas, de duas raças e de amalgamá-los em vez de opô-los. Não posso explicar de outra maneira a não ser por este encontro um pouco miraculoso o poder evocativo desta anedota. Ela poderia tão facilmente ser banal, mas conseguiu arrastar os mais sedentários dentre nós numa viagem de descoberta, isto é, nessa parte de nossa alma onde ainda se agitam obscuros ancestrais vindos de outro céu que o nosso, onde já estremecem possíveis descendentes, a caminho de outras pátrias". François le Grix.

"A Senhora Elissa Rhaís herdou a arte de narrar. Quando digo que sua obra não se inspira de nenhum precedente, entendo que ela não procede dessas influências literárias demasiadas vezes cruzadas e entrecruzadas num livro, a tal ponto que nem o autor, nem seus leitores saberiam dizer o que vem de seu próprio fundo e o que é emprestado, imitado ou sugerido. Mas a Senhora Elissa Rhaís é filha autêntica, tanto na ordem espiritual quanto na ordem material, daqueles narradores árabes que enfiaram, feito um interminável rosário de histórias, as pérolas e as gemas das *Mil e uma noites*. Sua mãe, nos dizem, de noite lhe contava lendas. Ela continua uma tradição e uma linhagem. Busca sua força no grande reservatório de sua raça e é por isso que essa força é tão fácil, tão livre, tão natural.

O milagre é que a menina, na escola francesa de Blida, aprendeu nossa língua, tornou-se logo capaz de falá-la e de escrevê-la perfeitamente, sem esforço. Entre ela e nós, não havia mais nenhuma barreira e seu jovem gênio podia expandir-se suavemente em nossa literatura. É seu país que a Senhora Elissa Rhaís vai nos descrever, sem que nada se interponha nem entre ela e ele, nem entre ela e nós.

Daí um raro poder de evocação. Tudo lá está harmoniosamente fundido: o cenário e as figuras, a verdade dos modos e a das almas". Firmin Roz, *Revue Bleue.*

"Não conheço a Senhora Elissa Rhaís. Seu prefácio me desagrada, seu prefácio é dedicado à *Revue des Deux Mondes* e leio esta frase: 'Vocês me abriram bem grandes as portas de sua revista que é a revista dos primeiros entre os escritores da França, eis-me salva'. Não se pode ser mais ingênua, não se pode ser mais encantadora! A senhora está salva, senhora, porque a senhora tem talento, ingenuidade e as fadas lhe deram de presente uma pena mágica, nosso porta-penas, que lhe permite descrever o que seu jovem coração (Ah! diabo! talvez a senhora seja velha?) lá sentiu. A senhora vem do Marrocos (?) aonde quero ir. Gosto muito da senhora. E previno-a de que os potentados de nossa literatura não se assemelham de modo algum aos grandes senhores do Atlas. Não será bom ficar muito tempo na Europa, senhora Elissa Rhaís. A senhora é um poeta. E, quem sabe, talvez um grande poeta. Em alguns meses, a senhora nos deu dois livros, sendo que o primeiro é excelente e do segundo eu disse que Mérimée o teria assinado. Senhora Elissa Rhaís, deixe então a *Revue des Deux Mondes*, o Sr. Doumic, os acadêmicos, as glórias oficiais. A senhora vale mais do que isso. A senhora não precisa ser salva. E vou lhe dizer a grande verdade, senhora marroquina (!): nós mesmos nos salvamos em nosso país. É nossa nobreza, que não é árabe. Salvamo-nos pelo talento, pela independência, pela consciência. A senhora tem o talento, tenha a consciência e a independência". Binet Valmer, *les Nouvelles littéraires*.

"É um conto de fadas, uma história encantadora e romanesca. Há seis meses chegava a Paris pelo rápido de Marselha uma senhora cercada de sua pequena família, três crianças de rostos redondos, da tez dessa cor dourada que têm os orientais.

No vagão, as crianças comiam confeitos coloridos, laranjas, doces exalando anis e suas reflexões ingênuas, metade em francês, metade em árabe, divertiam os viajantes. Rumo a que existência se dirigia essa pequena *smala**? Que razão imperiosa a forçava a deixar o país luminoso de onde desembarcava?

Os passageiros teriam ficado muito espantados se lhes tivessem dito que aquela mãe de falar cantante e um pouco fanhoso estava chegando direto de Blida-la-Blanche para ganhar corajosamente a vida e a de sua família. E, se tivessem acrescentado que essa senhora contava ganhar a vida escrevendo livros, o coro dos viajantes teria exclamado: 'Voltem rápido para sua Argélia, fujam do inferno que os espera'.

Mas a todas as objeções a Senhora Elissa Rhaís, pois era ela, teria respondido com doçura: 'Alá é grande!'.

Assim, mal chegou, um manuscrito debaixo do braço, a iniciante empreendeu corajosamente a conquista de Paris.

Pequena muçulmana da Argélia, filha de honrados muçulmanos, bem jovem expressara o desejo de freqüentar a escola francesa de Blida e de aprender nossa língua. Para sua grande felicidade, logo falou e aprendeu o francês com facilidade. Tinha 14 anos. Sabia além disso admiráveis lendas que a mãe lhe narrava de noite. De Louis Bertrand recebera uma carta de recomendação ao Sr. Doumic. Confiou-me que ia de imediato à *Revue des Deux Mondes* para apresentar um manuscrito. É claro

* Tribo. (NT)

que não a desanimei, mas lhes direi que fiquei espantado diante daquela audácia tranqüila.

Aqui se coloca um fato bem raro que merece ser valorizado. O diretor da poderosa *Revue des Deux Mondes*, este templo dos escritores consagrados, que um subterrâneo liga, como se sabe, à Academia Francesa, pegou o manuscrito e o leu.

Alguns dias depois, a Senhora Elissa Rhaís ficava sabendo que sua novela *O café cantante* fora aceita.

Não acho que ficou surpresa com isso. Alá é tão grande que tudo pode. Talvez até a Senhora Rhaís, como uma de suas heroínas, a velha Friha, tendo lido num ovo a sorte feliz que lhe estava reservada, esperasse por aquela resposta? Mas nós, que não temos essas iluminações, só podemos ficar maravilhados com essa sorte e considerar esse diretor de revista como um djim tutelar, enviado pelo Profeta.

Acabo de ler *Saada a marroquina*. Esse talento natural tão franco, de um jato espontâneo, essa arte de levar o relato a seu fim, esse dom de evocar as coisas e as pessoas, de fazê-las viver em seu meio e falar com seu sotaque, todas essas qualidades que possui a Senhora Elissa Rhaís são devidas evidentemente à sua ascendência.

A obsessão é tão forte ao sairmos dessas páginas que ficamos como que alucinados e buscamos reencontrar os vestígios do cenário em meio ao qual acabamos de viver durante algumas horas e que se dissipou, uma vez o livro fechado.

Não é este um poder admirável? E o que se exige do romancista não é justamente que seja uma espécie de encantador capaz de recriar a vida e de nos fazer tomar por verdade ficções que ele imagina? Não penso que no momento atual contemos na França com um autor que possua este poder a tal grau.

O acento de verdade que se desprende desse livro nos impede de fazer sobre ele qualquer julgamento moral.

E quem sabe, também, este poder de verdade provoque sua originalidade incomparável. Quantas vezes nos descreveram a Argélia e suas mulheres, seus bairros árabes e sua vida efervescente, seus hábitos pitorescos! Mas ora suas heroínas, apesar de seus ouropéis barrocos, poderiam ter nascido em Montmartre, ora, ao contrário, o exotismo do livro é tão acentuado que os personagens nada mais têm em comum conosco.

No romance da Senhora Rhaís, ficamos a cada instante surpreendidos de encontrar seres a um só tempo tão diferentes e tão próximos de nós.

A Senhora Elissa Rhaís só tem que prosseguir sua carreira de romancista argelina; o campo é vasto, ela tem tudo a descrever pois acaba de nos ensinar que não sabíamos nada desse país que no entanto é um pedaço da França. Ela tem os dons maravilhosos necessários para atingir esse resultado, mas que Alá a guarde da literatura! Ela ainda não a suspeita, possa ela continuar a ignorá-la!". Jean de Pierrefeu, *le Journal des Débats*.

Raul relia com freqüência, esquadrinhava as primeiras críticas que saíam sobre os dois livros naquela primavera de 1920. Não se dava muito bem conta do que estava acontecendo: como aqueles dois textos escritos muito rápido porque numa manhã sem alegria sua tia lhe contara uma história como a um garoto, porque no verão ele não podia dormir, porque uma mulher marroquina, que só existia em sua imaginação, havia perturbado seu corpo, como aqueles dois textos podiam suscitar tanto interesse, mobilizar a imprensa inteira? Enquanto que a França já era tão rica de grandes escritores, de poetas geniais, Marinetti, Breton, Aragon, Tzara, Pierre Loti, Lucien Daudet, Proust, Colette, Paul Morand, Cocteau, Radiguet que fazia a glória de Montparnasse, e tantos outros! Aqueles artigos deixavam-no a um só tempo feliz pela confirmação de seu talento (não louvavam por toda parte a força e a verdade de suas descrições?), amargo porque só falavam da "Senhora Rhaís". A lenda da pequena muçulmana corajosa e genial se instalava, ao mesmo tempo que relegava Raul à sombra. Era ele o único autor daqueles romances e ninguém sabia disso, ninguém jamais fazia alusão a isso.

Raul, na verdade, mal tinha tempo de pensar em si e de se fazer perguntas: trabalhava sem parar, quase noite e dia. As cartas afluíam do mundo inteiro, os jornais, as revistas reclamavam novelas, entrevistas, respostas a pesquisas de todos os tipos. Leila não podia, é claro, ser de nenhuma utilidade. Limitava-se a assegurar a fachada, a receber os jornalistas, a repetir palavra por palavra textos que Raul lhe havia preparado, a dar algumas recepções. Só René, que voltara do serviço militar, o ajudava um pouco. Mas as relações entre os dois rapazes eram difíceis, sempre tensas. René mal suportava aquele "estranho" que tomara seu lugar, que se tornara ao mesmo tempo filho e amante de sua mãe. Uma noite, ele o surpreendera na cama de Leila. Desde então suas relações se degradaram ainda mais. Sem barulho, certo, sem briga aberta, sendo os dois jovens fechados e pudicos. Mas René julgava Raul um ambicioso, um arrivista, que seduzira sua mãe para melhor enraizar-se no lugar e tirar proveito de seu desembaraço. Além disso, não se fazia nada na casa sem consultar Raul, o inteligente, o criador, o indispensável, o "reizinho" como o chamava René, que anotou um dia num caderno: "É minha mãe quem possui, é ele que existe". Até Monique preferia "o Outro" a ele. A maneira de ela se aninhar nos braços de Raul, de não querer dormir sem uma história de Raul, sem uma canção de Raul, o exasperava. Entretanto, embora sem entusiasmo, cuidava de parte da correspondência e de certo número de providências junto aos editores, quando não estava ausente, dividido entre a Faculdade de Letras e a "Juventude Comunista", pela qual militava com ardor e convicção.

Apesar de todas as suas atividades, Raul ainda encontrava tempo para escrever. Duas novelas, *Nobreza árabe* e *Kerkeb, dançarina berbere*, foram logo aceitas na *Revue des Deux Mondes*. Foram em seguida reunidas a *O café cantante* numa coletânea que a Livraria Plon publicou no fim de 1920 ao mesmo tempo que uma terceira edição de *Saada a marroquina* (o romance será objeto de trinta reimpressões!).

Essas duas últimas novelas, Raul as escreveu sozinho, a partir de suas fantasias ou de lembranças de leituras. Em *Nobreza árabe*, aproveitou para dizer sua admiração por aqueles homens do Atlas que ele não conhecia mas de que cujo encanto poderoso, delicadeza do coração, frescor dos sentimentos conhecia, grandes senhores árabes criados no culto a Deus e à religião da honra.

Em *Kerkeb*, ele colocava em cena pela terceira vez a mesma mulher, bela e indomável, que o perseguia, que povoava seus sonhos e irritava seu corpo: Sid el-Bacha, poderoso e cruel alcaide marroquino, viu, num povoado afastado do Rif, Kerkeb dançar seminua diante dos homens. A beleza dessa mulher "ferveu-lhe o sangue", ele a jogou atravessada sobre a sela e, apesar da resistência, levou-a para o palácio onde fez dela a sua favorita. Ali, sob ameaça, força-a a jurar que nunca mais dançará a não ser para ele. Mas uma mulher rifana não se deixa domar. Na primeira noite do ramadã, Kerkeb escapa e vai dançar diante da multidão sob os muros do palácio. Sid el-Bacha a surpreende e a condena à morte. Kerkeb consegue despertar a piedade de Knett, o escravo negro, encarregado de matá-la, que a liberta de seus laços. Poderia fugir, mas prefere enfrentar a terrível cólera do mestre que a humilhou, gritando-lhe que, livre, dançará de novo diante dos homens do Rif. Sid el-Bacha quer matá-la, mas é ela quem o apunhala. Então, diante do cadáver, dança lentamente, "só para ele, agora".

"Há aí", escreverá Roland de Marès nas *Nouvelles Littéraires*, "um talento extremamente curioso, de rara habilidade, de força impressionante".

Simultaneamente, Raul preparava um grande romance, este também inteiramente saído de sua imaginação. A intriga nele era reduzida, tão tênue que mal se distinguia a trama, mas se tratava para ele sobretudo de voltar a suas fontes, de redescobrir e de retratar a austera dureza dos modos patriarcais de Israel. De novo encontrava nessa viagem os eternos conflitos que agitavam igualmente seus heróis muçulmanos: a lei de Deus contra a paixão dos homens, o respeito da tradição, dos ancestrais contra a necessidade histórica da evolução, da mudança, da modernidade, a resignação contra a revolta, a fidelidade contra a emancipação, o projeto contra o êxtase.

Em cena num subúrbio de Argel, Débora, filha do rabino Eléazar, submissa demais para se esquivar à vontade de um pai que dela disporá na hora em que toda filha de Israel, sob pena de ser uma "esquecida", deve ser provida de um esposo tal como o Talmud o previu. Assim, ela se casará, segundo as regras, com o eleito de seu pai, o rico Edmond Seffar. Não consegue no entanto esquecer Jacó, belo talmudista, orgulhoso mas pobre; leu tanto amor e generosidade em seus olhos! Mas, por pudor de virgem fiel à lei, não quis nem retirar sua declaração nem confessar sua escolha ao pai.

O rapaz, por sua vez, busca na fidelidade às tradições a coragem para fugir daquela que ama; vai para Paris a fim de terminar seus estudos rabínicos com a esperança de voltar a tempo para colher a flor cujo perfume o perturbou. Quando fica sabendo que Débora acaba de ser dada a outro, só pode, como fiel observador da lei e dos costumes, repetir, magoado, as palavras rituais da resignação. Casará então e amará por dever Victorine, que seu pai belchior lhe destinou.

Débora e Jacó só cometerão um pecado em sua existência: o de confessarem um ao outro seu amor no dia em que um acidente estúpido leva o filho de Débora, o filho adorado pela mãe e por aquele que deveria ter sido seu pai.

"O pecado dos pais recai sobre os filhos", suspira com angústia o rabino Eléazar, perguntando-se quem pôde falhar para que Deus castigasse o inocente. Uma palavra arrancada ao desespero da filha basta para que acredite que Débora traiu seu dever. "Não vê mais nada" e, sem querer esperar nem confissão nem explicação, jogando sobre um ombro sua toga de luto, com o olhar cheio de desprezo por aquela que não é mais para ele senão "a mulher impura", aquela que o Talmud trata sem piedade, deixa a casa, o país e vai se instalar na Terra Santa.

O rabino Eléazar no entanto é pai e, um dia, da longínqua Jerusalém dos ancestrais, chega um livrinho contendo o Decálogo, acompanhado de uma carta e uma sacola de terra do túmulo de Moisés. O velho nunca mais voltará, sua peregrinação terminará na expiação, mas um pensamento de misericórdia amolece seu coração de austero intérprete da lei: à culpada ele envia "seu perdão para a eternidade".

Raul restituía assim as imagens daquela sociedade judia argelina que havia abrigado sua infância: as festas religiosas e seu esplendor hierático; os ritos invariáveis que presidem às solenidades familiares: a noite do henê, o banho da noiva, as festas das núpcias, da circuncisão, da comunhão; o luto exasperado dos funerais; as mulheres discretas, apagadas diante da majestade quase sacerdotal dos homens; os ricos negociantes, os judeus chegados que aliam vagos restos de Talmud com o culto do tango; as mediadoras de casamentos, como Madame Parienté, melosa, enfática, língua presa, "enorme mulher munida de um leque árabe de punho de madeira, o xale de crepe marrom em volta dos ombros, o lenço caído sobre a testa reluzente de cola forte".

Esse romance que Raul intitulou *Os judeus ou a filha de Eléazar* conheceu igualmente um sucesso imenso. Numerosos artigos lhe foram dedicados em revistas e jornais importantes: *Les Nouvelles Littéraires*, *Études*, *La Nouvelle Revue Critique*, *L'Intransigeant*, *Candide*, *Le Matin*, *Paris-Soir*...

Louvavam-lhe a verdade e a vivacidade das descrições, a profundidade das análises, a emoção que apertava o leitor no final, "tão terna, tão pungente".

A imprensa bem-pensante era reconhecida ao autor por ter "deliberadamente afastado desse último relato qualquer cena incômoda". Os judeus nele se reconheciam: moças israelitas dirigiam-lhe cartas emocionadas escritas às escondidas, onde falavam de semelhantes amores contrariados. Os anti-semitas se calavam; os que haviam lido o romance guardavam dele apenas as figuras antipáticas ou sórdidas e achavam natural que uma muçulmana traçasse um retrato tão "feroz" da sociedade judia. Alguns jornalistas, aliás, faziam-se perguntas a esse respeito. Como aquela mulher árabe podia conhecer com tanta fineza a alma judia e os costumes desta raça? Invocavam ainda o milagre e o gênio sem levar mais adiante a interrogação. Da mesma maneira, haviam perguntado no início como uma escritora desconhecida, neófita, pudera em tão pouco tempo forçar a entrada dos maiores monumentos da edição e queimar todas as etapas do sucesso. Podia-se ler por exemplo na revista *Études*, sob a pena de Louis Jalabert:

"A Senhora Elissa Rhaís é uma das favoritas da sorte dos escritores. Mal conhecida, já é célebre. Quantos são os romancistas de talento que tiveram de lentamente sitiar esta cidade de sonho que é para todo homem de letras ambicioso a revista de título fascinante: *La Revue des Deux Mondes*? Dois, três, quatro, cinco volumes, tantas batidas à porta austera da Rua de l'Université. O porteiro tem o sono pesado e, se acorda, nem por isso se apressa em fazer rodar diante do intruso obstinado os batentes maciços da porta da fama. A Senhora Elissa Rhaís não conheceu nem longa espera, nem negociações suspeitosas através da fenda da porta rebarbativa...

Duas novelas em seis meses, um romance menos de um ano após, acolhidos pela aristocrática revista! De onde vem a sorte tão rápida da Senhora Rhaís? Será porque é mulher e muçulmana que esta 'pobre pequena oriental', tendo para si apenas o 'ardente desejo de contar em língua francesa meu país', viu tão rápido amplamente se abrir a porta da revista? Por que não? Mas a cortesia do 'mestre e amigo', a quem ela presta homenagem dedicando-lhe seu segundo volume, só fez conceder um pequeno favor àquela que tinha tanta vontade de ser publicada, sem tomar chá de cadeira. Um pretendente de paletó ou jaqueta teria conhecido a irritação da espera, a estagnação dos manuscritos que dormem sobre as mesas ou adormecem nas caixas. Porque seu nome, evocador da miragem oriental, solicitava pronto acolhimento em favor de uma dessas mulheres tão longa e tão duramente enclausuradas pelo islã, a Senhora Elissa Rhaís foi imediatamente introduzida".

André Billy, num artigo do mesmo ano de 1921, publicado numa coletânea de críticas intitulada *A musa de lunetas*, ia muito mais longe na ironia e na ferocidade:

"Notaram os senhores como, desde a guerra, as reputações crescem rápido, nesse mundo das letras onde o iniciante, não faz muito, tinha tantas provas a vencer?

O sucesso da Senhora Rhaís traz bem os sinais de uma fascinação combinada. Fomos apresentados a essa dama africana – argelina ou marroquina, não sei – que desembarcou em Paris numa bela manhã com uma mala cheia de manuscritos e os colocou nas revistas e nos jornais de hábito mais fechados, em menos tempo do que é preciso para dar a volta em Paris de táxi. Se não há o mínimo artifício na origem desse êxito espantoso, fico muito contente e felicito por isso a Senhora Elissa Rhaís com toda sinceridade, mas, ao risco de parecer nutrir contra ela más intenções – rogo-lhe crer que não se trata disso –, ao risco de ouvir-me censurar por uma rabugice deselegante e descortês, permito-me declarar claramente não ter encontrado em

Saada a marroquina a originalidade, a novidade que muitos outros viram nesse romance".

O resto do artigo prova indiscutivelmente que André Billy não havia ultrapassado a décima página do livro.

Raul não se espantava com essas perguntas e com a perfídia que continham; ficava até surpreso que não levassem mais adiante a interrogação. E por certo uma carta calorosa de Louis Bertrand, líder dos "escritores da latinidade" a René Doumic, diretor da *Revue des Deux Mondes*, permitira muitos atalhos no labirinto que conduzia à revista. Por certo a carta de apresentação de Ramos facilitara amplamente os contatos com a Livraria Plon. Raul, porém, estava convencido de que instituições tão sérias e tão prestigiosas não iriam publicar uma obra só porque fora bem recomendada. Achava também que a descrição, por certo tocante, do personagem da Senhora Rhaís, "pequena oriental vinda de longe contar seu país em terra de França", só intervinha numa parte ínfima nas reações dos leitores e que ele devia seu sucesso apenas a seu talento, a seu poder de evocação, à autenticidade de suas descrições e à sua maneira quase racineana, diziam, de conduzir heróis à perdição.

Seu sucesso! Por mais que Raul se enganasse, se identificasse com sua assinatura, imaginasse que todos os artigos lhe eram dedicados. Por mais que tentasse às vezes persuadir-se de que a tia tinha razão: a figura de uma mulher escritora, muçulmana, expandindo suas raízes, tinha com o que impressionar a imaginação de um público disposto a se emocionar, em busca de um alhures, de um mundo novo; bem mais, em todo caso, que a imagem do judeuzinho da Argélia cuja impaciência e hereditária ambição teriam menosprezado, a quem teriam negado a aptidão a descrever com objetividade e menos ainda com ternura os muçulmanos, inimigos seculares de sua raça. Nem por isso deixava de ter o sentimento profundo de estar sendo pilhado, roubado, explorado, de estar aos poucos perdendo sua identidade.

E além disso Leila estava se tornando cada vez mais tirânica. Reforçava cada dia mais seu poder, proibindo-o de sair, obrigando-o a trabalhar doze, quinze horas por dia, pedindo-lhe para fazer amor com ela várias vezes por semana (não se via envelhecer, fixada mental e sexualmente em sua juventude que não vivera e que era levada a viver agora, com vinte anos de diferença): temia que ele encontrasse outra mulher ou que, num momento de crise, fosse contar a verdade. Ela mesma, em público, tinha medo de dizer besteiras; precisava sempre da presença do rapaz que sabia ser brilhante e fazer bem rápido esquecer suas mancadas.

Levava-o regularmente para tomar chá com velhas condessas cuja companhia lhe agradava. Raul não suportava a forma grotesca como se vestiam, a exibição de jóias, as conversas inúteis, a falsa distinção, a intolerância e os silêncios de Leila diante do anti-semitismo confesso delas. Ele mesmo se fazia cúmplice daquelas leviandades. Sentia raiva de si mesmo por não provocar escândalo, por calar sua indignação. Ficava gelado, como que sem palavras, sem qualquer expressão suscetível de subverter a ordem frágil sobre a qual repousava a existência, a reputação, o sucesso dos dois. Para todos, ele era filho de Leila e cumprimentavam-na com freqüência pela elegância e pela inteligência daquele "belo rapaz" que, além do mais, na idade "em que seus amigos faziam mil loucuras, tinha a sabedoria e a delicadeza de acompanhar a mãe por toda parte".

Às vezes, voltando de noite para casa, passavam diante do "Gaya", na Rua Duphot, o célebre café dos artistas e dos intelectuais do início daqueles anos loucos. Raul percebia o cheiro de tabaco, o alvoroço dos risos e das discussões. Teria gostado de sentar-se a uma mesa, ver Picasso cortejar as mulheres, Derain encher o cachimbo, Cocteau tocar bateria e André Breton e René Clair e Satie já envelhecendo. Mas Leila acelerava o passo, como se adivinhasse os desejos culpados do rapaz.

Em casa, ficava rabugenta, cheia de suspeitas, irritava-se por não ganhar mais dinheiro: três mudanças sucessivas, um novo apartamento luxuoso, no Bulevar Saint-Jacques, a mansão de Blida a manter, as roupas, as recepções, uma doméstica, tudo isso custava muito caro e nada lhe bastava. Assim, vivendo há alguns anos luxuosamente, ela acabara por esgotar as economias no entanto confortáveis que a mãe lhe legara. Dali por diante, os direitos autorais eram, então, sua única fonte de renda.

Exigia que Raul cuidasse minuciosamente das contas da família, que fizesse o que mais detestava no mundo, exigir dinheiro, sempre mais dinheiro dos editores, dos jornais. Obrigava-o a escrever cartas lamuriosas a Bourdel, o diretor da Plon, queixando-se de não estar sendo bem apoiada, pretextando doença, ameaçando deixá-lo por um editor "mais compreensivo e mais generoso".

Raul no entanto não podia fazer muito mais. Além das novelas e dos três romances que já asseguravam a celebridade do nome de Elissa Rhaís, ele havia escrito uma dúzia de contos para jornais, semanários, revistas femininas. O gênero lhe caía bem; ele brilhava na arte da concisão, de representar com vigor um personagem, uma situação em poucas palavras, em algumas linhas, de tornar presente um ambiente em toques breves e evocadores. Em geral, construía seus relatos em três partes. Na primeira o cenário, o clima, os atores. Na segunda, o acontecimento, o escândalo que cria subitamente uma tensão, que mergulha o leitor numa atmosfera de crise e de drama. Na terceira, o desfecho, em geral conduzido de modo a que o suspense seja mantido até o fim, até uma queda forte e surpreendente.

Um desses contos, publicado em 1921 no *L'Intransigeant*, lhe valeu uma correspondência abundante. Alguns diziam sua emoção, outros seu divertimento; espantavam-se com "essa mistura de realismo e inverossimilhança"; tiravam desses contos lições sobre a estupidez dos homens ou "a vontade de Deus de dar uma chance à vida". Este texto, intitulado *A surpresa do terraço*, ilustra bem o talento de Raul como narrador.

"Brimatt, o belchior, chega de seu percurso. Irritado, atira no chão de terra do pátio da casa o saco vazio. Joga na nuca o velho chapéu encardido e troveja:

– Que dia azarado! Correr desde cedo, e nada: nem uma garrafa nem um par de botas velhas para comprar.

O bando de cinco filhas acorre. Ao vê-las, Brimat exclama:

– Se entre todas estas grandalhonas eu tivesse ao menos um rapaz, já lhe teria posto um saco no ombro e, enquanto percorro um bairro, ele faria o outro! Mas meninas! O que é que eu posso lhes dar para fazer com que me ajudem a ganhar o pão? Nada. Tenho cinco emplastros no estômago.

Meu Deus! suspira ele, a preocupação está me matando! Como vou fazer para casá-las: cinco! Um enxoval não se arranja em um dia e ainda não juntei nem um lenço de bolso! E pensar que precisam não só de enxoval mas de dinheiro na mão... Desse jeito, acho que ao primeiro genro que se apresentar vou lhe dizer: 'Meu amigo, elas não têm nem enxoval nem dinheiro na mão. Elas só têm dinheiro... no meu pé!'.

A mulher, a tranqüila e paciente Mériem, continua a soprar o fogo e a revirar lentamente as sardinhas na grelha. E eis que Brimatt avança em sua direção e, ameaçando-a com o dedo:

– Fique sabendo, Mériem, desta vez, está bem claro: se você puser no mundo mais uma filha... juro a você que mato ela! Por aqui! Meu coração está farto de filhas e de miséria...

Numa noite de dezembro... Rahmouna, a parteira, está sozinha no quarto de dormir, à cabeceira de Mériem. Paira um grande mistério... A pobre Mériem, toda trêmula de pavor:

– O quê, Rahmouna, duas!... Duas filhas!...

– Pois é, minha boa Mériem...

Brimatt espera notícias no pátio, as mãos nas costas, o chapéu encardido jogado para trás. Ele vai e vem, de um lado para outro, num passo febril.

Rahmouna, que entreabriu a porta, se aproxima dele timidamente.

– E então? pergunta Brimatt, a garganta apertada.

A brava matrona então se apruma.

– Pois é... é uma menina!

Ela se aprumou, mas mesmo assim não quis dizer de uma só vez toda a verdade:

– Sim, é uma menina! O que vai fazer com ela?

O belchior pulou.

– Mais uma menina! Ah! antes matá-la, leve-a para o terraço, jogue-a no cano da goteira! Não quero nem vê-la nem conhecê-la!

A pobre mãe acalma os nervos, enxuga as lágrimas. Ajudada por Rahmouna, coloca suavemente as duas menininhas adormecidas no berço de madeira branca que serviu às cinco mais velhas. Enfia-lhes entre os lábios uma chupeta de algodão embebida com água de flor de laranjeira açucarada, cobre-as com uma tela encerada e indica à parteira o lugar do terraço mais protegido do vento e da chuva.

Meia-noite. Lá fora, o vento geme, está geando. No temporal de granizos e no sopro das rajadas, ouvem-se choros, gemidos miúdos de bebês... Brimatt não pode mais dormir. Vira sem parar em sua cama grande. A cada grito de criança que ele distingue, seu coração aperta. Brimatt enrijece, quer ter o coração duro, inacessível. E, lá em cima, a carne de sua carne grita mais forte...

Logo não agüenta mais. Salta da cama, envolve-se numa coberta e sobe de quatro em quatro os degraus que conduzem ao terraço. Às cegas descobre o berço, toma-o nos braços, e desce a escadinha mais lépido do que havia subido. Ao penetrar no quarto de dormir, a luz da lamparina clareia o berço...

E, de repente, Brimatt recua, o olhar fixo:

– Oh! Mériem, balbucia ele, oh! Mériem, foi Deus quem me puniu! Tínhamos levado para o terraço uma menina, para nos livrarmos dela... e eis que volto de lá com duas!".

Alguns anos mais tarde, será publicada, sob o título *A camisa que traz sorte*, uma coletânea desses contos cheios de fantasia mas também da antiga sabedoria popular herdada dos apólogos vindos do Oriente mais longínquo. A crítica ressaltou nesses textos a maneira de reproduzir o sabor da terra, de pintar as casas mouras com cal azul e guirlandas de jasmins, as formas veladas que se mostram furtivamente no entreabrir de uma porta, ou, se o vento levanta um canto de véu, "rostos com penugem de pêssego, lábios amorosos tendo em cima uma pinta igual a uma tatuagem". Notou-se igualmente que se Deus o justo por vezes intervinha para punir o vício e recompensar a virtude, a esperteza outras vezes triunfava, ridicularizando os ingênuos, os crédulos, tal o velho Slimane a esperar diante da casa onde sua jovem esposa fora encontrar um certo vendedor de perfumes. Notou-se enfim que essa obra, encantadora e original, fazia reviver, com graças novas, dois gêneros, o conto oriental e a *turquerie**, de que a velha França havia feito suas delícias, e de que Segrais, Scarron e Senhora de La Fayette haviam dado aos franceses os primeiros modelos.

Leila decidira festejar alegremente o nascimento do ano de 1922. Organizou um *réveillon* luxuoso, convidando todos os que haviam contribuído para lançá-la e René Doumic e Louis Bertrand e todos os bajuladores que começavam a se aglutinar à sua volta, que agora se diziam seus amigos. Quando os convidados foram embora, que ela se fartou do corpo de Raul e no momento em que este começava a adormecer a seu lado, não tendo tido sequer forças para voltar ao quarto, ela lançou bruscamente:

"Amanhã voltamos para Blida".

Raul levou um susto. Ele também desejava isso. Pensava nisso há algum tempo. A sociedade intelectual de Paris o fascinava mas ao mesmo tempo via nela um lado falso, exagerado; ela funcionava de acordo com mecanismos que ele desprezava profundamente: concorrência, exibicionismo, lutas de influência, medo de perder posições adquiridas. Ele tinha sede de ir buscar novamente sua inspiração em cidades brancas e misteriosas, em gestos autênticos, nos olhos das beduínas que podem dispensar o olhar tanto são em si mesmos belos e expressivos. Tinha pressa de reencontrar seu velho amigo, o guardião do banho mouro, a mansão, o limoeiro e, diante da varanda, a montanha que ritmava

* Obra de inspiração turca. (NT)

a vida e a morte cotidianas, que sabia respirar, adormecer, despertar e suportar toda uma colmeia de homens e animais pela distância transformados em miniaturas.

*

A viagem foi maravilhosa. No navio, Raul esteve divertido e falante; ele respirava! As obrigações da vida parisiense, o rigor do clima, as duras exigências de Leila começavam a envelhecê-lo prematuramente. No mar, reencontrou um prazer de viver, uma espontaneidade que acreditava ter perdido. Correu pela ponte durante horas com Monique. Divertiram-se, cantaram, dançaram de noite, para a grande alegria da menina que acabou por adormecer, durante uma valsa, com a cabeça sobre seu peito.

A chegada a Blida foi triunfal: o prefeito, o diretor do colégio e três notáveis árabes os esperavam na estação. Uma recepção foi oferecida na prefeitura em homenagem a eles. Um discurso pronunciado: Blida fazia questão de prestar homenagem ao "filho da aldeia que trouxera à mãe pátria uma mensagem de apego e fidelidade e que soubera conquistar o coração dos franceses".

Reencontraram a mansão brilhante ao sol, inteiramente repintada à cal, florida, bem mantida por Mahmoud, que não escondeu nem a alegria nem o orgulho e se desfez em elogios, mimos e atenções de todos os tipos.

Os primeiros dias passaram em relaxamento e festividades. Raul experimentava com volúpia as primeiras férias após dois anos de trabalho desenfreado.

E depois, certa manhã, um correio lhes trouxe um bilhete: estavam convidados, no dia seguinte à noite, à casa de um rico muçulmano que possuía uma imensa e suntuosa casa árabe fora da cidade. Leila mal o conhecia mas ele fazia questão de honrar sua correligionária "que levava bem alto a reputação de sua raça".

Na tarde que precedeu a recepção, enquanto Leila se preparava longamente como de costume (ela precisava de horas para cuidar da maquilagem, escolher o cafetã, os véus, os perfumes), Raul encontrou um pretexto para escapar: tinha o desejo ardente de ir saudar o guardião do banho mouro. Estava feliz correndo em direção à *medina*: sua primeira hora de liberdade há muito tempo! Gostaria de ter perambulado pelas ruelas, conversado com o quitandeiro, parado para contemplar as ancas magníficas de uma jovem de véu que passara rente a ele. Mas desejava totalmente dedicar ao amigo o pouco tempo de que dispunha e apressava o passo. Chegou esbaforido na entrada do banho. Um rapaz franzino, visivelmente drogado, estava esparramado sobre o velho tamborete que Raul logo reconheceu.

"Onde está Si Ahmed?", perguntou-lhe.

O rapaz levantou um instante os olhos opacos e não respondeu.

"Onde está Si Ahmed?", insistiu Raul.

O drogado, sempre sem uma palavra, fez sinal de que queria dinheiro roçando um contra o outro o polegar e o indicador direitos. Raul achou uma moeda no bolso e estendeu-a nervosamente.

"Morto!", deixou cair o jovem, que logo mergulhou de novo em seu torpor.

Raul ficou imóvel alguns minutos. Desmoronado. Incapaz de se dominar. Seu único amigo! Que lhe havia dado o mais precioso dos presentes: a confissão de sua vida e parte de sua experiência. A quem ele devia as melhores horas de sua existência e o sal de suas obras. Voltou à mansão desvairado, decomposto. Leila estava pronta, perfumada, coberta com suas mais belas jóias valorizadas por um cafetã de seda verde pálido.

"Por onde você andou? Estava começando a me inquietar. Arrume-se rápido: não se deixa um notável esperando!".

Sentou-se de novo diante do espelho, retificou pela décima vez o traçado das sobrancelhas cantarolando alegremente uma melodia de charleston que fazia furor em Paris. Gostava de ser recebida, honrada pelos grandes deste mundo. Que desforra! O marido devia estar sufocando de raiva dentro do túmulo.

A noite foi grandiosa: iguarias finas, música clássica egípcia tocada por uma grande orquestra vinda especialmente de Argel, pétalas de rosas flutuando aos milhares sobre a água das fontes. Leila era a única mulher sentada à mesa, no meio de sete homens, todos de grande linhagem, envolvidos em suas mais belas capas de linho ou de seda. Falou-se pouco, segundo a tradição, durante o jantar, para melhor honrar o festim.

Na hora do chá, o círculo encolheu e as línguas se soltaram. Os homens começaram a interrogar Leila. Como fizera para conquistar Paris? Os franceses eram tão racistas quanto imaginavam? Sustentavam na França as reivindicações dos muçulmanos para o restabelecimento de seus direitos ou limitavam-se a escutar apenas a tese dos colonos? Leila, radiante, respondia com segurança e autoridade:

"A situação dos árabes não é brilhante", afirmou, "mas levarei até o governo a voz de meus irmãos".

O tom esquentava. Leila assumia ares importantes e acentuava a música de suas palavras como sabia fazer, nos grandes dias de sedução. Aqueles homens bem perto dela, graves, ardentes, atentos ao que ela dizia, a excitavam. Raul, cansado daquele teatro, das palavras e das maneiras da tia que ele conhecia de cor, pediu permissão para se retirar por um momento. Tinha vontade de estar só, de pensar no amigo desaparecido e de dar livre curso à tristeza que lhe apertava o peito. Foi sentar-se no pátio, à beira da imensa fonte central toda coberta de mosaico azul. Pensou nos olhos espertos e risonhos do velho, na maneira que tinha de pegá-lo pelo punho para fazer com que notasse um detalhe insólito ou um passante de que ele conhecia o fundo da alma por trás das aparências, naquela quente fraternidade que ele sempre lhe testemunhara. Uma porta a mais, a última talvez, se fechava sobre sua vida, sobre sua solidão, sobre sua prisão. Raul entrava definitivamente no serralho, como outrora a tia...

Um barulho de passos acolchoados, o rangido de um parapeito em cima na galeria. Raul levantou a cabeça. Todos os sonhos, todas as fantasias de sua juventude encontraram naquele instante sua encarnação, seu cumprimento. Uma jovem passava, o rosto descoberto, o véu jogado sobre os ombros, o corpo ágil, a pele luzidia, os olhos cor de berilo, os cabelos louros enrolados na seda. Era mais bela que as mais belas moças que jamais encontrara ou imaginara. Mais desejável que Saada, mais elegante que a cantora Halima, mais nobre que a indomável Kerkeb. Descobriram-se ao mesmo tempo e seus olhares logo se ancoraram um no outro. Por quanto tempo? Raul nunca soube reconstituir a duração. Uma eternidade em alguns segundos, alguns minutos talvez. O tempo de tudo dizer, de tudo entregar, de tudo trocar: admiração, desejo, desamparo. Mas também o tempo de nada pegar, de se encontrar de mãos vazias, dividindo a mesma consciência do inútil e a mesma confissão de impotência diante das barreiras insuperáveis que os separavam. Raul sabia que a filha de uma família como aquela nunca teria o direito de amar um judeu. Tivesse ela desejado, não podia encontrar os meios de forçar a ordem estabelecida. Ela, por sua vez, sabia que o pai a destinava ao filho de seu melhor amigo e que aquela decisão era irrevogável. Ambos sabiam que nunca deveriam ter-se encontrado. Pois por um instante de emoção – ainda que maravilhoso e intenso – quantas feridas e tormentos em perspectiva! Estavam vivendo o pior do amor:

a proibição do amor, a renúncia no momento mesmo da revelação, o amor privado, desde o nascimento, de toda esperança de linguagem, de toda promessa de cumprimento.

Raul, que tinha o sentimento de trair seu anfitrião, baixou os olhos primeiro. Acabava de perder, no mesmo dia, a amizade e o amor.

Naquela mesma noite, Leila, que não escondia a alegria, contou a Raul a história de Lalla Zoulikha, a filha dos paxás, condenada à morte pelos homens da tribo por ter ousado amar um oficial judeu.

"Tenho a impressão de ter encontrado, esta noite", disse-lhe ela, "a família de que me falava Aicha. Rica, nobre, generosa mas rigorosa quanto aos princípios e aos ritos. Viu como aquela gente é pura, inteligente, religiosa".

Raul estava profundamente perturbado. A coincidência era ainda mais impressionante do que Leila imaginava: ele, de sua parte, tinha descoberto Lalla Zoulikha e o oficial judeu era ele.

Iniciou então seu quarto romance. Leila lhe fornecera a trama, mas não fizera senão lhe contar uma história que ele conhecia por dela ter vivido o essencial: a revelação inesperada e fulminante do amor, o sentimento de ter chegado ao ponto culminante de uma existência, que lhe marcará todo o resto, a convicção de não pertencer mais senão a um único lugar, a um único instante, a um único ser, o pudor de se confessar um amor que se sabe culpado, a consciência do impossível, o desamparo da renúncia.

A partir dali, bem entendido, a ficção escapava à realidade: a verdadeira história de Raul e da filha do notável – alguns segundos de uma vida – não podia constituir sozinha o corpo ou a intriga de um romance. Mesmo assim Raul considerava que o mais forte do que tinha a dizer estava ali naquele encontro. Pois a história daquele amor abortado conduzia a uma reflexão sobre o poder do homem sobre a mulher, da sociedade sobre o indivíduo, sobre a luta implacável do pai e do filho, de Deus e da criatura e sobre o paradoxo do filho que descobre que o pai é ruim e que quer mesmo assim continuar sendo seu filho.

Raul a ela acrescentou o sentimento do intolerável a partir do qual a ordem fica de pernas para o ar, os acontecimentos se precipitam: o desafio de Lalla

Zoulikha e do rapaz, a tentativa deles de escapar à lei e de viver aquele amor que sabem no entanto fadado ao fracasso. E depois o processo e a execução da jovem, que repõem as coisas no lugar. Mas não por completo, pois aqueles que a condenaram nem por isso se sentem lavados: irão por sua vez expiar seu crime sacrificial.

Essa *Filha dos paxás* foi talvez o livro que mais desencadeou paixões e polêmicas: os incondicionais de Elissa Rhaís admiravam uma vez mais a pintura empolgante do mundo islâmico, levada a seu grau trágico de verdade; outros nela encontravam os mecanismos fundamentais do teatro racineano já percebidos nos romances anteriores; louvavam o fato de que o relato não fosse apenas folclórico ou exótico pois exprimia bem o choque doloroso de duas civilizações, de duas raças, de duas religiões e o único caminho comum a todos os monoteísmos, que leva da queda à redenção passando pela punição. Os detratores achavam de sua parte odioso, insuportável e inverossímil a condenação, o "assassinato" dessa moça por sua família. Todos reconheciam que esse romance não podia deixar ninguém indiferente.

Raul nele havia derramado toda sua sede de amar e seu desespero de ser o joguete de forças que ele se sentia – como Lalla Zoulikha, como seu amante – incapaz de controlar. Capaz apenas de sugerir através de palavras e personagens, sem jamais nomeá-la, aquela fatalidade, aquela opressão vinda de outro lugar, atroz e irresistível, que, lentamente, minuciosamente, o despedaçava.

*

Os anos passaram.

Elissa Rhaís tinha se tornado uma autora reconhecida, traduzida em sete línguas, solicitada por todos os movimentos feministas do mundo: mantinha correspondência com as resistentes do Rif, com sicilianas em revolta contra a opressão secular dos maridos, com argelinas, tunisianas ávidas de liberdade, seduzidas pelos modelos ocidentais. Escritores, autores célebres: Colette, Sarah Bernhardt, Paul Morand e muitos outros freqüentavam o apartamento do Bulevar Saint-Jacques que ela acabara comprando à custa de dívidas. Jean Amrouche, o bravo escritor argelino de língua francesa, aquele que chamavam "a reencarnação intelectual de Jugurtha", tomara-se de afeição por Raul e passava junto dele longas horas a falar de literatura, política, racismo e biculturalismo. Evocando seu duplo pertencimento, gostava de repetir: "A França é o espírito de minha alma, a Argélia é a alma de meu espírito". Ao que Raul respondeu um dia, desencantado: "Mas a alma da Argélia não será nunca o espírito da França".

Estava pensando, naquele momento preciso, num artigo de Roland de Marès, publicado em *Les Annales*, a respeito de *O café cantante*: "Para nossa mentalidade européia haverá sempre algo de falso e que revolta nosso coração. Estamos longe demais dessas almas para podermos entendê-las e amá-las".

Embora revoltante, esse julgamento era para ele revelador da mentalidade européia. Raul não tinha ilusão alguma quanto às chances de integração das duas comunidades. Sabia por outro lado que seus livros seriam sempre objeto de uma fascinação exótica passageira e que ele mesmo, por mais que amasse o mundo árabe e o islã, não passava de uma testemunha da vida dos nativos e não um intérprete da realidade profunda destes. Estava por certo convencido de não pertencer àquela categoria que Albert Memmi mais tarde chamará, com desprezo mas a justo título, "os escritores turistas". Tinha, é claro, em comum com os autores árabes o amor à cor, um pendor ao exagero, o gosto da confissão apaixonada, da violência, o amor à luz e o sentido do destino. Mas estava condenado a permanecer espectador, ao passo que os escritores argelinos já eram os da revolta. E ficava pensativo diante de textos como os de Jean Mélia, que ilustravam bem a grande pretensão colonialista do entre-guerras:

> "Pequeno argelino, saúdo-te a teu nascimento. Saúdo-te porque, em tua vida, terás um duplo dever: terás que amar e defender a França, tua pátria ancestral tão cheia de história, belezas e nobres tradições; terás que amar e defender a Argélia, tua pátria autêntica que, para sua prosperidade e sua felicidade, deve permanecer francesa enquanto este mundo for o mundo, que cada dia se formará sob os teus olhos e que será forte e bela porque tua vontade, tua inteligência, teu coração e teus gestos terão querido que ela seja forte e bela.
>
> Crescerás na cultura da França que é a primeira cultura e dessa incomparável cultura levarás todos os frutos para a terra que te viu nascer".

Raul achava que este tipo de profissão de fé repousava num mal-entendido, talvez até num embuste que gostaria de ter denunciado. Ele mesmo não tinha simpatia alguma pelos colonos nem por todos aqueles discursos em que se falava dos "serviços prestados ao povo argelino", que era evidentemente mais oprimido do que supostamente livre. É claro que alguns burgueses muçulmanos acabavam por repetir com força: "Franceses, instruam-nos!". Mas era para melhor esconder a grande miséria de seus irmãos.

Leila, que não ignorava nada das idéias do rapaz, proibia-o de demonstrá-las: "A França não está pronta para acolher tais raciocínios. Você poderia comprometer toda a nossa carreira".

Ela fingia crer na assimilação das duas comunidades, para a qual gostaria de contribuir. Para desempenhar um papel. Para permanecer fiel àquele personagem de traço de união que vinha ostentando desde o início. Para obter um dia aquela Legião de Honra que já cobiçava secretamente e que certos bajuladores a seu redor a incitavam a pedir. "Que consagração seria", pensava.

E ela às vezes sonhava com aquele instante supremo em que um oficial lhe pregaria a roseta enquanto o pai, o marido, Zorah, Malika e todos os monstros de sua juventude, prosternados, lhe beijariam os pés.

Raul, por sua vez, tinha a impressão de parecer cada vez mais uma sombra: despojado de sua identidade, forçado a viver, a escrever, a pensar no feminino, privado de amor e liberdade, proibido de opinião pública bem como de qualquer ação individual, perdia a esperança de existir um dia de verdade. Bem lhe acontecia de tempos em tempos explodir e censurar aquilo tudo à tia, mas esta se punha a rir ou lembrava a ele invariavelmente o que lhe devia:

"Sem mim, você não seria nada. Você não passa de uma criança abandonada que eu tirei da lama. Além disso, não se esqueça de que fui eu quem lhe contou as histórias de *Saada*, do *Café cantante*, da *Filha dos paxás*.

– Você deve ter razão", respondia Raul, "mas as suas pequenas verdades só servem para esconder uma bem mais importante: sou eu o escritor, é você quem assina".

Leila logo encontrava um tom brincalhão e achava que o consolava – em todo caso, conseguia fazer morrer a conversa – puxando-o contra ela e distraindo-lhe o corpo.

Cada uma de suas revoltas custava a Raul, na verdade, um pouco mais de pressões e um pouco menos de espaço para existir. Leila reforçava a vigilância, proibia-lhe qualquer saída e exigia que produzisse sempre mais.

"Sou o que chamam 'um negro'?", perguntava-se às vezes. "É verdade que ela me força a trabalhar e que de certa maneira me paga por esse trabalho".

Mas, assim que se via diante da folha branca e que de novo mergulhava em suas angústias e nas alegrias solitárias da criação, voltava a tomar consciência de que era um escritor por inteiro, que as palavras se alinhavam por um milagre interior pessoal e não pelo artifício de uma procuração qualquer. Punha-se de novo então febrilmente ao trabalho, esquecendo bem rápido as perguntas que acabava de se fazer, assinando "Elissa Rhaís" centenas de cartas, artigos, contratos, acrescentando um *a* a um adjetivo que esquecera de pôr no feminino, falando dela na primeira pessoa, completando ao longo dos anos sua despersonalização por substituição, por transmutação.

Seu estilo ia ficando cada vez mais vigoroso, claro, preciso, transparente, ornamentado de provérbios e palavras árabes de que dava a tradução no pé da página e de que se servia para designar objetos comuns, vestimentas, personagens desempenhando um papel específico em tal festa muçulmana, em tal rito particular.

Cada ano conseguia escrever um romance, três ou quatro novelas e uma dezena de contos. À *Filha dos paxás* sucedeu *A filha do aduar*, outro romance da paixão mas num cenário de miséria e sujeira, que contrastava com o de Lalla Zoulikha. Nele, presente, a humanidade desvalida e primitiva de *Saada a marroquina*, mas com mais aspereza, mais ferocidade.

Raul aí exprimia a violência que sentia subir dentro de si mas que se proibia de manifestar a não ser transposta, desfigurada por palavras estrangeiras e heróis do fim do mundo. Únicos testemunhos diretos de seus estados de ânimo: as dezenas, às vezes centenas de folhas amassadas, lambuzadas de manchas de tinta que, certas manhãs, juncavam o chão à volta da mesa. A raiva de destruir toda a tinta e todo o papel do mundo...

*

21 de fevereiro de 1926.

O *Ville d'Azrou*, da *Compagnie Générale Transatlantique*, acosta lentamente ao porto de Casablanca. Raul e Leila, de pé na ponte, olham empregados, carregadores, parentes e amigos dos viajantes se agitarem no embarcadouro. Gritos e esbarrões. Cada um saúda à sua maneira o acontecimento que sempre constitui a chegada de um navio, pertença ele a uma linha regular ou venha do outro extremo da terra. Burnus, *djellabas**, roupas ocidentais, longos véus brancos, vestidos floridos, garotos esfarrapados formam um quadro colorido e contrastado que mergulha Raul em êxtase. Tem na cabeça os nomes dos pintores, músicos, escritores que antes dele fizeram esta viagem ao Marrocos e tem a impressão de andar sobre seus rastros.

No bolso, uma carta com o timbre do Residente Geral da França no Marrocos: "O Comissário Residente Geral da República Francesa no Marrocos recomenda à melhor acolhida das autoridades civis e militares a Senhora Elissa Rhaís, a mulher de letras bem conhecida, e seu filho Raul. Roga-lhes facilitar a viagem dos dois na medida do possível e pôr a Senhora Rhaís em contato com as pessoas suscetíveis de interessá-la".

Uma bolsa de seis mil francos foi com efeito concedida à Senhora Elissa Rhaís, escritora, para uma missão de estudos sobre a condição da mulher marroquina. Um carro e um chofer são colocados à sua disposição para seus deslocamentos e foi-lhe entregue uma lista dos grandes hotéis onde descontos importantes lhe serão concedidos.

Raul e Leila descobriram então o país de Saada, aberto, fechado, indomável, inteligente. Estimulante pela força de suas virtudes, pela grandeza de suas festas, pela beleza das moças do sul, por seu sentido da dança, da música, da hospitalidade, da amizade, chocante para o visitante que encontrava a miséria do Atlas, onde só as crianças mais robustas tinham chance de sobreviver à fome, ao frio (forçadas quase sempre a andar descalças na neve), à falta de higiene; onde mães prostituíam as filhas em suas próprias casas; onde garotas vendidas, casadas aos treze anos, se tornariam escravas de seus esposos, forçadas a gravidezes anuais, a trabalhos esgotantes, velhas ou mortas aos vinte anos.

Raul estava fascinado com a acolhida das pessoas, com o prazer evidente que tinham de escutar, de agradar, sem obsequiosidade, sem apatia.

Leila, muito diplomata, muito "representante do governo francês" e da "mulher árabe de hoje", respondia com habilidade às questões de suas "irmãs". "Livre mas sensata", era esta a divisa que decidira adotar para esta viagem.

---

* Túnica comprida, de mangas longas, com capuz, usada por homens e mulheres na África do Norte. (NT)

"Nada recusem das promessas e das aberturas do Ocidente", dizia-lhes. "Mas permaneçam ao mesmo tempo fiéis à nossa religião e ao culto de nossos ancestrais. Façam sua revolução, sacudam o jugo, recusem a opressão, a escravidão mas não se deixem levar pelas miragens da liberdade que com freqüência conduz as mulheres européias ao vício, à libertinagem e à imoralidade".

Raul sorria ouvindo-a, a um só tempo admirado e desiludido. "Cúpida, escroque, perfeitamente imoral", pensava. "Mas que atriz! Que arte consumada da sedução!".

Em Rabat, em Fez, em Ksar es-Souk, por toda parte foi a mesma acolhida calorosa, confiante. Em cada uma dessas cidades, as autoridades haviam preparado grandes festividades que duraram vários dias. Refeições ricas e saborosas, cenários suntuosos, bailados envolventes. Raul estava fascinado, inebriado por todo aquele fausto, pelos iuius das mulheres à chegada deles em cada casa, pelas moças cuja dança era um perpétuo convite ao amor e que imitavam o prazer como se realmente o vivessem. O que não teria dado para possuir uma! Os olhares convidativos que lançavam sobre ele deixavam-no arrepiado. Mas a presença e a vigilância permanente de Leila proibiam-lhe o mínimo gesto e ele refreava seus desejos que saciava em delírios solitários ou sobre o corpo úmido e espesso da tia.

Esta era sempre a única mulher à mesa. Os anfitriões derrogavam o costume para melhor honrá-la e porque consideravam que sua glória a elevava ao nível e à dignidade do homem. Após a refeição, ela pedia para se entreter com as mulheres que a esperavam para outras festas exclusivamente femininas.

As esposas raramente se queixavam da sorte. Pareciam ignorar, até mesmo temer o que recobria a palavra liberdade na mentalidade ocidental. Mesmo assim interrogavam Leila sobre a moda e os modos em Paris e sobre o caminho que ela tivera que percorrer para chegar a tal êxito.

As jovens, em particular, a pressionavam com questões: queriam saber mais sobre as circunstâncias que podiam levar uma muçulmana a tal grau de emancipação, elas que tinham a impressão de já conhecer a vida a que estavam destinadas, condenadas – sem forçosamente sofrer por isso – a repetir quase invariavelmente os gestos, os ritos, os comportamentos de suas mães, de suas avós e de suas ancestrais mais afastadas, condenadas a aceitar o lugar que Deus lhes havia designado para o bem do mundo e a salvação da humanidade.

Leila tinha agora um número bem aperfeiçoado no qual aparecia como um geniozinho que os monstros tinham querido sufocar, que escrevia às escondidas desde a idade dos catorze anos e que, após muitas armadilhas, acabara triunfando. Na verdade, evitava responder às perguntas audaciosas demais, em particular sobre seu aprendizado da escrita e da vida literária, e dava um jeito para se limitar ao relato perfeitamente fabricado de uma vida que ela descrevia como exemplar. Preocupada em aparecer, em brilhar mais que em dialogar realmente, na realidade tinha com aquelas mulheres apenas contatos superficiais. Só encontrava, aliás, burguesas bem de vida que sua história excitava, o tempo de um chá, o tempo de degustar um doce de mel e que, no fundo, não viam grandes razões para abalar uma ordem na qual não se sentiam tão mal tratadas. Leila não notava nem o olhar amedrontado das criadas nem o esgotamento e a lassidão das mulheres do campo nem seus seios desabados, secos por bocas famintas demais.

Ela mesma sofrera demais para demorar-se no sofrimento das outras. Qualquer espetáculo da dor arriscava reavivar suas próprias feridas. Precisava então recusar ver a infelicidade do mundo para tentar esquecer – ou para fingir esquecer – que já havia sofrido mil mortes. Este simulacro era a condição essencial de sua sobrevivência.

Em Marrakech, enquanto Raul e Leila almoçavam certa manhã nos jardins da Mamounia, um homem lhes trouxe uma mensagem. O paxá os convidava à noite para jantar. "É uma honra para mim saber que estão em minha cidade", escrevia ele, "e faço questão de lhes prestar a homenagem que merecem".

Este convite deixou Raul num estado de alegria e de excitação inabitual. Ia conhecer o célebre Glaoui, o senhor entre os senhores, aquele "filho de nada", que se tornara o mestre de centenas de milhares de marroquinos, o filho querido da França que soubera aliar a ela, durante a guerra, todos os chefes do Atlas.

Foram então levados ao palácio durante a noite. Deslumbramento. Encantamento. Raul buscará mais tarde palavras para traduzir sua impressão e descrever a magia do instante em que penetrou naquele cenário. Todo o fausto, todo o luxo com que nutrira seus sonhos no fundo da estreita casa cinzenta de Bouzaréah era superado pelo espetáculo que ele estava descobrindo e do qual toda a magnificência residia no jogo sutil e refinado da luz, da cor, da música e do perfume. Os lustres de mil velas faziam cintilar o nácar incrustado nos baixos-relevos dos móveis, misteriosamente aparentados aos motivos dos tapetes de pêlo curto do Alto Atlas, eles mesmos percorridos por figuras enigmáticas de animais que pareciam celebrar o casamento espantoso e perfeito do azul, do amarelo e do alaranjado.

Raul de repente achava bem insossa a descrição que ele havia feito do palácio de Lalla Zoulikha, a filha dos paxás, e bem irrisórias aquelas palavras que, pretendendo restituir uma realidade, na verdade só conseguiam traí-la e banalizá-la. Só se podia penetrar naquele universo pela via da contemplação e do silêncio.

O Glaoui, sentado entre Leila e Raul, não escondia o prazer de receber uma grande escritora. Gostava de exibir sua cultura e de passar por protetor das letras e das artes. Ditos espirituosos, citações, poemas de Clément Marot e de Omar el-Khayyam acompanharam os carneiros grelhados, a um só tempo crocantes e macios, os *tajines** cujos molhos revelavam distintamente cada tempero, o cuscuz de grão leve e delicadamente amanteigado. Solícito com Leila, paternal com Raul, brilhante para todos os convivas, usou abundantemente de seu encanto, sabendo manipular-lhe todos os elementos: a rudeza do montanhês, o desembaraço do condutor de homens, a sensualidade do apaixonado que se adivinhava exigente e voluptuoso, a sofisticação e o humor adquiridos no contato com o Ocidente.

Raul logo se deixou seduzir pelo personagem. O simples fato de se ver sentado ao lado daquele homem que se tornara lenda antes mesmo de ter deixado a história bastava para deixá-lo exaltado. Vivia aqueles instantes como um enorme privilégio e como o cumprimento de um de seus sonhos mais caros. Porém, ao longo das horas, seu entusiasmo diminuiu. A noite avançava. O homem tinha bebido e ia aos poucos perdendo a soberba e a elegância para deixar transparecer mais vulgaridade, mais cinismo, segurança de si em excesso. A maneira como tombava sobre o ombro de Leila, a dureza com que tratava criados, músicos, dançarinas, suas brincadeiras que se tornavam facilmente obscenas deixavam Raul desconfortado. Teve inclusive a impressão fugidia de que aquele palácio encantador podia ser na realidade o teatro de todas as espécies de atrocidades e de que, sob o homem do mundo, talvez se escondesse um temível torturador.

---

* Ensopado à base de carneiro e frango; o prato de barro onde é cozido. (NT)

Seu mal-estar transformou-se em pânico quando, por volta das três da manhã, o paxá, reaprumando todo seu tamanho e assumindo um ar a um só tempo solene e misterioso, convidou-os a segui-lo. Atravessaram um longo corredor, precedidos de dois camareiros, desceram alguns degraus e se encontraram diante de uma enorme porta blindada. Respirações suspensas. Ruídos intermináveis de chaves e fechaduras. Imobilidade impressionante e silenciosa do paxá diante daquela porta que não terminava de se entregar. O pavor de Raul chegou ao auge quando penetraram numa sala escura da qual não se podia distinguir nem as dimensões nem os móveis. O Glaoui fez sinal a um de seus criados. Este último aproximou sua tocha de um painel no qual estava pendurado um sabre que a chama logo fez cintilar. O homem desprendeu a arma de seu suporte e entregou-a ao mestre.

O paxá aproximou-se primeiro de Leila, trêmula também, fixou-a por um momento e, controlando seus gestos, pronunciou lentamente estas palavras:

"Senhora, permita-me oferecer a seu filho este modesto presente".

Depois, virando-se para Raul e estendendo-lhe a jóia:

"Tome esta arma e guarde-a em lembrança de mim. Quero que minhas riquezas sirvam à dupla causa da arte e da justiça. Transmita esta mensagem aos homens de seu país. E não se esqueça de que agora tem uma obrigação comigo: a de voltar a esta casa que doravante é a sua".

Raul ficou petrificado, incapaz de pronunciar a mínima palavra de agradecimento. Suas apreensões, o medo, a surpresa haviam-no completamente amarrado enquanto contemplava incrédulo a arma fabulosa de lâmina de prata maciça cinzelada e de punho incrustado de dois magníficos rubis. Xingou-se uma vez mais de adolescente estúpido de imaginação delirante. E dizer que quase temera e suspeitara daquele homem que dava prova de tanta nobreza e generosidade. De novo exaltado, fascinado, disposto a todas as gratidões, não imaginava que, alguns anos mais tarde, descobrindo o avesso daquele cenário e a justificação de suas angústias, acabaria por odiar e desprezar aquele que nesse instante só podia admirar...

*

Paris 1926.

Raymond Poincaré voltou ao poder numa França serena, próspera, tranqüilizada. A guerra já está longe e nada parece anunciar a próxima nem mesmo a gravíssima crise econômica que breve sacudirá a Europa. Paris desempenha sem complexos seu papel de capital das letras e das artes e de lugar privilegiado das grandes decisões políticas e econômicas. A França, que se tornou terra de paz e liberdade, desfruta de um prestígio e de uma autoridade que em nada diminuem nem a aspiração ao luxo e ao prazer nem a subversão dos valores tradicionais. É certo que as guerras e suas atrocidades abalaram muitas convicções religiosas, sociais ou patrióticas, mas as dúvidas, os questionamentos, as loucuras de Montparnasse dizem respeito apenas a um número limitado de intelectuais urbanos. A "França profunda", esta, mantém sua fé no desenvolvimento e no brilho do país, e na moral de sempre. E diz-se com facilidade que, se todas as contradições são possíveis, se todos os delírios são admitidos, se nada mais é proibido, é que os mecanismos democráticos funcionam bem para a justiça, o bem-estar e a emancipação dos cidadãos!

Entretanto, um jovem de vinte e sete anos, por ter sido uma criança legada, por ter lido demais, sonhado demais, imaginado demais, por ter sabido escrever antes de aprender a viver, porque uma mulher chorou jovem demais no fundo de um harém, porque os deuses são por vezes distraídos ou parcimoniosos, um jovem de vinte e sete anos inventa noite e dia histórias de paxás, de amores malditos, de mulheres indomáveis, que os jornais, as revistas, os editores disputam. Acontece-lhe bem por vezes ainda sonhar com solidão e liberdade, com corridas loucas em campos de trigo e papoulas, com mãos que escorregam debaixo das jarreteiras de mulheres de pele lisa e firme, com um primeiro beijo, com um gesto de ternura, com montanhas de doces devorados em confeitarias. Às vezes revê também a moça de olhos cor de berilo da qual não conhece nem a voz, nem o cheiro, nem o corpo, mas cuja alma ele habitou numa noite de silêncio. Sabe ainda a forma de seu rosto? Os traços que imagina são realmente os dela? Guarda apenas o ardor longínquo de um olhar e a lembrança – que aos poucos se apaga – do lamento de não ter tentado nenhum gesto, nenhuma palavra para percorrer um caminho – agora coberto de poeira – que levava a uma mulher, ao amor, à liberdade. Essa estrada que ele não fez é também a distância que o separa hoje ainda da vida e de sua própria realidade, condenado a ser apenas o espectador e o relator de um mundo que lhe é proibido. Continua então a escrever, até o fim de sua espoliação, até o fim do usufruto da última parcela de sua alma.

Bem sabe que poderia fugir, acabar com tudo, ir clamar a verdade, provocar um escândalo. Poderia construir para si outra vida, só, independente. Mas sabe estar também prisioneiro de Leila, como de um serralho, como de uma arena na qual ele seria o touro e ela o matador. "O touro só sai da arena morto", ensinou-lhe outrora o velho guardião do banho mouro. Confinado na sombra de uma mulher que pratica através dele a mais temível das inversões: a vítima tornada carrasco. Ela é o mestre, ele é a concubina. Como se ela devesse fazer expiar os crimes de seus antigos carrascos engolindo e despersonalizando o jovem. Além disso, ele foi cúmplice de muitas falsidades. Assinou todos os contratos, todas as cartas e até os papéis de identidade de Leila. Aceitou que os críticos louvassem a "feminilidade" do estilo de Elissa Rhaís. Redigiu até um artigo apreciado sobre a condição da mulher muçulmana como se fosse uma. Sabe ainda falar, escrever, pensar no masculino? Caso tivesse vontade temeria a justiça dos homens e a cólera de todos aqueles que enganou. De qualquer modo, não encontraria mais forças para evadir-se, como outrora Leila, que só deixou o harém porque dele foi expulsa. Está por demais habituado à sua prisão, ao poder irredutível de seu carcereiro, a seus amores na sombra, grudentos ou solitários, ao diálogo permanente com a pena, o papel e os personagens meio monstros, meio heróis a que sua imaginação agora não cessa de dar vida. As milhares de páginas se acumulam, os romances se sucedem, na Editora Fayard, na Flammarion. A escrita é sua droga, sua comida, sua cela de onde ele deixa escapar seus fantasmas de corpos de deusas, ora veladas, ora impudicas. O que sabe além daqueles maridos avaros e enganados, daquelas mulheres que se revelam ao amor numa noite de lua e daquelas cidades da África que a noite restitui aos perfumes, aos cantos dos insetos, à violência, à ternura e ao mistério das portas secretas? O que sabe além de escrever, ainda e sempre, até a última tinta, até a última gota de sangue?

Distraído apenas pela presença de Monique, cujos caprichos, mímicas, risos intermináveis mostram que a vida ainda pode fremir num corpo, num rosto, num deslumbramento ou numa lágrima de criança. Monique e seus dez anos. Monique que tem horror de tomar banho, de se vestir, de arrumar o quarto. Que às vezes, de manhã, finge de doente porque odeia aquela escola que a separa todos os dias de Raul. Monique que gosta da chuva, do leite e do cheiro das roupas daquele que ela chama de tempos em tempos Gaston ou Firmin ou Mardoqueu. Para irritá-lo. Para que se interesse por ela quando está mergulhado no trabalho e ela tem a sensação de estar esquecida. Monique que copia seus gestos, que franze como ele a sobrancelha, que repete tudo o que ele diz. Que diz que gostaria de ficar sempre "pequena". Que, um dia, pergunta: "Diga, Raul, por que você escreve o tempo inteiro?".

*

No fim desse ano de 1926, em Paris, Raul e Leila conheceram Moulay Hafiz, antigo sultão do Marrocos, exilado na França há muitos anos. O soberano abdicara, em 1912, em favor de seu irmão Moulay Youssef, após ter assinado com a França o primeiro tratado de protetorado. Bem rápido Moulay Hafiz, grande conhecedor da literatura árabe, ligou-se a Raul. Visitava-o com freqüência no Bulevar Saint-Jacques, onde os dois homens prolongavam até bem tarde as longas conversas sobre poesia, filosofia e história.

Raul gostava desse personagem de estatura alta, rosto sangüíneo, o fez ligeiramente inclinado sobre as orelhas, os olhos pensativos, olhos que revelavam ora os ardores guerreiros de antigamente, ora as tristezas do exilado, a nostalgia dos grandes espaços, a saudade de antigos prestígios. Uma angústia às vezes levava Raul a considerar aquele homem que fora monarca fogoso em seu país de luz e que, meditativo, nos salões parisienses, vestido à européia, se esforçava em vão para se aclimatar à vida francesa. No entanto, Paris tinha com toda evidência apaziguado, afinado e tornado comportado o soberano outrora belicoso, por vezes sanguinário, quase sempre versátil. E ele derramava, como podia, na vida européia aquele gosto de aventura que não podia mais satisfazer. Tornara-se grande amante de bridge e graças a ele certa casa dos arredores da Concorde conheceu memoráveis partidas. Seus ditos espirituosos, suas histórias marroquinas e seu desconhecimento total da vida material circulavam por Paris regularmente.

"Nasci no Tafilalet", contou um dia a Raul, "e as pessoas daquele lugar são teimosas. Imagine você que certa manhã dois camponeses nossos iam pela montanha.

'– Olhe', disse um, 'aquela pomba.

– Não é não', disse o outro, 'é uma ovelha!

– Como! Uma ovelha! Veja, ela está voando.

– Mesmo que voe, é uma ovelha!'".

Diziam também que, não tendo tomado, como o negus, a precaução de carregar consigo cinqüenta caixas de ouro ao abandonar o trono e tendo confiado seus interesses a um velho contador astuto, conheceu graves dissabores financeiros e viu-se rapidamente arruinado. O governo francês dava-lhe então uma pensão cujo montante foi crescendo ao ritmo da diminuição de suas rendas pessoais. Não tão rápido no entanto. E o ministro das Relações Exteriores, a reiterados pedidos seus, acabou por responder que o governo da República devia igualmente garantir a manutenção das numerosas mulheres que o ex-soberano deixara em seu harém de Fez.

"Pois bem", replicou ingenuamente Moulay Hafiz, "não seja por isso, eu 'as' divorcio!".

Ele não se divorciou, mas a pensão aumentou.

No exílio e apesar da insuficiência de seus recursos, fizera questão de conservar seu bufão, Mokhtar, companheiro de sempre, engraçado, inteligente, astucioso, que sabia tanto fazê-lo rir quanto aconselhá-lo nos assuntos delicados do reino e nos de sua vida privada. Baixinho, corcunda, o físico tradicional do bufão. Dele tinha além disso a verve, as audácias, as espertezas. Moulay Hafiz não se separava dele nunca, levava-o por toda parte, em todas as noitadas, todas as recepções, todas as salas de jogos.

Mokhtar, a um só tempo temido e admirado, divertia assim a Paris mundana da época e não havia homem político, grande burguês, artista na moda que não tivesse encontrado pelo menos uma vez aquele homenzinho com ares de duende, olho zombador, tiradas vigorosas e brilhantes, que esvaziava os bufês e as bandejas de champanhe e pretendia no fim da noitada não ter bebido nada, comido nada, que brincava maravilhosamente com seu conhecimento das duas línguas pulando no bom momento de uma à outra, usando em geral o árabe para insultar, sem perigo, aqueles que não o agradavam, o francês para fazer elogios às damas ou bajular os homens influentes suscetíveis de prestar serviço a seu mestre.

Mas Mokhtar, que tinha uns cinqüenta anos, nem sempre dominava suas reações e de vez em quando provocava escândalos que deixaram mais de uma vez Moulay Hafiz embaraçado.

Certa noite em que havia bebido mais que de costume durante um coquetel oferecido pelo Ministério da Defesa em honra da partida de um célebre general que se aposentava, ele se aproximara por trás da mulher de um deputado, levantara-lhe bruscamente o vestido e mordera-lhe uma nádega até sangrar. A dama tinha – alegou ele mais tarde – esbarrado nele e depois olhado com desprezo. Ele fugira imediatamente pelas ruas de Paris. A polícia encontrou-o três dias mais tarde num hotel mal afamado, ainda muito bêbado e vituperando a falta de *savoir-vivre* dos franceses.

Moulay Hafiz e o Quai d'Orsay entabularam negociações secretas e finalmente ficou decidido que o assunto estaria enterrado caso o bufão pedisse desculpas públicas ao deputado e à sua esposa que, bem entendido, sublevavam a capital. Passaram então uma descompostura em Mokhtar, que finalmente aceitou pronunciar um pequeno discurso que prepararam para ele e que o fizeram ensaiar várias vezes. O texto começava assim: "Senhora, rogo-lhe mui humildemente que me desculpe; desde que cometi aquele gesto descabido estou morto de remorsos e pergunto-me que demônio veio inspirar-me um comportamento que eu evidentemente não desejava".

Uma semana mais tarde, nova grande *soirée*, no Quai d'Orsay, desta vez. O secretário-geral do ministério atrai para um salão privado umas quinze pessoas entre as quais Moulay Hafiz, Mokhtar e o casal ultrajado. O secretário-geral faz então sinal ao bufão que avança em direção à dama, ar contrito, o andar ligeiramente dançante. Silêncio na sala.

E Mokhtar que inicia: "Senhora, rogo-lhe desculpá-*la* (primeira estupefação mas ainda acham que é um lapso) pois desde que cometi aquele gesto descabido... meus dentes e minhas gengivas começaram a apodrecer".

Mokhtar atravessou o salão correndo, dando pulos espantosamente ágeis para sua idade, esbarrou em diplomatas, prelados e mulheres da sociedade e desapareceu. Moulay Hafiz nunca mais reviu seu bufão. Ninguém soube o que aconteceu com ele. Faltou muito pouco para que o antigo sultão tivesse que buscar outra terra de asilo...

Algum tempo depois daquilo, Moulay Hafiz ficou loucamente apaixonado por uma mulher de quarenta anos, viúva de um diplomata espanhol e que ele acabava de avistar no salão de Si Kaddour Ben Ghabrit, seu antigo chefe de protocolo e amigo. Não lhe dirigira a palavra mas seus olhos ficavam parados sobre aquela mulher de pele morena e lisa, pupilas ardentes, longa cabeleira negra e sedosa e a elegância a um só tempo rebuscada e colorida das grandes famílias espanholas. Após um longo momento de fascinação silenciosa, Moulay Hafiz aproximou-se de Raul, que assistia à *soirée* em companhia de Leila, e pediu-lhe:

"Está vendo aquela mulher conversando com a sua mãe? Rogo-lhe que vá lhe dizer que a compro. Seu preço será o meu. Quero-a para mim e para sempre".

Raul explodiu numa grande risada.

"Mas, Majestade, o senhor sabe bem que na Europa já lá se vai um bom tempo que não se compram mais as mulheres assim. E aquela senhora nada tem daquelas que hoje ainda se vendem".

Moulay Hafiz, tão teimoso quanto seu camponês do Tafilalet, não quis ouvir nada e suplicou longamente a Raul que lhe prestasse aquele serviço.

"Você não é mais meu amigo se não fizer isso. Eu não poderia mais viver sem ela".

Raul resolveu enfim, meio a contragosto, satisfazê-lo, pensando que poderia sempre apresentar a proposta sob a forma de uma brincadeira de salão.

Abordou então a espanhola e, designando-lhe Moulay Hafiz com o olhar, disse-lhe: "Estou encarregado da parte daquele homem que a senhora vê sentado naquela poltrona de uma incumbência bem divertida e com a qual a senhora sobretudo não deve ficar chocada tanto é engraçada. Imagine que aquele personagem, antigo sultão de passado prestigioso, inteligente, culto, enfiou na cabeça a idéia de comprá-la. Confesse que é divertido. Que devo responder? Mas antes devo lhe dizer que, se foi o dever da amizade que me levou a tomar esta providência junto à senhora, é um outro dever de cortesia que me obriga a confessar-lhe o mais engraçado da história, a saber, que aquele homem maravilhoso não teria na verdade com o que comprar a gravata do *chemisier* que a senhora está vestindo. Então, que devo responder?

– Nada, replicou ela após um tempo de hesitação. Eu mesma me encarrego disso".

Raul logo temeu um escândalo. Tal audácia num salão parisiense e com uma viúva espanhola de ar orgulhoso e altivo não podia ficar impune. Não imaginava que a apresentação que acabava de fazer do sultão tinha na verdade distraído e emocionado aquela mulher. Duas almas feridas mas bem vivas acabavam de se encontrar. Moulay Hafiz e Manuela logo formaram um dos casais mais estranhos e mais surpreendentes de Paris. Unidos até a morte do antigo soberano marroquino, alguns anos mais tarde, em 1937.

Raul tinha assim oferecido ao velho homem um presente suntuoso e a afeição de Moulay Hafiz por ele só fez aumentar. Entre os dois e aquela mulher, o mesmo gosto pelas letras árabes e pelos contos populares. Mas sobretudo o sentimento partilhado da danação, da prisão e do exílio. Um não voltaria jamais a seu país. "Enquanto estiver em vida", dizia, "desejarei inutilmente uma tâmara. Quando estiver morto, vão me oferecer um regime delas". O outro sonhava com um país que lhe estava há muito tempo proibido mas que conhecera, outrora, na infância, aquele onde um rapaz se identificava e se levantava quando o mestre na escola o chamava pelo nome ou por seu prenome. Primeira manifestação de uma liberdade sem a qual nenhuma outra poderia ser conquistada.

Moulay Hafiz levará para "a beatitude dos jardins eternos" e para a terra de Fez onde será mais tarde inumado, junto ao pai e a tantos outros sultões, o segredo que Raul lhe confiou certa noite em voz baixa e que ele foi um dos raros seres no mundo a conhecer.

Raul tinha "falado" pela primeira vez e para ajudar-se a sobreviver. Só vai contá-lo uma segunda vez para morrer...

*

É claro que Monique também conhecia esse segredo. Ela crescia e sua admiração só fazia aumentar por aquele belo primo que antigamente lhe "explicava a montanha" carregando-a nos braços, que soubera fazê-la rir, dançar, brincar e que agora despertava nela outras sensações, seus primeiros sonhos de moça, seus primeiros desejos de adolescente. Para seu aniversário de quinze anos, em 29 de abril de 1931, Leila organizou, no Bulevar Saint-Jacques, uma *soirée* árabe para a qual convidara os filhos e as filhas dos grandes da literatura, da edição, do jornalismo. Todos notaram a que ponto Monique, no entanto magra e frágil, já era de uma beleza perturbadora, quase intimidante. Seus olhos, enterrados bem fundo no rosto, davam a impressão de fixar o interlocutor, mas ao mesmo tempo o atravessavam, o superavam, quase o ocultavam.

Assim, nunca se sabia muito bem se ela estava presente ou estranha. Vários rapazes já tinham tentado seduzi-la e penetrar aquele alhures que ela parecia trazer em si. Tinham todos imaginado que aquela moça aparentemente plácida e reservada devia esconder uma deliciosa sensualidade. Nenhum tinha ainda conseguido demonstrá-lo. Erótica em sua maneira de ser misteriosa, ela com efeito sabia desorientar e parar os ardores de seus companheiros gelando-os com um sorriso constrangido e distante, no momento preciso em que pensavam tê-la atingido, tocado, conquistado.

Leila, como se adivinhasse os sentimentos da filha em relação a Raul, estimulava-a a sair e a divertir-se com jovens da sua idade.

As duas mulheres não gostavam nem de confiar nem de mostrar seus sentimentos uma à outra e suas conversas eram em geral bem superficiais. Mas gostavam de sair juntas de vez em quando para breves sessões de lambe-vitrines ou, as duas gulosas, para devorar gigantescos sorvetes numa cervejaria do Bulevar Montparnasse. Divertiam-se às vezes cozinhando juntas, preparando o doce preferido delas, a torta de limão, cujo primeiro pedaço Monique oferecia sempre, triunfante, a Raul. Este se extasiava e pronunciava, acompanhando-a de um gesto significativo, a frase que Monique esperava sorrindo: "É a melhor que jamais comi". Leila nunca censurava Monique quanto aos estudos no colégio; a jovem, embora nula em matemática, tinha resultados razoáveis nas disciplinas literárias. Contava com prazer as fofocas da sala, a maneira como uma ou outra andava vestida, as brincadeiras com os professores; conseguia assim, às vezes, desamarrar a cara de Leila, fazê-la rir, partir a máscara de severidade e determinação que ela constantemente portava. As relações entre mãe e filha eram pois aparentemente ternas e serenas.

No entanto, o drama de Raul não escapava a Monique e esta se sentia tentada a condenar a mãe por todas as suas falsidades, pelo roubo e estupro do primo e por aquela tensão permanente que fazia reinar à sua volta. Acontecia-lhe até pensar que talvez fosse filha de uma feiticeira, que Leila talvez possuísse um poder sobrenatural que lhe permitia não só controlar e sujeitar a alma de Raul mas também friamente manipular todos a seu redor. Ela mesma sucumbia facilmente a seu encanto e em geral acabava deixando-se levar pela vontade da mãe, que lhe impunha roupas, jogos, convivências... Entretanto, o resultado não chegava a desagradá-la totalmente: Raul, vivendo sob a inteira dominação de Leila, não pertencia a ela também ao mesmo tempo? Por seu silêncio, pela alegria que sentia em pensar que Raul não possuiria nenhuma das mulheres com quem, em certas noites, trocava olhares ávidos, ela se tornava de certa forma cúmplice da mãe. Tinha bem por vezes momentos de fortíssimos sentimentos de culpa. A vontade então era revelar tudo e libertar aquele homem de olhar acuado. Mas quando, ao chegar a noite, pretextando estudos, ela se instalava num canto do salão, não longe da mesa de Raul, tinha então a impressão de tê-lo só para si e pensava que devia à mãe grandes fascinações e as horas mais belas, mais perturbadoras de sua vida. Esquecia assim que tivera a consciência pesada e sentia-se feliz até por partilhar com Leila aquele prisioneiro que ela tanto amava.

Raul, durante os últimos cinco anos, mal notara as transformações físicas e mentais que se operavam na menina e continuava a considerá-la como uma irmãzinha. Não fosse o constrangimento de Monique, por ele ela ainda poderia ficar no seu colo, até adormecer, como antigamente, no fundo da noite, no fundo de seus braços e no turbilhão das palavras, dos ruídos longínquos e dos fantasmas inapreensíveis que o acompanhavam até a madrugada. Ela era sua última praia de ternura, a criança que ele gostaria de ter sido, o único pássaro que de vez em quando ainda fazia cantar sua gaiola.

Conhecera pouco a verdadeira irmã. Sofrendo mil infortúnios, ela vivia ocupada demais em sobreviver e nunca encontrara para o irmão mais novo o tempo de uma carícia ou de um sorriso de cumplicidade. A mãe envelhecia; ele ainda lhe escrevia de tempos em tempos, mas ela ia perdendo sua realidade. Já não era mais para ele senão alguns pedacinhos de lembranças e sensações cujo gosto e cheiro aos poucos iam se perdendo.

René continuava a ignorá-lo. Tinha um ódio tenaz. Ambos estavam há muito tempo convencidos de que nada jamais poderia reuni-los nem lhes dar vontade de demonstrar um ao outro uma afeição qualquer, um semblante de simpatia.

Só Monique dava ainda sentido à sua vida e à sua obra e o impedia de desesperar por completo. Ele amava, ainda que não entendesse a verdadeira significação daquilo, seu olhar pousado sobre ele, seu ar zombeteiro quando ele tentava lhe explicar uma dissertação, e de triunfo quando ele acabava redigindo-a por inteiro para ela. Gostava de sentir junto à sua vida aquele corpo de criança, aquele riso de criança sobre os quais ele ainda podia depositar suas angústias e esperar não morrer. Paris lhe dava frio, Paris lhe dava medo. As grandes árvores do Jardim do Luxemburgo, onde Leila o obrigava a levá-la para passear, eram densas demais, pesadas demais, ameaçadoras demais. Mas, quando Monique os acompanhava, o barulho das cascas de castanhas que eles despedaçavam queimando os dedos fazia crepitar Paris e dava inteligência aos passantes, à moça que alugava as cadeiras, às próprias cadeiras.

*

Março de 1932.

"Cara senhora Rhaís,

Acabo de ler *A rifana*. Esse livro agradou-me por sua violência e sensualidade. Ele confirma seu maravilhoso conhecimento de nossa raça.

Não se esqueça de que minha casa é sua. Volte e fique nela o tempo que quiser. O Marrocos precisa ser amado e ser contado.

Fielmente seu.

El Glaoui
Paxá de Marrakech".

Quando Raul recebeu essa carta, teve primeiro vontade de rasgá-la e de não falar dela com Leila. Um temor obscuro. Uma apreensão súbita e sem razão. Depois, pensara que seus pressentimentos eram quase sempre infundados, que ia ficar maluco de tanto viver fechado e que uma viagem talvez lhe fizesse bem. Aliás, o que podia temer? A primeira viagem deles ao Marrocos não tinha sido fascinante e o Glaoui o mais maravilhoso dos anfitriões? Leu a carta para Leila a contragosto e com o sentimento de cometer um crime ou um gesto de adeus.

Bem rápido reencontrou o entusiasmo dos preparativos de partida e sua alegria chegou ao auge quando Monique convenceu a mãe a levá-la com eles. Estava feliz por poder mostrar à jovem aquele país que tanto amava e que já achava conhecer.

A acolhida foi tão grandiosa e calorosa quanto na primeira vez e o paxá, visivelmente satisfeito, ainda mais brilhante e cortês que de costume. Através das iguarias refinadas, untuosas, condimentadas, as músicas lancinantes, os perfumes delicadamente insinuados nos panos e nas fontes de água, Raul reencontrava intactas as sensações que já sentira e que tinham por efeito diluir a consciência, reduzir a vontade e concentrar a vida no prazer do instante, na volúpia da indiferença ao resto do mundo e ao dia seguinte.

Os olhos de Monique brilhavam de excitação: aquele ambiente, aquela festa, a generosidade do anfitrião e Raul, que ela achava ainda mais belo, mais fino, talvez mais só que de hábito. Ela estava sentada ao lado de um sobrinho do Glaoui e o jovem de uns vinte anos, culto, elegante, mostrava-se amável e solícito. À imagem do tio, falava várias línguas, já viajara pelo mundo e trazia aquele mesmo ar de desenvoltura e segurança que lhe dava o encanto e o cinismo dos grandes orientais remodelados pelo Ocidente, certos de possuírem algo a mais que o comum dos mortais, algo irresistível...

Durante os dias que se seguiram, Hammou fez a Monique uma corte discreta mas sutil. Procurava seduzi-la tanto pelo espírito – relatando-lhe uma multidão de anedotas sobre seu país, citando com freqüência os grandes autores clássicos franceses – quanto pela ostentação da riqueza e do poder da tribo dos Glaouas. Fez-lhe as honras de "sua" cidade, de "seus" bazares, de "seu" golfe. Com que orgulho, com que entusiasmo contou-lhe, embelezando-a, a história fabulosa de El Hadj Thami el-Meswâri el-Glaoui, seu tio, e de seu êxito "exemplar"!

Vindo da miséria e da escravidão, o Glaoui reinava agora sobre mais de meio milhão de almas e sobre quinze mil hectares de terras tornadas sua propriedade. Quase cem pessoas a seu serviço e ao serviço de sua "casa", títulos, imóveis, no Marrocos, na França, no exterior, uma coleção inestimável de quadros e jóias.

"Mas como ele chegou a isto?", perguntou Monique.

"– A inteligência, a coragem e a esperteza, respondeu laconicamente. É preciso dizer também que meu tio é o mais seguro aliado da França a quem prestou imensos serviços. Na véspera da guerra, os alemães se agitavam muito em nosso país para se aliarem aos berberes contra o sultão que havia assinado o tratado de protetorado com a França. A metade – a mais nobre, a mais forte, a mais resistente – do Marrocos podia escapar aos franceses e mudar assim provavelmente o curso da história. Então, todos os senhores do Atlas se reuniram um dia para decidir uma posição comum. O confronto foi violento, trágico, doloroso para aqueles homens divididos entre sua consciência e a história. Mas quando Thami el-Meswâri tomou a palavra, quando exaltou a lealdade e a retidão dos homens de nossa raça, conseguiu finalmente a adesão de todos e assegurou assim à França a fidelidade e o concurso de nossos homens, de que todos conhecem a coragem, a dedicação e o ardor no combate.

Hoje ele se serve da França, como ela se serviu dele, e, se Deus quiser, tornar-se-á um dia sultão deste país!

– Por que sultão? Seu tio não estaria sendo um pouco ambicioso?" provocou-o Monique.

Passeavam, naquela tarde, nos jardins de Agdal e haviam chegado à beira de uma daquelas fontes quadradas que vêm lembrar que o homem precisa de geometria, de linhas retas, de ângulos fechados para tranqüilizar-se diante das montanhas do Atlas, suntuosas mas angustiantes, misteriosas, indomáveis.

"Talvez você não saiba que três quartos dos marroquinos são berberes. Somos nós que criamos e construímos este país. Os árabes são apenas invasores e usurpadores. Jamais aceitaremos ser governados por essa gente. Lyautey e os franceses o compreenderam e acho que nos ajudarão a recuperarmos nossos direitos e nossa dignidade".

Hammou, com o olhar sombrio e selvagem, acabava de definir a "política berbere" da França, que durante muito tempo vai jogar com a divisão das duas comunidades.

Monique achava aquele rapaz belo, inteligente, cheio de paixão mas inquietante. Sua violência interior, o vigor de suas convicções, a maneira como exaltava o esplendor dos Glaouas tinha com o que seduzir e emocionar. Mas Monique, fina e intuitiva, sabia perceber, para além das aparências, para além das primeiras reações, a face escondida e as sutilezas da alma humana. Algo lhe dizia que por trás daquele nobre ardor de acentos românticos se escondia talvez muita intolerância, cinismo e vontade de poder. Por isso é que, embora sensível à solicitude e ao encanto do rapaz, embora fascinada pelo mundo que descobria, ficava com um pé atrás. Conseguia desfazer todo gesto equívoco e esforçava-se para manter entre eles um tom de simples camaradagem.

Hammou, surpreso e divertido com a resistência de Monique, Hammou que tinha o hábito de ver as moças cederem facilmente a ele, achava que tinha tempo e que colheria aquela flor, como as outras, quando quisesse...

Durante esse tempo, Raul e Leila viviam uma festa permanente. O paxá lhes mostrava todas as riquezas da cidade, palácios, túmulos, jardins, minaretes. Convidava regularmente os notáveis de Marrakech, pintores, músicos, poetas. Cada noite um grupo novo dava um espetáculo; dança, música, teatro. Dos Glaouas mais tradicionais aos grupos jovens mais audaciosos. E sempre o mesmo fausto, a mesma abundância, o mesmo refinamento.

Uma semana transcorrera assim, quando certa manhã o paxá convidou Leila e Raul para acompanhá-lo até seu escritório.

"Cara senhora", declarou ele num tom solene, "tenho um enorme serviço a lhe pedir. Começo a envelhecer e a senhora sabe que conheci aventuras extraordinárias ligadas à história do Marrocos e da França. Ora, eu desejaria que um escritor de seu talento fizesse o relato de minha vida, de minhas façanhas, de minha dedicação à causa de meu país. E ninguém melhor que a senhora me parece apto a escrever tal livro. É claro que seu preço será o meu; estou disposto a não recuar diante de sacrifício algum...".

Leila trocou uma rápida olhada com Raul e, diante de seu ar pouco convencido, respondeu:

"Seria, Excelência, uma grande honra para mim e estou tentada a aceitar. Mas não o conheço o bastante e não conheço tampouco as pessoas a seu redor, sua região, seus costumes, seu ambiente. O senhor sabe que tudo isso tem muita importância em meus livros".

Leila interrompeu-se um instante, depois continuou, hesitante: "Por isso é que, antes de me pronunciar definitivamente, desejaria vê-lo viver e ver viver seu povo. Esta é, a meu ver, a melhor maneira de proceder".

O paxá refletiu por um longo momento, depois acabou respondendo: "De acordo! A partir de hoje a senhora poderá circular livremente em meu palácio e em todo meu território, interrogar quem quiser, penetrar onde bem lhe aprouver... A senhora vai encontrar o mundo dos berberes e é uma chance".

O Glaoui era louco ou ingênuo? Ele que diziam ser tão hábil, tão esperto? A não ser que o desejo de ser imortalizado o estivesse deixando inconsciente? Pois o que Leila e Raul descobriram ao longo da "pesquisa" que fizeram ultrapassou no atroz, no insuportável, tudo o que tinham podido recear ou apreender confusamente. Bem rápido ficaram sabendo que aquele "grande amigo da França", aquele "chefe prestigioso unanimemente respeitado" era na verdade um tirano ávido, cruel e sanguinário. Ao fim de três semanas, conheciam todos os excessos, pilhagens e aquela longa lista de crimes que o Glaoui cometera para acumular suas riquezas e moldar seu poder: a destruição total de duzentos e cinqüenta aldeias insubmissas, a redução da tribo dos mezguita pela mais atroz violência, as milhares de pessoas espoliadas, os impostos, as taxas de todos os tipos obtidas ilegalmente, e quase sempre pela força, sobre os magros recursos dos felás.

E as prisões do Glaoui! Onde homens acorrentados, que tinham sido outrora nobres combatentes, pais de família ou chefes de tribo, apodreciam há anos, condenados a viver curvados em cárceres minúsculos, úmidos, glaciais, tratados como bichos.

Raul colheu muitos testemunhos sobre todas aquelas atrocidades e, sempre que conseguia fazer falar alguém, ressurgia a mesma imagem do tirano feudal, sedento de poder e riquezas, preocupado apenas com seu êxito, apenas com a satisfação de seus prazeres e caprichos.

Os crentes, os religiosos eram talvez os mais violentos contra ele. Um marabu inclusive teve a coragem de confiar a Raul: "Os crimes dele são horríveis, porque são antes de tudo crimes contra o islã. Esse homem finge parecer bom e virtuoso, querer o bem do povo. Tem todas as aparências de um ser admirável e respeitável. Na realidade é bem o contrário. Ele procura enganar Deus! Este é um dos erros mais graves que o islã denuncia e condena. Não está dito no segundo capítulo do Corão: 'Infelizes aqueles que compraram o erro com a moeda da verdade!'? Deus um dia vai lhe pedir conta de suas loucuras, seus massacres, suas traições".

Leila, por sua vez, precipitara-se no harém. Impelida por uma curiosidade mórbida, sabendo no entanto que ia sofrer, não resistira à tentação de penetrar de novo num mundo que ela tinha às vezes a impressão de nunca ter deixado por inteiro. Pois embora tivesse se desforrado, embora, tendo descido aos infernos, tivesse em seguida percorrido um caminho miraculoso que a levara da agonia à sobrevivência, da ressurreição à glória, nada podia apagar as sombras que colavam à sua vida e que vinham regularmente lembrar-lhe em sonhos perturbadores que ela fora uma barata num bestiário imundo. Dava-se bem conta ao mesmo tempo de que a comédia que ela representava para receber as honras devidas a outro era deplorável. De inocente injustamente condenada tornara-se culpada recompensada. Fizera então justiça a si mesma, à sua maneira. Mas sabia que, no fim de sua mascarada e de suas usurpações, sempre encontraria o peso de seu corpo, um espírito irremediavelmente atrofiado por quinze anos de torturas e regressão e as mesmas imagens – inapagáveis – que faziam dela uma mutilada para sempre.

Suas visões, suas obsessões ressurgiram com uma precisão e uma acuidade implacáveis quando descobriu tudo o que o harém mantinha de degradação, aviltamento, repressão. Lá reencontrou o mesmo tédio, as mesmas pequenas baixezas, o mesmo processo de apodrecimento intelectual e moral que ganhava as mulheres, mantidas na idéia de que servir era uma virtude e de que agradar ao mestre era um dever, um ideal, uma vitória.

Os apartamentos das mulheres eram ainda mais descuidados que aqueles que conhecera, mais fortes ainda os odores de suor nas alcovas e de manteiga rançosa nas cozinhas. Aquela atmosfera suja, confinada, sibilante contrastava com o brilho, o luxo e o refinamento das salas de recepção do paxá. Era evidente que aquelas mulheres eram simplesmente consideradas os instrumentos do prazer de um homem e que, acabando elas mesmas por ficarem convencidas daquilo, sequer se esforçavam para tentar salvar ainda que fosse uma parcela de vida interior e autônoma.

Leila ficou particularmente impressionada com Khotba, a "guardiã" das mulheres do harém. Espécie de loba de olhos vivos, bisbilhoteiros, perseguidores, de estatura imensa, pele bronzeada, áspera como sua terra sudanesa. Encarregada de cuidar da toalete e das ocupações das concubinas, responsável por atos e gestos, vida e morte daquelas mulheres. Nem tirana, nem amiga, executora, sem ódio mas sem concessões, das ordens e desejos secretos do mestre. Sábia na arte de preparar uma mulher para o amor, de depilar, massagear, maquilar, perfumar, vestir. Curandeira, feiticeira, sabia reparar os machucados das jovens apenas núbeis ou despertar seus sentidos com bebidas apimentadas. Adivinhava perfeitamente a mulher que, conforme os dias, podia convir a Sua Excelência. Guemara a voluptuosa para as noites de langor, a dançarina Mouina, acompanhada de uma cantora cega de voz trêmula, quando o paxá parecia alegre e disposto à fantasia, M'Silla a doce, M'Silla de mãos de seda, para acalmar as inquietações ou as cóleras do mestre; para as noites de festa, uma virgem de uns doze anos que duas mulheres de preto vinham depositar sobre seu leito. Assim que anoitecia, a sudanesa passava a ser a rainha das sombras, agitando-se pelos corredores com uma toalha enorme debaixo do braço, uma caixa de almíscar na mão, embrenhando-se nos apartamentos das mulheres, programando-lhes os amores, os destinos, as recompensas, os castigos.

Leila ficou assombrada com tanta determinação e crueldade. Imaginava, até então, que conhecera o pior dos haréns, o pior dos esposos. Mas eis que descobria que mulheres – que tinham talvez o ar de sofrer menos que ela – sofriam na verdade ultrajes ainda mais atrozes que os que ela sofrera. Pois submetidas a um só tempo a um mestre absoluto e ao operário de seus crimes. E Leila entendia a que ponto o servidor zeloso de um tirano pode ser temível já que precisa, para existir, para testemunhar sua dedicação, mostrar-se ainda mais cruel e mais impiedoso que o mestre. Não tem direito, ele, no cumprimento de sua missão, a nenhuma fraqueza, a nenhuma mansidão, a nenhum daqueles gestos de aparente compaixão – contrafações da piedade e da caridade – que dão à ditadura, para melhor se exercer, um ar de humanidade.

Todas as noites Raul e Leila trocavam suas observações e confiavam um ao outro suas reações. O medo pouco a pouco ia tomando conta deles: o sentimento de estarem presos numa armadilha, nas mãos de um homem capaz de todas as crueldades, as mais brutais como as mais sutis. Achavam que, se o paxá lhes havia aberto as portas de sua vida, certamente não devia ter nenhuma ilusão quanto ao que nela descobririam. Ao fim de alguns dias estavam convencidos de que sabiam demais e que o Glaoui saberia puni-los, se acaso se sentissem tentados a dizer a verdade. Era portanto, com toda evidência, uma história travestida, falsificada, edulcorada que ele queria, mas cuja autenticidade poderia reivindicar, já que permitira ao autor circular livremente até nos lugares mais secretos, mais íntimos de sua existência.

Ora, Raul estava aterrorizado demais para escrever o que quer que fosse. A idéia de ser, mesmo indiretamente, objeto de um plano tão diabólico o enojava, o paralisava. E a certeza de que o Glaoui não os perdoaria por não fazerem aquele relato aumentava seu pavor.

Era preciso representar, sorrir, lisonjear o paxá que lhes perguntava de vez em quando: "Então, em que ponto estão? O que ficaram sabendo sobre mim?".

Obrigavam-se a responder que o que descobriam os maravilhava e que seu povo estava feliz por ter um chefe tão glorioso, tão valente, tão generoso.

O Glaoui sabia que estavam mentindo e que tinham medo dele. Mas pouco lhe importava que descobrissem a realidade. O essencial para ele era chegar a seus fins, até pelo terror. Esta tática até então tinha dado certo à perfeição.

Esta aventura teve efeito inesperado: ela aproximou por um tempo, e pela única vez em suas vidas, Raul e Leila. Aqueles dois seres habitualmente tensos, crispados, no limite da agressividade, punham-se a se comunicar através das mesmas angústias, das mesmas apreensões. Tinham se acostumado a viver emparedados, em torres separadas, paralelas, herméticas. Até seus amores das noites sem lua – passarelas frágeis e efêmeras – os deixavam mais sós ainda, cada um abandonado a suas próprias fantasmagorias, a seu próprio desespero. Mas eis que, diante do perigo que os ameaçava, tinham de repente vontade de se apertar um contra o outro e de enfrentar juntos. Não sabiam nem quando nem como a infelicidade os atacaria mas sentiam o drama se amarrar, a armadilha se fechar sobre eles. Por uma vez percebiam as mesmas sensações, o mesmo cheiro de morte em volta deles.

Aparentemente nada tinha mudado desde que chegaram: o Glaoui não abandonava a cortesia, o sorriso afável e continuava a representar o mecenas e o homem do mundo. Porém Raul e Leila não eram mais bobos; tinham aprendido a conhecer seu verdadeiro rosto e davam-se conta de que estavam efetivamente prisioneiros daquele homem e que aquele homem era capaz de tudo. De noite então, diante das figuras de demônios que percorriam os mosaicos de seus quartos, sentiam a necessidade de se buscar, de se aproximar e de dizer um ao outro que talvez estivessem exagerando, que o paxá não podia muita coisa contra eles, que breve estariam de volta a Paris e que bem rápido esqueceriam aquele pesadelo.

O golpe proveio de onde não esperavam e atingiu um e outro com muito mais dureza do que haviam temido. Monique!

Já há algum tempo suas relações com Hammou tinham se deteriorado. O jovem tornava-se cada vez mais exigente, impacientava-se e irritava-se com uma resistência que no início tomara por coqueteria. Educado na idéia de que nada nem ninguém devia levantar obstáculo à sua vontade, guardara, por trás das maneiras refinadas, o gosto áspero e violento da vitória, uma ferocidade implacável e a convicção de que as mulheres se tomam ou se compram. De que toda tentativa de questionar sua autoridade, sua sedução ou seu poder devia ser reprimida, pois era toda a tribo, todo o clã que estava então envolvido e desafiado. A jovem devia ceder, a honra dos Glaouas estava em jogo.

Ora, ela não cedia. Muito pelo contrário, endurecia cada dia mais e rechaçava os avanços do rapaz com uma firmeza cada vez mais rude, cada vez com mais desprezo. Hammou se exasperava, usando de todas as táticas, a doçura, a brutalidade, a ameaça. Propôs-lhe até desposá-la. Nada funcionou. Monique saía esgotada das cenas terríveis que ele lhe fazia, mas por pudor não falava daquilo nem com a mãe nem com Raul. Aquele combate era o seu. Um único homem contava em sua vida. Ela pretendia provar-lhe isso à sua maneira.

Monique morreu numa manhã do mês de maio de 1932 sobre aquela terra marroquina onde a mãe e o primo, perseguindo um sonho, um mito, um perfume tinham vindo se atolar. Foi encontrada, ao meio-dia, encolhida em seu leito, o rosto cinzento, levemente crispado, as mãos apertadas sobre o peito. A seus pés, uma bandeja, um copo, uma chaleira, algumas migalhas de um bolo de açúcar, um pote de mel no qual uma colherzinha continuava a afundar lentamente.

Nenhuma investigação foi aberta. Um médico próximo ao Glaoui concluiu por uma parada cardíaca e assinou a permissão de inumar. Raul e Leila estavam desolados demais para tentar o mínimo protesto. Até ali, tinham antes temido pela vida dos dois e em nenhum momento tinham se dado conta do drama que sacudia a existência de Monique. Quem podia querer mal àquele anjo, aquela criança "ainda ébria do paraíso", como Raul, citando Chateaubriand, gostava de qualificá-la? De que a teriam punido? Parecia tão feliz, tão inocente! Mesmo assim não podiam deixar de se perguntar se em algum lugar naquele chá, naquele bolo ou naquele mel não macerava um veneno mortal. A rapidez com a qual tudo foi desfeito, a impotência deles em demonstrar o que quer que fosse, a dor – atroz, paralisante –, o medo, talvez, de sucumbirem também e o sentimento da inutilidade de qualquer revolta contra tal poder absoluto, tudo aquilo os emudeceu, os impediu de reagir. Deixaram Marrakech no dia seguinte, levando feito ladrões o corpo daquela que acabavam de lhes roubar. Sem trocar o mínimo comentário, sem fazer a mínima alusão às dúvidas, às certezas que os invadiam.

Monique foi enterrada dois dias mais tarde no cemitério de Bagneux, numa terra gelada, debaixo de um temporal. Paris inventava mais uma vez uma daquelas primaveras cujo segredo conhece, uma primavera de inverno, suja, úmida, a gear, uma primavera que parecia testemunhar a morte definitiva do sol, da lua e das estrelas.

Monique acabava de fazer dezesseis anos. Tinha pagado bem caro o direito de ser bela, o direito de ser livre.

Nos dias que se seguiram ao desaparecimento da filha, Leila ficou primeiramente prosternada, a mente vazia, recusando alimentar-se, investida por uma dor seca, uma dor sem lágrimas, como à época de seus mais terríveis sofrimentos no harém. Em pouco tempo, perdeu quase dez quilos. Suas carnes amoleceram, murcharam, como todos os obesos que emagrecem rápido demais. Passava dias inteiros desabada na poltrona onde Monique gostava de se instalar de noite, sentada ou ajoelhada, mergulhada na contemplação do primo, fingindo estudar. Leila, desvairada, imóvel, fixava durante longas horas o sabre que o Glaoui lhes havia oferecido, resplandecente, incandescente na parede branca; o que procurava naquele objeto? Que sinal, que revelação? Todavia, não decifrava nada nele, a não ser que, às vezes, os rubis pregados ao punho se punham a brilhar como lágrimas de sangue.

Depois, certa noite, enquanto Raul trabalhava naquele cômodo levemente iluminado e que adiavam um e outro o instante de ir dormir apesar dos olhos ardentes de sono, Leila teve um sobressalto e acordou de repente de seu torpor. Fora o barulho da pena arranhando nervosamente o papel que expulsara de um só golpe seus fantasmas? Na sombra, olhou longamente Raul debruçado sobre suas folhas, tenso, agitado, e recebeu violentamente o peso de sua solidão e seu desamparo. Tomou então consciência de que precisava, para sobreviver, acampar de novo numa resistência selvagem, inabalável. Ia ter de defender passo a passo aquele edifício que pacientemente construíra, mas que agora entrevia o quanto era frágil, ameaçado, suscetível de desabar a qualquer momento. Restava-lhe "seu" nome, "sua" obra, "seu" negro. Com o que justificar não morrer de imediato.

Quanto a Raul, aos trinta e três anos, ele tinha o sentimento cada vez mais amargo de não ter começado a viver, só saindo dos espaços imensos e dos delírios de sua imaginação para reencontrar sua prisão, seu deserto e o corpo da tia a envelhecer. Até sua pena não lhe fazia mais senão o efeito de um brinquedo inútil e, nos meses que se seguiram, foi pouco a pouco perdendo o gosto da escrita. A única fonte de alegria e exaltação que conhecera parecia-lhe dali por diante bem insossa e ele tinha a impressão de ainda escrever por uma série de automatismos bem polidos. Teve até a convicção de que os romances que preparava eram menos inspirados, mais descuidados.

Sentira o fim estranho de Monique como o cumprimento de uma surda maldição que vinha apreendendo há muito tempo, desde os primeiros dias de sua instalação em Blida, em "dar Saada"! Outros estrondos, outros dramas se seguiriam, disso estava seguro. Ao mesmo tempo, sem saber exatamente por quê, nem como, ela estava morta, ele se acusava de não ter cuidado dela o bastante. No entanto adivinhara tudo o que aquele palácio continha de ambigüidades malsãs e de ameaças obscuras. Só sentira medo por ele. No entanto, era ela evidentemente a mais frágil, a mais vulnerável.

Atingido no que possuía de mais puro, de mais precioso, achava que o que conhecera até o presente talvez não fosse nada ao lado do inferno que o aguardava. A última janela se fechara sobre sua vida. Precisava sofrer agora a reclusão total, na sombra de uma mulher aplicada metodicamente, minuciosamente em esconder-lhe a vida e em esvaziá-lo do melhor dele mesmo. Só com ela dali por diante, todos os dias e todas as noites da eternidade, ia percorrer o caminho do ódio que ela mesma conhecia bem, por tê-lo escalado durante quinze anos. Como ela, ele fora uma criança vendida. Agora incapaz de se emancipar, até mesmo de reclamar sua autonomia, aguardava, enclausurado, que a morte viesse libertá-lo. A morte de quem? Nem mesmo estava seguro de que a de Leila lhe reabriria as portas da vida e da liberdade. Já estava marcado por muitas feridas e frustrações.

Mesmo assim o nome de Elissa Rhaís ficava cada vez mais célebre. Novos romances, *O seio branco*, *A andaluza*, *A rifana*, *Pequenos paxás no exílio*, *A convertida*, *Pela voz da música*, contos publicados em numerosos jornais na França e no exterior lhes rendiam glória e dinheiro e ninguém poderia imaginar que aqueles relatos cheios de cores e de vida eram obra de um homem esmagado. Um produtor americano propunha adaptar *A filha dos paxás* para o cinema, a Comédie des Champs-Elysées ficou lotada durante várias semanas com *O perfume, a mulher e a prece*, uma peça de derrisão na qual Raul derramou toda a sua amargura mas que fez rir o *Tout-Paris*. Michel Carré fez de *Kerkeb, dançarina berbere* um libreto de ópera de que Samuel-Rousseau, o compositor de *Tarass Boulba* e do *Rei Dagoberto*, começou a escrever a música. Interrogavam-no sobre tudo, a política, a colonização, o automóvel, Deus, o Diabo, a aviação...

Trechos de pesquisas de *L'Intransigeant* ("a maior tiragem dos jornais noturnos do mundo inteiro"): "Se pudéssemos amar profundamente uma paisagem, com a qual se casaria?". Resposta de Raul:

Um ponto vermelho num céu de sombra.
Heliotrópios por um alexandrino
E dois dedos de tristeza
Pela morte de uma paloma.

Ou ainda: "Não acha que a imagem clássica que nos é dada do Diabo está sujeita à revisão tanto em seu caráter quanto em sua forma? Se positivo, que espécie de diabo tem a nos propor, que esteja em harmonia com o tempo, os modos e as modas?". Resposta: "Hesito entre a consciência, o pequeno chefe, o homem político, o jornalista ou... o editor!".

De *Minerva*, a grande revista ilustrada feminina, a seguinte questão: "Uma sociedade aeronáutica lhe diria: 'Um avião Paris-Nova York partirá amanhã. Altos cuidados. Excelente piloto. Venha. A senhora será a passageira'. Aceitaria partir?". Ao que Raul respondia: "Não gosto nem de Nova York, nem de avião. Que Alá me preserve! Quando Deus quis atormentar a formiga, deu-lhe asas...".

*

A partir de 1935, a saúde de Leila começou a declinar. Oprimida permanentemente, deslocava-se cada vez menos. Violentos acessos de tosse, devidos a uma bronquite latente que os médicos não conseguiam atenuar, deixavam-na ofegante, os olhos transtornados, o corpo úmido e trêmulo. Tinha cada vez mais dificuldade de subir os dois andares que levavam ao apartamento do Bulevar Saint-Jacques. Por isso é que, quando Ramos propôs lhes vender – por quase nada – uma casinha que ele possuía em L'Haÿ-les-Roses e que nunca usava, ela aceitou sem hesitar. Ramos continuava o amigo de sempre, o amigo dos inícios em Blida, o conselheiro, o confidente. Cada vez que ia a Paris, não deixava de visitar aquela que sempre admirara – amara talvez secretamente. Em sua última viagem, ela lhe confiara que as escadas a esgotavam. Ele logo encontrara a solução. Gostaria de ter-lhe dado essa casa; o pudor o retivera.

Mas a soma irrisória que pedira por ela já era uma maneira de lhe dar um suntuoso presente.

Mobiliaram a casa no mais puro estilo oriental: sofás recobertos de brocado, tapetes do Alto Atlas, bandejas de cobre e tapeçarias berberes de mil palhetas nas paredes, chaleiras e copos dourados permanentemente expostos sobre uma mesinha redonda de mogno incrustada de nácar do sul argelino. A atmosfera lá era acolhedora, confortável, diferente do resto. Leila, embora doente, embora inconsolável com a morte da filha, cuidava para não se deixar levar diante dos estranhos, continuava a cuidar de seu aspecto, a se vestir com apuro, a se maquilar, a se perfumar. A voz conservava a musicalidade voluptuosa que sempre fizera o essencial de seu encanto.

Todos aqueles que os visitavam ficavam fascinados com aquele casal estranho e refinado. União sutil do Oriente e do Ocidente. Entre esperança e decadência. Violência e serenidade. Ela em geral volúvel, sorridente, afetada, meio reclinada sobre um sofá, no centro de todas as conversas e de todos os olhares. Ele sempre retirado, de pé, rígido, imenso, falando pouco mas fixando seus interlocutores com aquele nada de ausência que lhe dava um ar de mistério e de tormento.

Na intimidade, ela ficava novamente sombria, inquieta, desconfiada. Exigia de Raul uma presença constante, uma quantidade gigantesca de trabalho. Levantava-se, às vezes, de noite, para verificar se ele estava de fato no escritório e se não adormecera. Dava-se conta de que não o atraía mais, de que a privação de amor não bastava mais para jogá-lo em seus braços e de que ele fazia tudo para evitar seu corpo. Exasperava-se não só com aquela indiferença mas com o fato de que ele parecia ter aprendido a viver sem amor. Apertava então, cada dia mais, sua vigilância e seu domínio, aterrorizando-o, enchendo-o de censuras e ameaças, proibindo-lhe qualquer deslocamento sozinho. Jamais se olhavam nos olhos, se falavam pouco, a não ser para comentar tal livro, tal artigo ou examinar as contas. Tinham definitivamente renunciado a dizer um ao outro o essencial, bem como evitavam manifestar a mínima afeição um pelo outro, o mínimo sinal de ternura.

Mahmoud, que ao mesmo tempo fazia as compras, arrumava a casa e cozinhava, servia-lhes a comida sobre uma mesa baixa, num canto do salão e sempre na penumbra. Já havia alguns anos, com efeito, que a visão de Leila diminuíra consideravelmente. Ela suportava cada vez com mais dificuldade a luz do dia e, obcecada pelo medo de acabar a vida cega, exigia que as ventanas ficassem sempre três quartos fechadas. Só saía desde então com grossos óculos escuros que acentuavam aquele ar selvagem que ela tinha na rua, como se desconfiasse de tudo e de todos.

O velho servidor, que vira no entanto muitas coisas insólitas em sua existência, achava inquietante e sedutor aquele casal silencioso naquele salão árabe levemente iluminado, no fundo de uma casa da periferia de Paris. Encarregado secretamente por Leila de vigiar Raul, ficava dividido entre a fidelidade à patroa e a piedade que sentia por aquele homem sem amigo, sem alegria, sem liberdade, trabalhando dia e noite, quase desaparecendo por trás dos papéis, livros e montanhas de cartas que se acumulavam sobre a mesa do escritório.

Duas vezes por semana, ele os conduzia, num carro sem capota que Louis Renault lhes dera de presente, ao cemitério de Bagneux. Obcecados com a morte de Monique, precisavam um e outro daqueles encontros com a terra e a cinza. De pé, lado a lado, diante do túmulo daquela criança, prosseguiam sem uma palavra, sem um gesto, sem trocar um olhar, o único verdadeiro diálogo que jamais haviam tentado, sabendo que naqueles instantes partilhavam as mesmas angústias, as mesmas meditações: Monique levara consigo uma parte da vida deles; outra já estava morta bem antes, através de maldições e perseguições. Estavam, pois, ali enterrados também: seus destinos lá se encontravam.

No cemitério de Bagneux, às terças e sextas, um homem e uma mulher se recolhiam sobre seus próprios despojos.

René raramente vinha a L'Haÿ-les-Roses. Vivendo na casa de uma mulher muito mais velha que ele, que lhe servia de amante e de mãe, dividia seu tempo entre a confecção de cenários de teatro para peças revolucionárias e a redação de um boletim comunista que circulava, às escondidas, chamando os operários à revolta e os argelinos à libertação de seu país.

Cada vez que visitava a mãe, o que sentia de turvo e confinado na casa deixava-o pouco à vontade e tinha pressa de ir embora. Sua vida estava alhures, longe daquele universo que ele achava burguês, opressor, malsão. Ao longo dos anos, endurecera, radicalizara, sua militância assumia por vezes formas extremas, quase desesperadas. Tudo o que se assemelhava a injustiça o revoltava, podia até torná-lo violento e, na universidade principalmente, mais de uma vez havia provocado escândalos que lhe valeram finalmente ser excluído. Mas achava que a mínima concessão à facilidade, à brandura e à aproximação intelectual, bem como a qualquer idéia ou atitude suscetíveis de entravar a luta de classes, era inadmissível. A mãe e o primo não escapavam à sua vindita e, embora não os enfrentasse diretamente, exprimia-lhes seu desprezo recusando assistir a suas recepções, andar de carro com eles ou manifestar a mínima satisfação diante do sucesso literário dos dois. Uma única vez mostrara todo o seu rancor a Leila, que não replicara, que o olhara longamente como se ele fosse transparente, como se estivesse vendo longe, longe atrás dele!

"Excluído nasci", dissera, "excluído continuarei... Foi você quem fez de mim o que sou. Não se espante se hoje ocupa tão pouco lugar na minha vida...".

Raul e Leila de tempos em tempos passavam ainda um mês ou dois em Blida. Raul lá se sentia um pouco melhor que em Paris. O ar lhe parecia mais puro, mais leve. Mas a fissura era irreparável: nunca mais estaria bem em lugar algum. Até a montanha, na frente da varanda, aquele teatro sem cessar renovado que tantas vezes fizera rir e chorar Monique, aquele lugar que ele sempre acreditara que seria seu último refúgio, seu último espetáculo, mais além de todos os estrondos, todas as baixezas, todas as fraturas, até a montanha estava imóvel. Era agora, tal um velho vulcão extinto, apenas uma massa informe de pedra e terra, sombria, silenciosa, inútil. Algumas sombras ainda a atravessavam, últimos resquícios de um mundo que acabava de se consumir.

De noite, no terraço, Raul pensava no caminho que vinha percorrendo há vinte anos, desde aquela festa, no fim da qual tivera o corpo roubado, primeira etapa de uma viagem ao inferno que o levara até a alienação total de sua personalidade, de sua individualidade. É verdade que durante todo esse tempo havia produzido uma obra imensa, reconhecida mas a tal ponto assimilada àquela mulher que, em momentos de delírio cada vez mais freqüentes, sequer estava mais seguro de ele mesmo tê-la escrito. E se tivesse sido apenas a mão traçando sinais sobre o papel? Se tivesse sido vítima de um fenômeno maléfico de encantamento, de transferência? Se fosse ela o criador e ele o simples executante? Se...?

Porém não estava louco. Ainda não. Guardava lucidez suficiente para medir a que ponto fora espoliado. Durante muito tempo colocara um véu na cara, evitando fazer-se perguntas demais, contentando-se com as migalhas do sucesso da tia que respingavam sobre ele. O prazer da criação, a vida material fácil, o corpo de Leila tinham bastado, no início, para nutrir uma existência que ele achava, para melhor mascarar a realidade, que poderia ter sido pior. Bouzaréah, a casa cinza dos pais, a miséria, o ensino talvez, uma existência acanhada que provavelmente não teria deixado rastro algum. Mas, ao longo dos anos, tinha tomado consciência de seu talento, de sua capacidade de assumir uma vida de escritor e de todas as articulações que mutilavam seu corpo. Desde então, a exasperação e a revolta rugiam dentro dele. Várias vezes tivera vontade de pôr tudo abaixo, de provocar um escândalo que o teria deixado quite consigo mesmo e com a sociedade. A coragem, a vontade lhe haviam faltado. O medo o retivera. Ou talvez o sentimento de estar sendo triturado na mecânica inelutável da fatalidade que o destruiria, o que quer que tentasse para a ela escapar. Seu sofrimento agora se exacerbava. Vinte anos de prisão! Era mais do que podia suportar. Vinte anos de prisão e, no fim das contas, nenhuma esperança de salvação, nenhuma esperança de liberdade. Assistiria impotente, inativo à sua agonia, a seu último aviltamento? Seu corpo, sua consciência e toda a sua humanidade exigiam que fizesse algo. Ainda que fosse uma súplica ao impossível. Ainda que aquilo acabasse com ele.

*

A volta a L'Haÿ-les-Roses, no início do verão de 1939, foi para Raul particularmente penosa. O novo romance que estava preparando não avançava. Sem inspiração, sentia-se estranho em relação ao que escrevia... As histórias que contava lhe pareciam muito irreais, quase irrisórias e fúteis se comparadas às suas próprias angústias e às inquietudes de todo um povo tremendo à perspectiva de ter que enfrentar mais uma vez a guerra, a violência e o ódio. Além disso estava extenuado por vinte anos de trabalho desenfreado, pelas dez mil páginas que preenchera, por todos os cuidados da gestão de uma obra, por todas as acrobacias que tivera que fazer, todas as falsidades que tivera que aperfeiçoar para iludir. Uma vigilância de todos os instantes, um combate permanente, extenuante para um espetáculo grotesco, ridículo, sórdido. A idéia de mergulhar na enorme correspondência que o aguardava, de atender às solicitações de editores, revistas, jornais, a idéia de reintegrar sua cela, de continuar a se submeter à autoridade de Leila, a seu controle, seu amargor e seu leito, tudo aquilo o apavorava. Aos quarenta anos ainda não conhecera nada da vida e do amor: a inspiração secara, apagara-se o ardor e a alegria de escrever. Raul teve pela primeira vez vontade de morrer...

Por enquanto dormia. Tinham voltado há três dias e há três dias recusava levantar-se e trabalhar, alimentando-se mal, fechado num mutismo total, o das grandes resoluções, daquelas a tal ponto irrevogáveis que não precisam de modo algum ser explicadas, justificadas. Leila primeiro pensara numa doença qualquer: Raul era sujeito a anginas muito freqüentes, com terríveis acessos de temperatura que não duravam mas que o obrigavam a ficar deitado alguns dias. Mas não, nada de febre. Tinha que se render à evidência: Raul dormia, Raul protestava. Primeiro gesto de recusa, que parecia no entanto um último gesto. De demissão. De renúncia definitiva. De desespero.

No passado já manifestara várias vezes sua cólera, sua amargura, seu desejo de acabar com tudo. Mas fizera com timidez, em explosões muito breves, quase lamentando, logo após, ter-se deixado levar, sabendo que de qualquer modo não iria até o fim. Além disso Leila sempre encontrara o tom e o comportamento necessários para parar aquelas veleidades de contestação: ora cruel, ora terna, ora desenvolta, trazia bem rápido à "razão" um jovem sensível demais, frágil demais para resistir, um jovem aparentemente resignado a viver sem amor, sem liberdade e sem nome.

Quando ficou convencida de que Raul não estava doente, Leila achou que ele estava tendo uma crise meio infantil, manha à-toa de um homem que ainda não saíra da adolescência. Mas diante do silêncio impressionante dele, diante da ausência total de reações a seus carinhos, a suas ameaças, a suas injúrias, ela começou a se dar conta de que algo de grave estava acontecendo. Ficou com medo, imaginou com pavor o que seria dela se Raul a abandonasse ou a traísse. Aquela comédia, e tudo o que ela lhe havia rendido de glória e consideração, era sua única razão de viver há vinte anos. Fabulosa desforra de uma mulher que o harém quase destruíra fazendo dela um dejeto. E aquele homem inerte, enterrado no fundo dos lençóis, era o único instrumento de sua sobrevivência e de sua vingança. Ela não podia viver sem a inteligência dele, sem a sensibilidade, a cultura, o talento, o corpo, a presença dele em sua sombra. Sem ele, ela voltava a ser mofo. Sem ele, Elissa Rhaís não existia mais...

Na noite do quarto dia, desabou. Ela, que não vertia uma única lágrima há quase trinta anos, nem mesmo pela morte da filha, sentada ao pé da cama de Raul, ela chorava. De dor? De medo? Para tentar com outra manobra enternecer um coração que ela sabia fácil de emocionar? Ela chorava e falava. Talvez como jamais fizera. Pois uma vez esgotados os contos de Aicha, Leila não tivera mais grande coisa a dizer. Restava-lhe, no entanto, naquela noite, uma última história, a dela, aquela que sempre recusara confiar a quem quer que fosse. A história de uma adolescente vendida por um pai a outro pai, consumando uma juventude danada no fundo de um harém. Uma noite de quinze anos, na qual se deita fresca e inocente e da qual desperta estropiada, mutilada, exangue. Ela precisava dizer tudo, o amor selvagem e destruidor do marido, sua resistência pelo silêncio e pela inércia, o longo aprendizado dos gestos, dos trajetos, dos ruídos e odores que o gineceu delimita e impõe ao cotidiano. A longa série de perseguições sempre mais refinadas, sempre mais cruéis porque ela está só, porque é feia, porque está sem defesa. E o sexo que queima, o sexo que grita, que carícia alguma acalma, que sonho algum consegue fazer esquecer.

"Raul, você tem que me compreender, tem que me perdoar. Sei o que você pensa, sei o que sente. Mas você não pode imaginar a dor de uma jovem que ninguém beija, que ninguém penetra durante quinze anos. Certas noites até sonhei meu pai em mim. Que nojo ao acordar! E cada manhã, no fundo do ventre, a mesma vergonha, a mesma solidão; e o vazio que pouco a pouco se instala, a mente cada vez mais pesada, cada vez mais lenta. O embrutecimento. A ignorância. A sujeira. A fome. A destruição. O apelo da morte. O medo da morte. Sim, conheci tudo isso e bem pior ainda: o desejo de matar. O homem que todos os dias imaginamos pegar pela garganta, enforcar, arrancar os olhos, a pele, a língua, o cérebro. E depois, você de repente em minha vida. Você a juventude. Você a beleza. Você o talento. Você rico daquilo que sempre sonhei: as palavras, a cultura, a sensibilidade. E no entanto você que se parece comigo, fraco, perdido, sonhador. Você sem pai, nem mãe, eu à procura de uma desforra, de um poder. Raul, eu amei você estes anos todos. Raul, não me deixe. Sabe, acreditei durante vinte anos que você me pertencia. Você era a minha coisa, a minha vida, a minha verdadeira personalidade. Aquela que eu sempre quisera ser. Me enganei. É você quem me domina; sou eu que não posso nada, que não sou nada sem você, o mestre, o 'Rhaís'. Raul, que caminho fizemos juntos! Todos esses sucessos, todas essas homenagens de que você deve estar orgulhoso. Você é um escritor gigantesco. Roubei sua glória, é verdade: mas era você que existia, era você que conhecia todas as alegrias, todos os gozos da criação. Eu, eu só tinha ilusão e falso orgulho e quase sempre entendi o quanto toda a minha vida não passava de um artifício grotesco. Mas eu só tinha isso e a isso me agarrei. Você entende? Diga-me ao menos que me entende".

Mas era tarde demais. Raul não podia mais nada nem por ela nem por ele. Olhou-a longamente soluçar, encolhida em suas lágrimas, em seus sobressaltos, o rosto escondido nas mãos murchas, velha de repente, assombrosamente feia, ridícula, repugnante em sua combinação de seda transparente. Teve então a vontade irresistível de fugir, de deixar para sempre aquela casa, aquele cheiro nojento de papel, tinta e incenso, aquele caco que, estranhamente, de repente ele não temia mais. Precisava de ar, de luz, precisava de um corpo de mulher, de um carinho de verdade, de um sorriso de verdade. Durante noites e noites, há anos, há séculos, sonhara com um rosto de amor, com um ombro de ternura, com um sexo louro onde poderia ter enterrado a vida e para o qual teria dado a obra e a alma. Vestiu-se às pressas, sempre mudo, contemplou por um instante no espelho do banheiro o rosto branco demais, magro demais e, apesar dos berros e das imprecações de Leila, enfiou-se na noite que caía.

Vinte horas. Raul erra há mais de uma hora nas ruas de L'Haÿ-les-Roses. Essa cidadezinha da periferia de Paris, sem fábricas e sem barulho, merece bem o nome: no início do verão, ela é só um perfume, aquele que exalam as milhares de flores de seu roseiral e dos jardinzinhos de suas casas de tetos vermelhos. Cidade sem história, mantida com cuidado por pequenos funcionários, pequenos comerciantes, pequenos aposentados. Pequeno alvéolo onde é bom dormir, jardinar, ler e morrer.

Esse cenário dali por diante é para ele estranho, inútil. É de vida, de amor, de fantasia que ele precisa e não daqueles caminhos imóveis, limpos demais, nítidos demais, bem desenhados demais. Ninguém presta atenção nele. Os últimos passantes se apressam em voltar para casa, o rosto fechado, preocupado: talvez sejam os últimos dias, as últimas horas de vida familiar. A mobilização começou. Breve será preciso abandonar tudo, mulheres, mães, filhos, jardins, e todos com vontade de abraçar, talvez pela última vez, aqueles que amam de repente um pouco mais, um pouco melhor, de capinar um último quadrado de terra, de cuidar da última rosa. Raul, este, não pensa na guerra. Pertence apenas a si mesmo, apenas a este ponto preciso de sua vida em que está por inteiro, tenso, suspenso, disposto a tudo para afrouxar um abraço que o oprime agora cada vez mais.

Parou por um instante diante do roseiral no momento em que o guardião fechava a grade com um gesto preciso, mecânico. O guardião não o viu. Tinha outra coisa para fazer em vez de olhar fora do recinto de seu domínio. Sabia quais outros gestos ia ter de cumprir uma vez trancado o portão. O resto de sua tarde seria sem surpresa como todas as outras tardes.

As últimas lojas ainda abertas também começam a fechar e cada cortina baixada e cada volta de chave o rejeitam um pouco mais em seu vazio e sua solidão. O que espera ele daquela noite, errando entre as casinhas de tetos vermelhos e janelas verdes recolhidas sobre tantos amores, angústias e misérias anônimas? O que espera daquela noite? Que sinal? Que mensagem? Que encontro? Que milagre que de repente viria mudar por completo a sua vida? Não sabe que uma cidade de periferia, às oito horas da noite, não é portadora de sinal algum, de mensagem alguma, que ela não favorecerá encontro algum; existem lugares sem magia que os deuses sempre desdenharam habitar: L'Haÿ-les-Roses é um deles. Apesar de seu nome, de seus jardins e do mistério aparente de seu silêncio.

Resta no entanto uma porta entreaberta, em L'Haÿ-les-Roses, naquela noite de junho de 1939. Raul conhece bem aquela lojinha onde Leila dá seus lençóis e cafetãs para lavar. Passando em frente, com ela, quase sempre olhou furtivamente a lavadeira de quem entrevê por vezes um pedaço de perna ou de peito entre os panos da blusa. Sempre sentiu um violento desejo por aquela mulher de trinta anos, de tez de ameixa vermelha, solta, sem complexos e que canta passando a roupa. Teve até a impressão de que não lhe era indiferente, que ela cruzava com boa vontade seu olhar. Que urgência a retém naquela noite na loja, a cortina baixada pela metade, enquanto todas as outras já fecharam? Raul não vê o rosto dela mas reconhece as pernas e a voz.

Abaixa-se, penetra na peça estreita e branca. Estão agora bem perto um do outro. Raul sente estar ficando louco: aquela mulher, sua falta de pudor, seu riso, sua saúde, aquele cheiro de vapor e roupa limpa, vinte anos de desejos engolidos, de sonhos inúteis, jamais realizados, uma viagem atroz no imaginário que corrói pouco a pouco a carne, a memória e o coração. O que é que o leva a se atirar bruscamente sobre ela no momento em que vai ao fundo da loja pegar uma camisa? A pele que o queima, é claro, a sede bestial de uma mulher após tantas privações. Mas também talvez, como Messaoud, o esposo calamitoso de Saada, a vontade inconsciente de fazer um gesto, não importa qual, até o mais louco, até criminoso, para romper o círculo, para tentar escapar a seu destino.

Raul voltou para casa tarde da noite. Só Mahmoud ainda velava, encolhido num canto da cozinha. O velho empregado preparou chá de menta que beberam em silêncio, sentados face a face no tapete do salão. Sem uma palavra, sem fazer uma única pergunta, ele adivinhara que algo perturbador e definitivo acabava de acontecer na vida de Raul. Por sua presença a seu lado naquela noite, ele lhe significava que sua infelicidade era a dele e que estava disposto a tudo para aliviá-lo.

Ficaram assim até de madrugada. Mahmoud adormeceu no momento em que as primeiras luzes, os primeiros ruídos da manhã penetravam na casa; a intrusão repentina da vida naquele porão o tranqüilizou. Tudo ainda podia ser salvo porque o dia raiava. Ele agora tinha o direito de ceder ao sono.

Raul, acabrunhado, aniquilado de cansaço, de remorso, de desespero, perguntava-se o que devia mais temer daquela intolerável manhã: a justiça dos homens ou a volta à prisão. Tinha que pagar pelo ato que acabava de cometer e pelo qual punira e se punira a um só tempo. O castigo o arrancaria de sua gaiola, o livraria dela de certa maneira. Talvez fosse no fundo o que esperava daquele gesto que continha ao mesmo tempo, e até em sua atrocidade, uma espécie de soluço, de grito, de súplica. Agora, no entanto, temia aquilo mesmo que confusamente esperara. A idéia de ter de se defender, de ter de expor publicamente sua vida lhe era insuportável; não tinha para isso nem a força, nem o desejo, nem a coragem. E tinha vergonha demais do que era e do que tinha de contar. Mas paralelamente pensava que, se por milagre escapasse do escândalo, se a moça da lavanderia não desse queixa, nada jamais mudaria em sua existência, amanhã, depois de amanhã, sabia disso, ele aceitaria de novo todas as pilhagens, todas as fraquezas, todas as mascaradas. A não ser que – e Raul se punha a sonhar – a não ser que certas "garrafas" que ele vinha lançando ao mar há um ano acabassem por alertar seus destinatários...

*

18 de dezembro de 1939. 11 horas da manhã.

O Sr. Henri, do gabinete do Ministro da Instrução Pública, lê e relê, estupefato, o volumoso dossiê da Senhora Elissa Rhaís, mulher de letras. Foi-lhe entregue ao mesmo tempo que lhe destinaram uma tarefa bem delicada e que não lhe agrada muito. Convocou essa senhora e seu "filho" Raul para as 17 horas. Está bem consciente da gravidade da situação e da importância de sua missão. Mas ainda é bem jovem. Saberá encontrar o tom que convém? Saberá pôr firmeza suficiente na voz e nas palavras? Que destino excepcional aquele que ele está descobrindo naquela pasta de papelão cinza! E ele está encarregado, ele, de interromper-lhe o curso, de significar-lhe a parada, como se devesse acelerar a queda do último grão na parte de baixo de uma ampulheta. Há três anos, as recomendações se acumularam, todas apoiando calorosamente a candidatura da Senhora Rhaís à Legião de Honra: deputados, senadores, ministros não hesitaram em solicitar – às vezes em exigir – aquela condecoração. Para a mulher de quem louvam a coragem, a generosidade e a devoção à pátria. Para a escritora de quem exaltam o talento, a cultura, a sensibilidade. Os nomes mais prestigiosos ali estão: Cornu, Barthou, Poincaré e muitos outros. O mundo das letras e das artes está também presente: críticos, editores, pintores, poetas. Todos falam do que a literatura francesa deve à pequena muçulmana tornada grande escritora, a seu testemunho, à sua escrita rica, colorida, especificamente feminina.

Carta do diretor da Livraria Plon.

Paris, 30 de maio de 1937.

"Senhor Ministro,

Tomamos conhecimento de que várias personalidades indicaram à sua benévola atenção, como suscetível de ser condecorada com a Legião de Honra, ao título de seu departamento, a Senhora Elissa Rhaís.

As pessoas que tomaram essa iniciativa tiveram certamente que lhe apresentar os diferentes títulos de Senhora Elissa Rhaís para essa distinção com mais autoridade que poderíamos fazer. Entretanto, a título de editores de suas obras, pudemos julgar de perto a atividade dessa escritora e dar-nos conta de que seus trabalhos, independentemente de seu valor literário, prestaram reais serviços do ponto de vista nacional.

Com efeito, os livros da Senhora Rhaís, todos dedicados à África do Norte, escritos com um talento evocador notável e um acento de verdade persuasivo, conheceram grande sucesso de venda e de estima tanto no exterior quanto na França. Toda a sua obra tendeu a fazer melhor conhecer e apreciar nossas colônias da Argélia e do Marrocos e contribuiu para desenvolver o movimento turístico nesses dois países.

Não estamos qualificados para insistir quanto aos títulos pessoais de Senhora Rhaís, mas podemos afirmar em pleno conhecimento de causa que sua propaganda para o livro foi das mais felizes e das mais fecundas.

Queira aceitar, Senhor Ministro, ...".

Bilhete manuscrito do Ministro da Instrução Pública e das Belas-Artes a seu diretor de gabinete.

12 de abril de 1939.

"Decidi conceder a cruz da Legião de Honra, de meu próprio contingente, à Senhora Elissa Rhaís, pela qualidade de sua obra e pelo mérito de sua vida. Promoção de julho próximo.

Investigação costumeira antes da proclamação oficial".

Os documentos que se seguem estão todos marcados com um ponto vermelho. O desastre começa e o jovem conselheiro tem dificuldade de crer no que lê:

Confidencial.

Livraria Plon
Diretor

Paris, 23 de junho de 1939.

"Senhor Diretor de Gabinete,

Por carta datada de 20 de abril de 1939, o senhor me informa da intenção do Ministro da Instrução Pública e das Belas-Artes de atribuir à Senhora Elissa Rhaís a cruz da Legião de Honra.

O senhor me pede igualmente para esclarecer um certo número de pontos relativos à vida dessa escritora, sua formação, seus inícios e notadamente "a maneira como essa muçulmana, criada em meio árabe, pôde chegar a tal domínio de nossa língua".

Eu mesmo várias vezes me fiz estas perguntas, mas devo lhe confessar que, na ausência de informações precisas e apesar do fluxo das respostas da interessada, eu tinha, como os outros, invocado o milagre, a Providência. Não tinha, no fundo, razão maior para suspeitar da Senhora Rhaís. Sua carreira, seu êxito, o reconhecimento por seus pares e seu comportamento na vida privada, que eu mesmo pudera observar em razão das relações de amizade que mantínhamos, pareciam dar-me razão. Na verdade, eu me enganava; nós nos enganávamos todos e devo-lhe, Senhor Diretor de Gabinete, como devo à honra de nosso país e à honra de nossa literatura, toda a verdade.

Estamos com efeito em presença de um caso de fraude muito grave e inteiramente excepcional: a Senhora Rhaís não escreveu uma linha de toda a obra que assinou. Ela é até iletrada, quase analfabeta.

Notável comediante, inteligente, esperta, enganou durante vinte anos... Durante vinte anos, conseguiu iludir todos, inclusive os críticos mais perspicazes, os leitores e seus amigos.

O escritor? O verdadeiro? Raul Dahan, conhecido como Rhaís, filho de uma de suas primas que ela sempre fez passar por seu próprio filho.

Mais grave ainda: esse homem, hoje na idade de 40 anos, seria há mais de vinte anos seu prisioneiro (?), forçado (?) não apenas a lhe abandonar sua obra, mas igualmente a fabricar artificialmente seu personagem de mulher de letras, de escritora, a fazer falsificações, a viver exclusivamente para ela, com ela, através dela. Ele é Elissa Rhaís!

O senhor encontrará, em anexo, um certo número de documentos em apoio a esta declaração que sei grave e cheia de conseqüências.

Imagino, Senhor Diretor de Gabinete, que o senhor agora se coloca duas questões:

– A primeira: por que esse homem aceitou ser assim roubado, canibalizado, enclausurado, sem reagir, sem reivindicar seus escritos? Ele não estava por assim dizer trancado numa torre, no fundo de um castelo medieval. Tinha mil oportunidades de se libertar, de ir clamar a verdade. Teve realmente o desejo de fazer isto? Por que não o fez? Não posso responder a esta questão.

Eu mesmo mal o conheci. Ele falava pouco, mantinha-se sempre rígido e atento ao lado da tia, antes amável e cortês com seus convidados. Então? Cumplicidade voluntária? Dívida a pagar? Caso particular de sujeição? Feitiçaria? Mais uma vez me é impossível ser preciso sobre este ponto.

– Segunda questão: como fui levado a me interrogar seriamente e a descobrir a verdade? Oh! um nada, em aparência, um detalhe.

Há mais ou menos um ano, as cartas que venho recebendo de Senhora Rhaís comportam todas a mesma particularidade, os adjetivos estão masculinizados: "ficaria reconhecido", "fiquei tocado", "sou obrigado", etc. Pensei, no início, numa série de erros de ortografia devidos a uma distração passageira. O "erro" se repetindo – ao passo que, no passado, as cartas da Senhora Rhaís tinham sempre sido perfeitas, pelo menos deste ponto de vista –, comecei a duvidar e a sentir-me inquieto.

Entrei logo em contato com um certo número de confrades que tinham igualmente editado a Senhora Rhaís e outros com quem eu sabia que ela mantinha correspondência: todos me indicaram que constatavam o mesmo fenômeno e que era grande a surpresa.

Decidi abrir uma investigação. A título privado, bem entendido.

Contratei os serviços de um detetive que efetuou numerosas investigações tanto em Paris quanto em Blida. Suas conclusões – que lhe comunico – convenceram-me de que a Senhora Rhaís era um escroque e o filho de sua prima seu cúmplice... ou sua vítima.

Não é, o senhor imagina, sem uma profunda tristeza que me resolvo a lhe revelar este caso. Pois fui o principal artesão do lançamento de Elissa Rhaís; eu era muito ligado a essa escritora que nos fez com tanta freqüência sonhar e que, é verdade, contribuiu para irradiar a cultura francesa em nossas colônias e no exterior.

Isto dito, nossa reprovação é total. Para nós o nome de Elissa Rhaís está morto e trataremos de esquecê-lo.

Mas talvez seja melhor, para a honra das letras francesas, que este caso não seja divulgado. O Senhor Ministro julgará.

Queira aceitar...".

Relatório datado de 1º de junho de 1939, de Ernest Roland, detetive, relativo à Senhora Leila Bou Mendil, chamada Elissa Rhaís.

"1. Dirigi-me a Blida no início do mês de maio. Lá descobri o que se segue:

a) Os avós da Senhora Bou Mendil eram ambos israelitas. Sua mãe o era portanto indiscutivelmente. Ela mesma, conforme o modo de transmissão judaico, não pode deixar de sê-lo; o antigo rabino da sinagoga confirmou-me isso secretamente.

b) A Senhora Rhaís nunca esteve na escola francesa. Consultei todos os registros desse estabelecimento entre 1888 e 1898. Ela lá não figura. A Senhora M'Barek, sua vizinha, e o Senhor Benhamou, um de seus amigos de infância, me confirmaram.

c) Contam que ela foi casada com um homem que a martirizou e que ela conheceu durante quinze anos uma existência reclusa, quase animal.

Por causa disso ela teria carregado durante muito tempo graves seqüelas físicas e mentais.

d) Embaixo da página na qual está inscrito o falecimento de sua mãe, no registro municipal, de 19 de setembro de 1917, encontra-se apenas uma cruz à guisa de assinatura e, acima, a menção "Pela Senhora Leila Bou Mendil" (da escrita do funcionário, desnecessário dizer).

2. Fiz em seguida minha investigação sobre Raul, o pretenso filho da Senhora Rhaís. Na verdade, ele é filho de sua prima. A mãe – de confissão israelita –, que encontrei e interroguei, me confirmou. Ela vive com a filha e o genro no 21 *bis* da Rua dos Iris em Bouzaréah, perto de Argel. Mulher discreta, apagada, visivelmente habituada à infelicidade. Família pobre, voltada para si mesma.

3. Em L'Haÿ-les-Roses, consegui questionar num bar a única testemunha da intimidade da Senhora Rhaís e de Raul: Mahmoud, empregado deles. Sabe-se que a filha da Senhora Rhaís faleceu há oito anos. Quanto a seu filho René, ele se recusa a qualquer declaração relativa à mãe e ao primo.

O empregado parece devotar um ódio selvagem à patroa. Por isso é que não posso garantir a veracidade de suas palavras.

Seja como for, declarou-me que Raul escrevera, sozinho, a totalidade da obra assinada Elissa Rhaís. 'Essa mulher', acrescentou, 'é um monstro, ela mantém Raul prisioneiro há vinte anos'; ela o forçaria inclusive a 'dormir' com ela. Afirma que esse homem é profundamente infeliz, que ela lhe faz cenas assustadoras todas as vezes que ele tenta protestar. Sustenta enfim que, se Raul suporta essa situação, é porque é frágil, sensível, desinteressado e que 'não tem parentes' (entendamos que é uma 'criança legada').

Relatório confidencial executado por conta da Livraria Plon em Paris".

Carta do diretor da Revue des Deux Mondes.

Paris, 19 de julho de 1939.

"Senhor Diretor de Gabinete,

Sua carta de 12 de julho relativa à Senhora Elissa Rhaís afetou-me profundamente. Não esperava, confesso-lhe, por essas revelações e mal consigo acreditar que essa escritora que sempre considerei como uma das glórias de nosso país seja um escroque. Abri-lhe desde o início as portas de nossa prestigiosa casa e até agora me felicitara, lembrando apenas seu talento, sua coragem e a amizade que ela me dava ao me atribuir publicamente a paternidade de seu sucesso.

Conheço igualmente bem seu sobrinho, de quem sempre apreciei a inteligência, a fineza, a eloqüência. Ele fala pouco, é verdade, mas sempre da maneira mais precisa e mais elegante que seja. Daí a imaginar que ele pudesse ser Elissa Rhaís...

No entanto as provas recolhidas me parecem convincentes e tenho também que me render à evidência.

O que aparece das origens judias da Senhora Rhaís aumenta nosso embaraço. Não que eu tenha a mínima prevenção quanto a essa religião. Mas este outro aspecto da falsificação arrisca por um lado agitar a comunidade árabe que sempre viu nela um porta-voz heróico de seus interesses e de sua cultura, por outro lado envenenar as relações já tensas, notadamente na Argélia, entre judeus e muçulmanos.

Por isso é que, já que o senhor pede minha opinião sobre o que convém fazer na circunstância, penso que seria mais sábio calar este caso e evitar o escândalo.

As portas da edição lhe estarão, bem entendido, doravante fechadas; providenciaremos em todo caso para que estejam. Mas estamos em guerra, os franceses precisam crer neles mesmos, no poder e na virtude de sua nação. Não aumentemos um derrotismo que infelizmente já começa a se manifestar.

Esta história é aflitiva e sórdida e o usurpador, em outros tempos, mereceria ser castigado. E mesmo assim tenho quase vontade, Senhor Diretor de Gabinete, de lhe dizer: nada lamento. A obra merece o sucesso que conheceu. O importante é que tenha sido escrita e a *Revue des Deux Mondes* não tem por que enrubescer por ter publicado grande parte dela.

Quanto a Raul Dahan, cúmplice ou vítima, ele merece nossa piedade. A posteridade lhe prestará um dia justiça? Reconhecerá nele o verdadeiro autor dessa obra? É evidente que não sei. Mas penso ser moral desejá-lo, apesar de tudo.

Rogo-lhe aceitar...".

O Sr. Henri medita longamente sobre esses documentos. Tenta imaginar a situação. Um homem pode realmente deixar-se confiscar e seqüestrar durante vinte anos? Mesmo admitindo que tivesse consentido, aceitado ser cúmplice, nunca experimentou ele o desejo de assinar ao menos alguns de seus livros? Esse casal é um enigma que deixa o Sr. Henri pouco à vontade e o força a refletir agora sobre sua própria condição: ele mesmo não é de certa maneira dependente, cativo, programado pelo poder e para o poder? Condenado a deixar-se enganar, devorar por um sistema que ele crê ter escolhido mas que, com suas portas e janelas em *trompe-l'œil*, vai sempre lhe proporcionar apenas o simulacro de uma vida de homem. É inteligente e lúcido. Por isso é que jamais será feliz. E sabe disso. Sabe também que nunca fará o gesto que rompe, o gesto que recusa, o gesto que liberta. O aprisionamento não é doloroso em si mesmo. É a consciência do aprisionamento que o é. E mais ainda a certeza da incapacidade de tentar a mínima evasão.

17 horas e 5 minutos.

Raul e Leila penetraram no escritório do jovem conselheiro. Ela está elegante, bem penteada, delicadamente perfumada de jasmim. Quando Raul leu ontem para ela a convocação, ela não duvidou um único segundo: ia finalmente receber sua roseta. Iam anunciar-lhe oficialmente a boa nova. Indecente, grotesca, começou a dançar em volta de Raul. Esquecia as doenças, os tormentos, as faltas de ar.... Ele, não cessou desde ontem de dar voltas em torno da mesa do escritório, as mãos nas costas, tenso, agitado. Teme – deseja? – que se trate de outra coisa.

O Sr. Henri coloca solenidade e rigidez excessiva para acolhê-los. À primeira olhada Raul adivinhou: sua vida está sendo jogada naquele instante. No momento em que o funcionário vai começar a falar, os muros de sua prisão vão explodir com barulho. Ele já tentou uma escapada, no verão passado, na noite de uma lavadeira com cheiro de roupa úmida, vapor d'água e sexo quente. Mas foi uma falsa saída. Ao passo que hoje, agora, num segundo...

Leila aguarda, fremente, sorriso nos lábios, as palavras que vão definitivamente lavar todo o mal que sofreu e recompensar vinte anos de tensão e esforços. Já está pronta para deixar sua alegria explodir, para beijar talvez aquele belo jovem, de pele delicada, de olhar profundo e misterioso.

"Senhora, senhor, o ministro encarregou-me de uma missão delicada cujas conseqüências posso medir. O que tenho a lhes dizer é muito grave como foram os atos que a senhora e o senhor cometeram.

Senhora, não ignoramos nada de suas origens, de sua infância, dos sofrimentos que foram os seus durante sua vida conjugal, mas nada tampouco do fato de que a senhora se atribuiu abusivamente uma obra que não escreveu. Há vinte anos, sua existência vem sendo construída em torno de uma imensa fraude que talvez jamais tivesse sido desvendada se a senhora não tivesse tido a infeliz idéia de solicitar uma condecoração na ordem da Legião de Honra. Foi aberta para esse caso uma investigação, que nos permitiu descobrir a verdade. Quanto ao senhor, que parece ser o autor das obras assinadas Elissa Rhaís, é importante que nos diga se se associou a esse empreendimento voluntariamente ou sob pressão. Saiba antes de mais nada que seus editores estão informados de sua falsidade e que eles a reprovam unanimemente".

Raul olha fixamente o jovem conselheiro que perde sua segurança ao longo dos segundos. Sente que ele está perturbado. Ao mesmo tempo muito próximo dele. Têm algo em comum que identificam mal mas que faz com que se compreendam e comuniquem para além da situação e das palavras pronunciadas. O Sr. Henri acha que, dos dois, o que causa mais pena não é provavelmente o outro. Para aquele homem cuja vida escorre, sai dos trilhos, talvez seja o fim de um calvário, a aurora de uma nova vida. Ao passo que ele acaba de entrar na gaiola. E não está prestes a sair dela.

Leila de repente sentiu algo se pulverizar em sua cabeça. A visão escureceu. Ela faz um último esforço para se manter ereta na cadeira, mas praticamente não ouve mais.

Percebe ainda algumas palavras, alguns pedaços de frases: "Polícia", "guerra", "o ministro", "França", "honra", "literatura", "editor", "editor", "editor". A palavra turbilhona uma última vez em seu cérebro.

O Sr. Henri jamais terá a resposta de Raul à questão que o interessava tanto. Leila desmaiou. Seu corpo desabou pesadamente sobre o tapete. Telefone. Corre-corre no ministério. Ambulância. Soro. Máscara de oxigênio. Aquela que se fazia chamar Elissa Rhaís não passa de uma massa inerte, comatosa, transportada para sua noite.

Bem rápido será esquecida. A França, nesse mês de dezembro de 1939, está se fabricando outra memória...

Leila morreu em 18 de agosto de 1940, sem jamais ter retomado a consciência e na indiferença quase geral.

Poucas pessoas conheciam a verdade, mas estranhamente o vazio se fez muito rápido em torno do nome de Elissa Rhaís. Como uma conspiração do abandono e do esquecimento. Toda aquela obra de repente se tornava fora de moda, irrisória, inútil. O país exigia de seus escritores outra coisa que contos e histórias de amor vindas de outro lugar. O castigo de Leila começava.

O de Raul também.

Ele sempre tentara se convencer de que o desaparecimento da tia o libertaria, lhe permitiria conhecer enfim uma existência normal, autônoma. Na verdade, sem ela, ele existia tão pouco quanto existira com ela. E via-se cruelmente só, dotado de uma liberdade com a qual não sabia o que fazer por tê-la tanto tempo desejado. Raros eram aqueles que, em vinte anos, pararam para pensar nele. Todos, ou quase, o haviam confundido com a sombra de sua "mãe". Os poucos com quem ele poderia ter-se ligado estavam agora ocupados em combater, resistir ou morrer.

Outrora, sonhara com um grande romance que teria retratado a história de sua própria existência, de seus tormentos, seu ódio, suas frustrações. Mas o pudor e o medo o retiveram, Leila exigindo sempre que ele permanecesse conforme ao personagem que ela moldara para si, impedindo-o de realizar uma obra mais vasta, mais profunda. Não era enfim o momento de começar? Duas ou três vezes Raul tentou retomar contato com seus editores. Fizeram-lhe nitidamente entender que se tornara indesejável no mundo das letras e que devia antes dar graças ao céu por não ter sido severamente punido. Sabiam no entanto que ele era o verdadeiro autor de *A filha dos paxás*, do *Café cantante*, dos *Judeus*, de *Saada a marroquina* e de tantos outros romances que os editores disputaram. Só queriam reter dele o falsário.

Tinha agora a confirmação de que todas as apreensões que haviam povoado sua existência desde as primeiras semanas, desde os primeiros dias em Blida, eram infelizmente justificadas. Uma maldição que pesava em torno de Leila acabava de atingi-la, como breve atingiria ele mesmo.

Com Monique ele havia perdido a inocência, a ternura. O desaparecimento de Leila assassinava definitivamente sua vida de escritor. Aos olhos da França inteira, Elissa Rhaís não era mais, e aqueles que conheciam seu segredo tinham decidido calar. De que lhe servia pensar que na verdade ela não estava morta e que só ele merecia o direito de usar aquele nome? Quem poderia ainda fazer a diferença entre o duplo e o original, entre a pele e a carne, entre o corpo e a sombra? Sua história não interessava mais a ninguém. Toda tentativa de fazer surgir a verdade seria apenas um grito no deserto. Sua voz se perderia na indiferença, talvez até na irritação de um povo que tinha outras causas a defender.

De qualquer modo, Raul não tinha nem um pouco a força para empreender tal combate. Sua reclusão tinha feito dele um ser sem defesa, disposto a todas as fugas, a todas as abdicações.

Proibido de escrever. E da única identidade que sempre merecera ter, que outra coisa poderia começar?

Fazendo apenas imaginar, sonhar e escrever, não cessara em vinte anos de desaprender a viver...

Raul quase não saía mais, alimentava-se cada vez menos. Por inteiro recoberto do vazio de sua solidão. Como Leila nos últimos tempos do harém, ia pouco a pouco perdendo a consciência das coisas e da vida, encurtava seus trajetos. Qualquer deslocamento, até mesmo percorrer a distância que separava seu quarto da cozinha, custava-lhe insuportáveis esforços como se cumprisse a cada vez uma derradeira e esgotante performance.

Evitava obstinadamente aproximar-se da mesa do escritório. Aquele móvel porém luxuoso, imenso, em ébano esculpido, recoberto de couro sombrio delicadamente cinzelado sobre o qual ele derramara em azul-escuro o melhor de si mesmo, feito de tinta e de sangue, aquele móvel encarnava o espaço de atribuição no qual haviam aprisionado sua juventude. Leila o dera de presente a ele com seus primeiros direitos autorais. Presente envenenado para melhor forçar sua alma, para melhor retê-lo, para melhor explorá-lo. As cenas de caça que lhe ornavam as laterais agora o assustavam. Aquela corça atravessada de um lado ao outro que ele tantas vezes acariciara buscando inspiração, aquela corça que morria sem resignação, urrando seu ódio a seus assassinos, parecia demais com ele!

Tenso, oprimido, o crânio bombardeado de luzes, sentia raiva por não achar mais um sono que, todas as noites, o desafiava, se esquivava no último momento, nos instantes precisos em que seu corpo e sua mente pareciam enfim se abandonar. Despertares de dor fulgurante, de agulhas na cabeça, falsos despertares que o cospem fora da cama e que, pela décima, pela centésima vez o fazem perambular, perdido, de um canto a outro do quarto em busca de um esgotamento jamais suficiente, jamais total. Últimos combates sempre perdidos, última obsessão de um homem que é apenas um único desejo, uma única aspiração: dormir, relaxar aquela tensão que esquarteja, que mata sem matar, que faz querer a morte como único repouso acessível.

Numa noite de novembro, tentou um derradeiro recurso. Arrastou-se até a biblioteca na esperança impossível, na esperança sem esperança de que a leitura lhe desse aquele suplemento de cansaço que acaba entorpecendo o cérebro. Pegou, distraído, o *Lazarillo de Tormes*. Lembrou-se de que Monique o estava lendo nos últimos dias de vida: ele mesmo o recuperara em sua cabeceira, na manhã de sua morte. Folheou-o, de pé, a mente vazia, incapaz de parar nas palavras que se embaralhavam e se enredavam. Palavras desconhecidas. Palavras ilegíveis às quais ele se tornara totalmente estranho.

De repente, na última página, aquela letra! Três linhas rabiscadas que o retêm, subitamente atento: "H. prometeu me matar se eu não ceder. Acho que o fará. Mas não tenho medo. Salve-se, Raul, amo você demais. Só a sua vida conta para mim. Raul. Raul". Mas Raul já está longe. A dez pés debaixo da terra, a mil léguas sob os mares, naufragado, banido, crucificado.

Ele é judeu, exilado, numa plataforma de estação, de partida para um campo qualquer... Está cego, num trem de miséria, tateando para encontrar uma janela por onde precipitar suas últimas renúncias. Anda, nu, em direção a um vale de terra escarlate, de gritos inauditos recobertos por uma música de Wagner. Num instante reencontra uma lucidez que lhe remete a imagem de Monique e do mais cruel de seus fracassos: a confirmação do assassinato da jovem ao mesmo tempo que a revelação do mais grandioso dos amores. Por que ela não disse nada? Por que ela mesma não se salvou quando ainda era tempo? Por que terrível intuição imaginou que seu desaparecimento evitaria o do homem que amava? O homem que amava! Raul não pode crer naquilo. Sua irmã, sua filha! Suntuosa no silêncio e no sacrifício. E ele, inconsciente, inútil, chafurdado na cama da mãe dela!

Último sobressalto de nojo e raiva. Se ainda pudesse lavar a sujeira, berrar o escândalo em todos os terraços de Paris, em todos os tribunais do mundo! Acuar o culpado e todos os seus cúmplices até que vingança fosse feita. Mas Hammou morrera dois anos antes de cólera. A França se atolava numa guerra para a qual mobilizava até seus juízes e magistrados. Quem, no fim do ano de 1940, ainda se interessaria pela história de uma jovem assassinada quase dez anos antes no palácio longínquo e imponente do paxá de Marrakech, por ter amado uma sombra, por ter resistido a todos os poderes, por ter recusado viver como, na sua idade, a mãe? Raul, sufocando, extenuado, só podia calar. Mas podia enfim dar um sentido expiatório a um desfecho ao qual aspirava para além do turbilhão de sua memória, de seus fracassos e de seus remorsos. Podia legitimar aquele último gesto que até então retivera...

Mahmoud acordou sobressaltado às cinco horas da manhã. Uma terrível apreensão o dominara em sua noite. Do quarto vizinho emanava um barulho surdo e rouco. Precipitou-se. Raul estertorava, um tubo de barbitúricos vazio à sua cabeceira.

Sirenes na noite. Villejuif. Reanimação. Alguns meses antes era levada atravessando Paris uma mulher fulminada pelo choque do encontro com sua verdade. É talvez a mesma mulher, o mesmo homem que, em 17 de novembro, morre uma segunda vez.

III

20 de janeiro de 1968, de manhã.

Há três semanas, desde o instante em que o pai abrira para ele as malas onde enterrara sua vida, seus tesouros e seus monstros, Pierre praticamente não saía mais. Não retomara as aulas no Liceu de Azrou; prevenira vagamente por telegrama que circunstâncias familiares graves o retinham em Paris; esta mensagem fora seu último contato com o exterior. O Marrocos lhe parecia, dali por diante, muito longe, como se tivesse habitado esse país em outra vida, em outro planeta. Esquecidos os rostos amigos, as grandes festas rituais, as casas brancas e frescas sob o sol, todas as imagens e os momentos deslumbrantes que haviam feito daqueles últimos anos os mais belos de sua vida.

No início, tentara escapar com um pretexto ou outro mas cada vez Raul o retivera, bloqueando a porta, suplicando-lhe que não o abandonasse. E Pierre cedera. Tinha até bem rápido renunciado a qualquer saída, convencido de que precisava ir até o fundo do passado e da alma do pai, mas que esse "fundo" tinha necessariamente um fim e que, ao termo desse relato, recuperaria a liberdade. Aquela situação não podia durar eternamente e ele acabaria bem persuadindo Raul a lhe permitir recomeçar a viver. Algo no entanto inquietava Pierre permanentemente, uma apreensão que lia no olhar a um só tempo perdido e determinado de Raul, na insistência deste em sustentar que não era mais senão um homem vestígio, o rastro de um ser vivo, que o essencial dele mesmo estava enterrado no fundo de um cemitério de subúrbio, nos caixões vizinhos de duas mulheres mortas porque no coração de suas adolescências uma e outra quiseram resistir à opressão. Repetia até com freqüência que não só ele era um outro (uma outra, não sabia mais muito bem) mas que morrera (ele? a outra?) numa manhã do verão de 1940.

Aquela idéia aterrorizava Pierre porque adivinhava bem a que ponto Raul se apegava pouco à vida, persuadido já há muito tempo de que ela era insignificante, inútil, arrasada. Falava cada vez mais da morte, uma morte desejada, libertadora, fácil de ser enfrentada e ao mesmo tempo – suprema derrisão – uma morte decepcionada, frustrada, porque só teria de levar consigo o resíduo de uma existência, o *ersatz* de um ser humano.

Pierre resolvera então ficar trancado todos os dias e todas as noites naquele inverno glacial com um homem investido do duplo projeto de se contar e se destruir.

"É verdade, eu deveria ter desaparecido há trinta anos. Desde então, fingi interessar-me pela vida. Mas quantos esforços inúteis! Viver é uma performance e, ao contrário de meus compatriotas nascidos na mesma terra que eu, nunca tive o gosto da performance. Hoje, não tenho mais nem a idade nem a força...

– Mas de qualquer modo você acabou escapando. Casou-se, teve dois filhos, uma profissão, uma atividade sindical, amigos, amantes. Pôde portanto viver, após uma história como essa. Não é a prova de que no fundo devia continuar a lutar, a criar, a amar?".

Raul assumiu um ar esgotado como se a evocação daquela parte de sua existência não o interessasse muito. No entanto, após alguns instantes de silêncio, os olhos no vazio, decidiu responder:

"Primeiro atravessei a guerra como um estranho. Estava marcado demais para me sentir interessado pelo que se passava à minha volta. Era apenas um mutilado, um morto-vivo, ressuscitado por milagre da ciência: dois meses de hospital, lavagens estomacais, terapias de sono, medicamentos de todos os tipos, comprimidos verdes, azuis, amarelos, vermelhos; dois meses a maldizer meus salvadores. Por que não me deixaram desaparecer? Após terem me roubado a vida, eis que eram contra a minha morte, que tentavam me obrigar a existir, a respirar, a comer, a falar. E no entanto, senti muito cedo, praticamente logo assim que despertei, que não teria a coragem de recomeçar imediatamente aquele gesto. Era tão duro, mesmo no fundo do poço!".

Teve então que aprender a vida antes de aprender a defender a dos outros. Pouco capaz de se assumir, encontrava-se mais ou menos no mesmo estado que Leila ao sair do harém, em 1914. Acaso da história? Não estaria ele condenado a conhecer o mesmo destino que seu duplo? Porém, de certa maneira, a guerra lhe fez bem: lavrou-lhe a alma. Forçou-lhe a memória ao esquecimento provisório.

"Você entende, as dificuldades que eu tinha que passar a cada dia para sobreviver – pois eu era de novo pobre e judeu – obrigavam-me a reagir e atenuavam provisoriamente minhas feridas relegando completamente meu passado".

Pierre ficou assim sabendo que René e ele tinham decidido quase ao mesmo tempo instalar-se em definitivo em Blida no início de 1941. Ali, continuaram a chamá-los ambos "senhor Rhaís". Leila tendo tomado o cuidado de deixar por testamento a metade de seus bens para Raul, os dois homens dividiram a mansão. No início, a convivência foi relativamente fácil: os dois primos levaram a cabo uma ação comum que os aproximou por algum tempo. René fez da parte da casa que lhe cabia um lugar de encontro para resistentes, freqüentado principalmente por comunistas argelinos, e Raul não desdenhava participar de certas reuniões, até mesmo nelas pronunciar ardentes discursos contra o nazismo e contra todas as forças de opressão. Tinha por sua vez aberto uma pequena escola para crianças judias proibidas de escolaridade. René aceitara lá ensinar história e geografia. A sombra de Leila ainda os separava mas eles se empenhavam em empregar a energia em outra parte que no ódio. Outras urgências os reclamavam.

E depois houve Laura, Laura a bela, a sensual, Laura que sabia rir, cantar e amar. Três talentos pelos quais ela exprimia sua irredutível fé na vida. "Pão e uma cebola, mas viver", era esta a sua divisa. Poderia mesmo assim ter tido razões para ser amarga! Filha de um pequeno comerciante de Argel, fora durante muito tempo a Cinderela de uma família pobre e desunida de que cada membro vivia seu próprio egoísmo sem consciência pesada.

Como adorava a mãe, tinha até então descuidado da vida para melhor servi-la. Deixara a escola muito cedo, ocupara-se bem jovem da casa e, antes do casamento, cuidara durante quatro anos do pai paralítico, dedicando-lhe todas as tardes, todas as noites. Mesmo assim não era amarga nem rancorosa.

Aprendera a vida na rua, na água e atrás dos tonéis no porto, refúgios dos primeiros beijos, dos primeiros abandonos. Nada do que se fazia atrás daqueles tonéis era sórdido, apesar dos odores de vinho e de azeite de oliva. E quando mais tarde fez amor em quartos acolchoados, jamais encontrou novamente o sabor daquelas carícias nem a doçura do ar das tardes da África que vinha secar sobre sua pele seu suor de adolescente.

Desde então, nunca tivera tempo de amar. Forçada a ganhar a vida aos dezoito anos, trabalhava para um peleiro dos bairros ricos de Argel. Era a um só tempo vendedora, retocadora, perita. Tinha em alguns anos adquirido tal competência em reconhecer a proveniência e a qualidade de tal ou tal pele que se tornara indispensável e seus patrões a tratavam como uma filha. Quase até se tornara realmente, pois o filho mais velho ficara loucamente apaixonado por ela. Ela mesma não era insensível àquele rapaz alto, atlético e jovial e aceitara casar-se com ele, embora o considerasse mais como irmão do que como amante. Jacques era apaixonado por alpinismo e esqui, desapareceu numa avalanche alguns dias antes do noivado.

Assim que a loja fechava, Laura se apressava em voltar para casa. Dava-se por obrigação aliviar a mãe de um certo número de trabalhos domésticos e arrumava regularmente alguns cobres para polir, pimentões para grelhar e secar, roupa para passar. Além disso, como a mãe, como as outras irmãs, devotava verdadeiro culto ao irmão mais velho, herói da guerra de 14, ferido várias vezes, medalhado, condecorado. Sentia prazer em servi-lo à mesa, em caprichar no branco de seus colarinhos de camisa e em escutá-lo contar seus sucessos junto às mulheres.

As três irmãs nem sempre eram carinhosas com ela, mas, em sua simplicidade alegre e emocionante, achava que as faltas de tato e as cóleras delas pareciam gestos de amor. Adquirira o hábito de perdoar e de rir da vaidade e do orgulho das outras. Em casa, gritava-se com freqüência, insultava-se muito, brigava-se às vezes durante as refeições a golpes de guardanapos ou colheres de sopa. E mesmo assim Laura gostava muito de ver toda a família sentada à volta da grossa mesa de carvalho. Acalmava uns, fazia rir outros e reconciliava finalmente todo mundo zombando de suas brigas.

Quando o irmão e as irmãs se casaram, não sentiu nem ciúme nem rancor por ser a última a ficar em casa. Ao contrário, a felicidade deles lhe dava prazer e ela se impôs como um dever ainda maior ocupar-se do pai e da mãe cuja saúde enfraquecia. Mas gostava também de reencontrar todos os dias seu universo de couros e peles que lhe fazia as vezes de tesouro, viagem e templo.

De *music-hall* também. Não havia dia em que, aproveitando a ausência dos patrões, não se pusesse a dançar e cantar no fundo da loja, vestida com um soberbo manto de vison ou de arminho. Conhecia de cor a maior parte do repertório das operetas na moda e, da *Bela Helena no Albergue do Cavalo Branco*, de *Mam'zelle Nitouche* a *Phi-Phi* e a *Ciboulette*, identificava-se com aquelas belas heroínas que enfrentavam mil perigos para encontrar novamente o ser amado ou que choravam, no turbilhão de um picadeiro, a inconstância de um amante que se fora.

Dividia assim o tempo entre as afeições familiares, o trabalho e os amores imaginários. Os poucos homens que atravessaram sua vida tinham todos ficado seduzidos por sua graça, alegria e sensualidade. Todos tinham acabado por ficar decepcionados; aquela mulher parecia bastar-se a si mesma e seus amantes não podiam suportar que ela preferisse a eles os pais, as peles e os sonhos. Na verdade, se estivera várias vezes atraída por certos homens, até mesmo tentada a amá-los, nunca conseguira se convencer de tudo sacrificar por um único dentre eles. Talvez nunca tivesse amado o bastante para ter vontade de quebrar uma arquitetura na qual vivia confortável e protegida.

Quando encontrou Raul, o pai acabava de morrer, os patrões envelhecidos tinham decidido aposentar-se e vender o negócio. O irmão e as irmãs não precisavam mais dela. Aos trinta e cinco anos, estava enfim livre e disponível. Ia dar tudo ao único homem que nunca lhe teria reclamado nada. Ao único que no entanto realmente precisava dela.

"É verdade que a sua mãe me deu muito", declarara Raul uma noite. "Ela é maravilhosa, sabe. Aliás, observe os pés dela, verá como são finos, de contornos delicados. Uma mulher tem a qualidade de seus pés e os dela são à sua imagem, discretos, ingênuos, ternos, generosos. Mas ao mesmo tempo têm algo de indecifrável; trazem a um só tempo o enigma e a chave do corpo dela. Foi por eles que primeiro me apaixonei. Já lhe contei muitas vezes como nos encontramos, Laura e eu, num trem...".

Pierre conhecia bem a história. Laura e Raul tinham-na repetido muitas vezes, aos parentes e amigos, numa espécie de número a duas vozes perfeitamente orquestrado, um cortando a fala do outro, enternecendo-se sempre nos mesmos lugares, rindo a cada vez como se acabassem de inventar uma boa piada. E Pierre gostava de imaginar a cena, reconstituir todos os seus detalhes, representar para si os papéis daqueles dois seres no instante preciso do acontecimento que os fez cair um nos braços do outro, enquanto ele ainda não existia em nenhuma consciência; espectador dos olhares, dos gestos, que deviam fazê-lo nascer...

Março de 1941, no trem Blida-Argel. Lá fora, o céu é de um azul violento. Esse céu deve ter consciência de sua beleza tanto tem o ar de desafiar o espaço e o tempo e de não se ressentir das sujeiras daquela guerra que ele no entanto cobre.

Um homem, uma mulher, sós num compartimento de 1ª classe. Belos como o céu. Como o céu, eles parecem ignorar todos os estrondos, todas as fraturas de que os homens morrem ou se nutrem. Não se conhecem, o acaso os colocou face a face junto da janela. Fechada.

O homem está lendo. O busto ereto, as sobrancelhas abundantes, a testa franzida, um terno de alpaca preto. Traz sobre si um ar de violência trágica que o torna a um só tempo muito presente e muito longínquo. Tem-se vontade de saber se o tormento que agita seus olhos vem do que está lendo ou do que está vivendo. Será que está se identificando com um personagem de melodrama ou ele mesmo é o herói romântico de alguma sombria e fabulosa tragédia?

A mulher cantarola melodias que provavelmente não pertencem a nenhuma canção, a nenhuma música precisa. Tem o olhar vivo, inteligente e sarcástico das moças do sol. Chegou justo naquele instante, fresca, nova, preservada. Apesar de seus trinta e cinco anos, não traz marca de inverno algum, de passado algum. Magra e cheia a um só tempo, é bela e atraente em seu vestido de *voile* amarelo bem decotado.

Ela encara com interesse e um pouco de irritação o homem que a ignora soberbamente e sobre o qual se pergunta se ele se deu conta de que havia uma mulher – ou simplesmente alguém – diante dele.

"Que calor", diz ela de repente num suspiro falso e abanando-se. "O senhor poderia abrir a janela, por favor?".

O homem se levanta, executa uma breve e anônima saudação com a cabeça, baixa o vidro e mergulha de novo em sua leitura.

Cinco minutos se passam, idênticos aos precedentes. E depois:

"O ar está fresco para a estação. O senhor não se incomodaria de fechar a janela, por favor?".

Mesmos gestos, mesma saudação. O homem levanta o vidro e pega de novo o livro com a mesma frieza distante.

Cinco outros minutos. A irritação cresce do lado da senhora. Ela de hábito tão cortejada. Nem mesmo um olhar! Que homem resistiria àquela mulher ofertada na solidão daquele compartimento, numa tarde de primavera?

"Decididamente, faz calor demais. Posso lhe pedir para baixar o vidro?".

O homem se levanta, saúda, baixa o vidro, faz menção de se sentar novamente, olha a senhora direto nos olhos:

"A senhorita é uma chata!".

Sorriso maravilhado da senhora.

Pierre nasceu em 11 de fevereiro de 1942.

"Pois bem, há uma coisa que nunca confessei a ninguém nessa história", prosseguira Raul, "é que na verdade eu fingia não olhá-la, para melhor seduzi-la talvez?... Mas desde o início havia notado e admirava os pés dela, aquelas duas jóias...

– Em suma, foi ela quem o salvou, ela e a guerra...

– Sim, mas também uma multidão de pequenos detalhes, imperceptíveis aos outros, porque familiares, mas que eu descobria com volúpia: o prazer de sair só na rua, de deixar-se impregnar de noite com o cheiro de jasmim e das flores de laranjeira, de ir ao mercado, de fazer fila no cinema, de renascer cada manhã para a pureza e a virgindade do mundo, de estar de novo em acordo com os dias, as estações.

E depois a doçura de adormecer sem aquela obsessão do trabalho, da escrita, da produção a qualquer preço, Saborear tornar-se um homem tranqüilo, um senhor-todo-mundo, deixar aquela marginalidade, aquele exílio aos quais me haviam condenado. Estar enfim em harmonia com os outros, parecer com eles, deixar-se levar por um fluxo, acalentado por uma música, e ao mesmo tempo tornar-se de novo dono de seu destino, pertencer-se após vinte anos de alienação, de confiscação. Poder olhar uma mulher, falar-lhe, desejá-la sem a consciência pesada, sem o medo de ser surpreendido e de ter que pagar muito caro por um instante de fuga, um instante de ilusão com mais enclausuramento ainda, castração. Poder tocar, acariciar um corpo de verdade, uma pele de verdade; conquistar um sorriso, um sexo.

Sim, descobri tudo isso, como aprendi a solidariedade, a alegria de trabalhar com outros, por outros, por uma comunidade de objetivos, de aspirações, de preocupações. Tinha então a impressão de triunfar, de vencer meus fantasmas, de esquecer talvez; às vezes tive até a ilusão de escapar àquela maldição que Leila me havia transmitido. Mas, está vendo, eu estava enganado. Na verdade nada podia me salvar. Nada pode mais me salvar".

*

Três semanas tinham então transcorrido. Três semanas durante as quais Raul se despejava no filho como uma transfusão, como um enxerto, que fazia gotejar entre eles canais, enchendo-o com tudo o que ele lhe abandonava enquanto, de perda em perda, ele próprio se perdia. De perda em perda, ele o fazia rico de uma história fabulosa que o chamava ao mundo do verdadeiro sofrimento mas também ao da criação e da escrita. Como duas músicas justapostas das quais uma ofegava nos últimos acordes de um violino que se desencadeava, a outra se exaltava no modo maior da abertura de uma ópera.

Pierre o questionava pouco, sabendo que, se precisasse falar, só o fazia nos instantes precisos em que se sentia realmente intimado a abrir as entranhas, nos instantes em que a tensão de seu corpo enfim se relaxava para deixar espalhar suas cinzas. E era em geral de madrugada ou ao anoitecer, na hora em que mudam os homens e sua luz, em que afluíam as imagens daquele passado que roía sua alma e demolia seu corpo. As imagens que ele confiara a Pierre uma a uma na angústia e na excitação. Apressado em entregá-las todas a ele, em libertar-se das palavras que por muito tempo abafara e que tinham caído duras, ressecadas, mirradas como os frutos jamais colhidos de uma árvore por muito tempo abandonada que um vendaval despoja numa noite de tempestade, numa noite de raiva. Palavras que queimam, palavras que matam, por serem as da verdade obscena, insuportável. Verdades que não libertam, por serem ditas. Que exprimem o irrevogável, a consciência odiosa de um homem revelado a seus fracassos. Revelação que ao mesmo tempo determina a esse homem que compareça diante de sua morte.

No entanto, as leituras filosóficas de Pierre lhe haviam ensinado o contrário: as palavras aliviam quando dizem a obsessão, quando conseguem vencer o silêncio e o recalque. Mas Raul lhe ensinava que na verdade um relato podia ter uma força de destruição muito mais violenta que a realidade que ele exprime. Que relatar é com freqüência carregar o acontecimento com o patético das palavras através do filtro de aumento da memória.

Pierre assistia assim impotente à decadência do pai. Ao mesmo tempo estava perturbado com tudo o que lhe oferecia aquele homem de confidências entretanto raras e difíceis.

"E dizer que eu não soube praticamente nada de toda essa história durante anos e anos", pensava naquela manhã de 20 de janeiro. "Como ele pôde se calar? E por que fala tão tarde? O que posso fazer por ele agora?".

Eram apenas seis horas e Raul estava preparando um café naquela pequena cozinha amarelada onde Mahmoud, 30, 40 anos antes, devia, na mesma hora talvez, na mesma penumbra, encher com chá de menta copinhos dourados que crepitavam por serem agredidos, fervidos. Mahmoud e suas calças bufantes, suas babuchas brancas, seu ar de fuinha, solícito, terno, inteligente. Mahmoud que devia parecer com o velho guardião do banho mouro, que devia ter dele a vivacidade, a malícia, a perspicácia. Mahmoud jamais questionado em sua vida, em seus sentimentos, em seus projetos. Condenado a não ter outras alegrias, outros êxitos que aqueles dos mestres. O desenraizado invisível e seguro que, no entanto, um dia, num boteco de subúrbio, a um estranho encantador e generoso, havia falado, havia gritado sua verdade, seu amor, seu ódio, enfim livre e limpo para morrer.

Pierre fora despertado pelo cheiro do café. Estava sentado agora sobre um tamborete, num canto da cozinha, as costas caídas, frigorificado, febril, mal saído de uma noite sem descanso, salpicada de sonhos fulgurantes, dormindo por alguns minutos, acordando sempre rápido demais, logo escurecido pelo pânico; impressão de ter traído, desertado, de ter relaxado uma vigilância esgotante, mas indispensável. Uma noite semelhante a todas as outras após semanas longas demais, agarrada a um único terror odioso, falante, aquele que lhe dizia e lhe repetia que um homem estava em perigo e que ele podia não ser forte o bastante para impedi-lo de morrer. Uma noite como todas as outras, a espreitar ruídos, odores, jogos de sombra e luz: o estalar de uma cama, os passos que ressoam no corredor, uma fraca claridade provindo do banheiro, o ranger da porta do armário de remédios, o choque dos tubos, dos comprimidos, o sopro rouco e oprimido de um peito e sempre aquele cheiro de lã selvagem da tapeçaria berbere pendurada na parede em cima da cama e de que ele arrancava uma a uma as palhetas de metal. Para ritmar sua espera. Para lhe dar forma, matéria. Para se agarrar a um objeto. Acabava conhecendo de cor cada gesto que Raul devia fazer naqueles breves percursos da noite e sua tentação cada vez menos refreada de tomar sempre mais soníferos, a mente vazia, habitada por uma única exigência, uma única súplica: dormir, forçar um sono que se recusava, cada vez mais refratário, cada vez mais difícil de ser captado.

O dia começava a se insinuar na cozinha e eles bebiam sentados, um diante do outro, o café fervendo que Raul acabava de preparar feito um sonâmbulo, esgotado, ausente, trêmulo. Último gesto de uma relação qualquer com a vida. Derradeira e insignificante ocupação de um homem ainda ligado à sua existência pelo sopro efêmero de uma chama azul, a fervura da água, o cheiro suave, amargo daquele café. O cheiro do café que, toda manhã, anunciava a Pierre que o pai estava vivo, que ainda lhe restava uma última vontade. Em alguns instantes, Raul se levantaria apoiando-se na mesa e, como todas as manhãs há vinte e cinco anos, serviria na cama a Laura um café com leite "bem branco" e pão levemente grelhado, levemente amanteigado, levemente recoberto de geléia de laranja. Ela lhe agradecia, gratificando-o com um olhar enternecido antes de lhe fazer a pergunta doravante ritual da manhã: "Conseguiu dormir?". Ele responderia que não; ela lhe afirmaria que o ouvira roncar; ele juraria que ela se enganava e que, de qualquer modo, estava cansado demais para discutir. Primeira e última conversa de um dia que ele passaria num estado de prostração dolorosa, dele só saindo às vezes para repetir, torcendo os dedos, fazendo-os estalar violentamente: "Não posso mais suportar a tensão de meus nervos; sinto que vou ficar louco". Atento a espreitar todos os recônditos de seu sofrimento, só escapando ao espetáculo de seu suplício para dele fazer surgir um outro, ainda mais destruidor, que o levava a dezenas de anos atrás, para outras armadilhas, para outras torturas...

Naquela manhã, ele declarou, contemplando o fundo de sua xícara de café, como se nela visse seu cadáver:

"Pierre, por favor, me ajude a morrer".

Pierre, naquele instante, teve o sentimento de que desde o início, talvez até desde sua primeira vertigem na plataforma da Estação Lyon, ele esperava descobrir naquela casa o fundo do horror. Era então por isso que o pai o convocara e se desligava de seu segredo!

"Mas não pense nisso! Você tem que viver, para mamãe, para meu irmão, para mim! Além disso, você não está doente. Você é forte, é sólido, não tem câncer nem doença incurável. Está cercado de carinhos. Por que querer fugir de uma existência que ainda lhe reserva dias felizes?

– Você é como sua mãe, não me entende! Vocês todos acham que estou fazendo teatro mas eu estou gravemente doente. Todos os dias a loucura me espreita e não quero me ver amarrado numa camisa de força!".

É claro que Pierre o entendia! É claro que sabia que o pai não estava fazendo teatro e que era, ao contrário, vítima da mais atroz das doenças: o apodrecimento das células nervosas, a degradação das faculdades intelectuais, o corpo e o crânio tensos a ponto de explodir e a consciência permanente daquela decrepitude cujas etapas podiam todas ser medidas com precisão assustadora. Pierre no entanto tentava convencer-se de que a única atitude possível devia consistir em não entrar no discurso do pai, em fingir não levar a sério sua doença, em lhe repetir sem cansar que ele estava exagerando, que não estava tão doente quanto pretendia.

"Além do mais essa história extraordinária que você viveu, você terá que defendê-la, contá-la, gritá-la. Você é um grande autor e a França deve saber disso. Por que não a escreve? Isso lhe daria um objetivo, uma ocupação. Talvez seja o ócio, a inação que o minam assim.

– Hoje estou morrendo dessa história e de todos os fracassos que ela contém. Como imaginar que ela possa ao mesmo tempo me ajudar a viver? Aliás, eu deveria ter acabado com tudo há trinta anos. Se não tivesse encontrado Laura, provavelmente teria recomeçado, teria tentado de novo me suprimir. Eu sabia que acabaria assim. Tenho que lhe dizer uma coisa: quando a sua mãe ficou grávida de você, eu disse a ela para abortar. Eu não queria criar uma família para que ela assistisse um dia a meus delírios, a meu afogamento; que espetáculo lhe está dando seu pai? E depois, que pai? Você nasceu de um morto, de um maldito, do cadáver de uma mulher que tinha tomado minha pele, meu sangue, minha alma".

Ele tinha os olhos cheios de estrelas vermelhas e de planetas espalhados, as mãos, o rosto tinham ficado quase negros. Levantou-se rápido, foi depressa para o salão onde se trancou pelo resto do dia, resistente a todas as súplicas de Pierre e Laura.

Seu silêncio era ainda mais impressionante que suas palavras. Pierre o imaginava, naquele salão árabe que vira desfilar tantas celebridades, andando sem parar em volta da mesinha de acaju à qual as incrustações de nácar, agora patinadas, davam a profundidade e a elegância dos móveis que o tempo embeleza, enobrece. Abrindo regularmente a tabaqueira de prata maciça que Moulay Hafiz, o antigo sultão do Marrocos, lhe dera antes de morrer, tirava dela um cigarro. Dava duas ou três tragadas. Logo o apagava, raivoso, contraindo o rosto: a amargura do tabaco tornara-se para ele insuportável. Recomeçava no entanto dez vezes, vinte vezes durante o dia, como que tentado pela agressão da fumaça, por aquele gosto de fel que detestava e procurava ao mesmo tempo. Para se fixar numa outra dor, ainda que efêmera. Para se dar por um instante a ilusão de que podia sofrer de outra coisa que de seu mal. A não ser que fosse simplesmente para tocar num objeto, uma ponte entre o presente e o passado, cujo contato ainda testemunhava sua sobrevivência. Pierre sempre o vira no passado reprimir o gesto no momento de abrir aquela caixinha e acariciar pensativamente a tampa, o tempo de uma imagem fugidia, o tempo de uma nostalgia. Mas na época não sabia nada da história daquele estojo e de tudo o que a caixa podia evocar para ele: sua amizade com o velho monarca marroquino, a época dos salões parisienses, dividido entre a admiração pelas pessoas com quem neles convivia e a frustração de só lá ser recebido enquanto filho da escritora Elissa Rhaís. Pierre agora entendia melhor alguns de seus gestos cujo sentido nunca procurara penetrar, ainda que às vezes tivesse sentido a estranheza deles.

Todos aqueles objetos que sua infância havia tocado, acariciado sem neles se demorar, ei-los carregados da história complexa, sinuosa, envolvente daquele homem que talvez devesse ter sido mais cedo arrancado de seu ambiente, de seu cenário, que acabava de viver um quarto de século com as lembranças apontadas para si feito punhais. Bandejas de cobre compradas na *medina* de Fez, tapeçarias pretas e vermelhas ofertadas pelas resistentes do Rif, um velho pufe blideano de couro escamado sobre o qual Monique, ainda menina, gostava de dar cambalhotas. Faltava apenas o sabre ofertado pelo Glaoui e que Raul, arruinado, sem trabalho, havia vendido no fim da guerra.

"Deveria ter me livrado dele bem antes. Estou certo de que aquela arma nos trouxe infelicidade e de que de certa maneira está ligada à morte de Monique".

Raul contara, nos transes e insistindo em cada detalhe, o fim trágico da filha de Leila e Pierre lera em seu olhar como uma espécie de vertigem, como se ele estivesse tomado de pavor diante de um fenômeno de que voltava a sentir o inelutável mas que lhe dava raiva por não conseguir entender seu segredo.

"Você acredita mesmo no destino e na maldição?", perguntou-lhe Pierre.

"– Confesso que não sei mais muito bem. Procurei nisso uma justificação de minhas fraquezas, de minha resignação? Será que eu era cúmplice, quando me achava vítima? Há no entanto tantos indícios, como que uma longa corrente da infelicidade, que não posso deixar de acreditar numa perseguição que vem de longe e contra a qual não podemos fazer nada. Mas por quê? Por que eu? Por que Leila? Por que Monique?".

Ele olhou Pierre longamente, de repente assustado.

"Tenho medo de que...

– Você tem medo de quê?".

Ele não precisaria ter falado. Pierre compreendia e sentia subir nele o mesmo terror.

"Tenho medo de que esse destino seja hereditário. Que o céu preserve você dele!".

Assim, pois, o mal de que padecia aquele homem podia ser contagioso, transmissível... Pierre devia temê-lo ou ficar feliz com ele? Certo, Raul tinha sofrido muito e Pierre não podia desejar para si uma decadência igual, mas admirava demais o homem, o pai, o escritor, para não querer parecer com ele, não querer ser atingido pela mesma febre, ainda que devesse pagar como ele, muito caro, o direito à criação e ao excepcional. Era portador do mesmo luto que o pai, tirado da consciência de um fato traumático irremediável que talvez tivesse uma data na história de Raul ou na de Leila. A não ser que remontasse muito mais longe, na história desconhecida dos dois, quando começaram a errar, numa culpa original qualquer pela qual ainda estariam fraturados. E sempre achara que a força do povo deles estava em nunca ter procurado se desfazer desse luto, de ter, ao contrário, inventado mil soluções para com isso fazer algo... Tentava portanto persuadir-se de que o pai também encontraria a força para se nutrir do que o condenava. Era desconhecer a potência do mal que o atingia. Era esquecer que esse luto o fertilizava, ele "o herdeiro", e que Raul sabia disso, justificando assim todas as suas renúncias.

21 de janeiro.

Raul, meio derrubado pelos barbitúricos, arrasta seu silêncio da cama do quarto ao canapé do salão, barba por fazer, ausente, ainda mais atormentado que de hábito, a pele ainda mais cinzenta, os olhos ainda mais vermelhos, as pálpebras semicerradas. Só em breves momentos encontra um pouco de consciência para vigiar o filho, espreitar suas idas e vindas. Obcecado pela idéia de que Pierre poderia sair, deixá-lo entregue a si mesmo.

E Pierre também se arrasta; praticamente adotou o mesmo ritmo que o pai; torna-se dolente, quase inconsciente às vezes e como que aniquilado. Sente-se cada vez mais cansado, cansado de não fazer nada, de se transportar de uma poltrona à outra, de errar sem objetivo naquela casa de janelas fechadas, de cheiro de poeira e remédios. Tenta de vez em quando abrir um livro mas em geral logo renuncia, incapaz de se concentrar, de decifrar o sentido das palavras que desfilam abstratamente sob seus olhos. Lembra-se de que o pai também, antes da tentativa de suicídio, tentava em vão ler. Raul lhe disse tudo da diluição das palavras, da dissolução da consciência que precede a derradeira vertigem do vazio, nos confins da demência. Estaria ele, ele seu filho, sofrendo a mesma sorte?

Os dois homens às vezes se cruzam no corredor ou no salão; seus olhares prendem-se um ao outro por um instante; dizem rápido demais um ao outro seu desamparo e logo se desviam como se nada mais tivessem a se comunicar ou como se tivessem vergonha do que poderiam confiar um ao outro. À mesa, cada um prossegue sua meditação muda e solitária, indiferente ao que tem no prato, medindo o caminho percorrido e o perigo vertiginoso daquele laço de amor e morte que os une dali por diante. Enquanto Laura, solícita, os serve, se agita em volta deles, lhes conta a dificuldade que teve para encontrar tomates no ponto ou pescada fresca. Laura cuja saúde vem enfraquecendo há alguns anos: as pernas incharam e não a deixam andar por muito tempo, a vista diminuiu e sobretudo está quase surda mas recusa reconhecê-lo, cuidar-se, usar um aparelho. Laura quase por completo excluída do mundo, de quem as pessoas fogem, exasperadas por terem de gritar-lhe ao ouvido, por terem de repetir dez vezes a mesma coisa. Mas Laura que pode viver sem a sociedade, que guardou da juventude o gosto da devoção, do sacrifício, do perdão. Não se dá conta do drama que estão vivendo o marido e o filho. É claro que sabe que Raul está deprimido mas quer crer que ele vai se safar, que seu mal não é tão grave quanto ele diz. Além disso está feliz por ter seus dois homens só para ela, por vê-los conversar, tão próximos um do outro, tão exaltados. Raul e Pierre não lhe disseram nada, porque seria longo demais, complicado demais lhe explicar. Porque querem preservá-la. Porque mal percebem sua presença. Pierre simplesmente lhe contou que greves de estudantes no Marrocos lhe permitiam ficar algumas semanas a mais na França. E Laura continua a rir, a cantar, a prever seus menus, a pensar que amanhã, se o tempo melhorar, porá o vestido de veludo verde e o casaco de castor, que comprará *Jour de France* e *Paris Match* e que no próximo verão irão talvez à beira-mar...

22 de janeiro.

Sempre o mesmo mutismo de Raul. A casa hoje está ainda mais angustiante: com efeito neva sobre Paris há vários dias e está tudo bloqueado. Sem carros, nem ônibus. Aquela paralisia, aquele silêncio numa cidade de periferia já tão pouco barulhenta em tempo normal vêm aumentar o horror de um dia sem palavras, sem atos, sem perspectivas.

Mesmos gestos encurtados dos dois homens, mesmo langor, mesmo desligamento do mundo.

Pierre pergunta-se de novo se não vai morrer assim, com o pai, da mesma ancilose do corpo, dos sentidos, do cérebro. Não será talvez o que Raul deseja no fundo? Essa idéia desperta-o por um instante, deixa-o em pânico. Procura o olhar do pai para tentar ler nele uma resposta a essa questão. Mas Raul dorme numa cadeira, um sono oprimido, tenso, a boca entreaberta, agitada de espasmos e grunhidos. Pierre encontra força para rabiscar num pedaço de papel:

"Raul chegou ao fim de sua confissão? Tenho a impressão de que lhe restam coisas a me dizer. Mas por que este silêncio? Por que esta trincheira? Será que vai ter tempo de falar antes de morrer... ou de me matar?".

23 de janeiro. 7 horas da noite.

De manhã, Pierre tinha decidido romper o silêncio! "Alguma coisa tem que acontecer, de qualquer jeito", pensou ao acordar. "Também estou me sentindo ficar louco. Esta situação é alucinante. Ele tem que voltar a falar ou então que saiamos, que partamos juntos, que reencontremos uma vida normal".

Durante toda a manhã assediou o pai com perguntas; ele, que até então nunca forçou a memória de Raul e limitou-se a escutar, faz hoje seu ataque. Perguntou-lhe em particular várias vezes: "Por que nos escondeu esta história durante vinte e cinco anos? Receava o quê? Por que esta falta de confiança?". Mas Raul não quis responder, sacudindo por vezes a cabeça em sinal de resignação, como se não pudesse fazer nada, como se esperasse que o próprio Pierre inventasse uma resposta pelo destino ou pela fatalidade e ficasse satisfeito com ela.

Por volta de meio-dia, Pierre desanimou. O pai hoje ainda não diria nada. As horas passaram, intermináveis, pungentes. Pierre estava magoado com o pai por tê-lo largado, por ter interrompido o relato sem razão aparente, por ter-lhe recusado no último momento o presente supremo ao guardar para si uma parte – talvez o essencial – de sua oferenda. E Pierre a se interrogar: "Por que esta recusa brusca de dialogar? Por que este ar impenetrável e teimoso? O que bem pôde lhe passar pela cabeça? Será que o feri sem querer? Estará magoado comigo?".

Ao anoitecer, Raul, emergindo de seu torpor, pôs-se a olhar o filho longamente, detalhando-lhe o rosto, as mãos, o corpo. E Pierre leu em seus olhos um desespero que a ternura tornava a um só tempo enigmático e emocionante. Em seguida o olhar de Raul se deslocou lentamente, demorando-se nas paredes, no tapete, nas cortinas, observando cada objeto, como se descobrisse pela primeira vez aquele cenário, aquela casa. Então explodiu:

"Sim, eu poderia ter – eu deveria ter talvez – me aberto antes. E é verdade que várias vezes tive a vontade de fazê-lo. Mas que história eu teria contado? A de um homem mantido prisioneiro durante vinte anos, vítima de um monstro, forçado a escrever sob nome falso, a amar uma mulher que ele odiava? Eu teria tido o bom papel. Vocês teriam ficado enternecidos, escandalizados. Teriam provavelmente ficado tentados em ir gritar a verdade, em me reabilitar, em me vingar. Mas é bem a verdade? Esta história é realmente a minha? Vocês teriam ficado rapidamente convencidos de que ela é inverossímil, saída do delírio de um mitômano. Pois tenho que confessar que não fiquei realmente prisioneiro. Eu poderia ter fugido. Poderia ter recusado escrever para ela.

– Então, por que ter aceitado por tanto tempo?

– Sim, por quê? É a terrível questão da minha vida. É a questão pela qual hoje quero morrer. Porque não tenho resposta...".

Ele hesita um instante, baixa a cabeça, arrasado, soluçante:

"Porque a resposta me é insuportável...

– Que resposta?

– A sua insistência me mata. Você quer mesmo todas as lixeiras do seu pai? Pois bem, vai tê-las, mas saiba que estou extenuado e que me faz botar para fora uma lama cujo encargo lhe dou".

Pierre não tem vontade alguma de levar em conta essas últimas palavras, que no entanto lhe fazem saltar o coração. Tem pressa de conhecer o nó desse drama, a resposta à questão que não cessa de assombrar o pai.

"Você sabe o quanto minha mãe era pobre. Sabe que ela teve de me forçar a interromper os estudos: foi para mim o primeiro choque de minha vida. Sempre amei o ambiente da escola, do trabalho em grupo, o cheiro dos cadernos, dos livros, do giz, o contato com os bancos, os jogos, depois, mais tarde, as discussões nos pátios de recreio. O colégio era o lugar essencial da minha vida; lá eu escapava de minha miséria, de minha solidão, da atmosfera de desamparo e doença na qual estava confinada a casa de Bouzaréah. Além disso, no colégio eu era alguém, admirado, invejado porque tinha boas notas, porque superava todos apesar de meus colarinhos de camisa puídos e minhas calças remendadas.

Por isso é que, quando minha mãe me confiou a Leila, tive a sensação muito violenta de que me arrancavam a alma, de que me privavam do melhor de mim mesmo. Já era quase um adulto e mesmo assim tinha um jeito de criança abandonada ou de um objeto, transferido de uma casa à outra, um objeto negociado, vendido, renegado. Eu sabia, é claro, que minha mãe não podia fazer de outro jeito, que até agia assim para o meu bem; apesar disso, não suportei aquele legado que não só mostrava nossa pobreza (uma pobreza que eu sempre me empenhara em esconder ou em compensar) mas que acabava com toda a minha esperança de realizar meu desejo mais profundo: ir o mais longe possível em meus estudos, obter diplomas, tornar-me professor, um universitário, especialista em poesia ou em literatura comparada. É evidente que eu poderia ter me revoltado, ter recusado ir viver em Blida, tornar-me o secretariozinho particular de uma vaga tia inculta. Em vez disso, deixei-me levar; resignei-me rápido demais. Entrei cedo demais na pele, no papel de marionete. É verdade que, desde os primeiros dias de minha instalação em Blida, senti como que uma força de aniquilamento pesar sobre mim: a mulher a quem me confiavam não era daquelas às quais se resiste; logo admiti que ela possuía meu destino em suas mãos. Mas ao mesmo tempo não posso deixar de acusar a mim mesmo, de ter raiva de minha fraqueza de caráter, de meu conformismo, de minha renúncias rápidas demais, de minha facilidade em me deixar adormecer por sua vontade e pelo luxo aparente no qual ela me fazia viver no início. Confesso que me sentia bem naquela casa grande, naquele jardim feérico cheio de limões, laranjas, tangerinas, uvas, ornamentado de flores de mil cores, de mil perfumes: a glicínia, a buganvília, a rosa selvagem, o jasmim, o íris... Comia o quanto queria, levantava-me tarde de manhã, usava roupas bem talhadas!

Na verdade, eu estava forjando para mim uma dívida que ia pagar caro, eu estava edificando, sem saber, os muros de minha prisão".

Raul se levanta, acende um charuto com dificuldade tanto suas mãos tremem e serve um copo cheio de conhaque que engole de uma vez só. Pierre nunca viu o pai beber assim, ele que, ao contrário, tem o hábito de degustar lentamente os álcoois fortes, de saboreá-los em goles pequenos fazendo ligeiramente estalar o céu da boca como se estivesse dividindo com os outros seu prazer.

"Há outra coisa, que ninguém poderia imaginar".

Raul tira o pigarro, agita várias vezes o charuto no cinzeiro, fecha os olhos para retardar por alguns segundos mais uma confissão que, evidentemente, lhe faz mal. Pierre não o apressa mais, sabe que agora o pai irá até o fim.

"Na verdade jamais gostei de minha obra. No início, sim, apaixonei-me pela história de Saada e pelo contexto muçulmano, oriental daquela aventura. Em seguida, senti um certo prazer em escrever *O café cantante*. Naquela época, sofri um pouco por não assinar esses dois livros, mas no fundo pensei que os devia a Leila, para pagá-la por sua hospitalidade, porque era ela quem me havia fornecido a trama deles, porque tinha mais audácia que eu para solicitar os editores, fazer aquele teatro, criar para si um personagem. E durante alguns anos a glória por procuração me bastou. Ousaria dizer que durante um tempo aquele jogo até me divertiu. Enganávamos dezenas de milhares de pessoas; éramos os únicos a conhecer a verdade e pensar, escrever no feminino não me desagradava. O que puderam glosar sobre a escrita especificamente feminina de Elissa Rhaís! Era de morrer de rir e aquilo dizia muito do nível de nossos críticos literários da época.

Mas, principalmente, algo de que tive bem cedo consciência é que a maior parte de minha obra é leve, quase irrisória, é antes de tudo uma obra de moda bem explorada pelo mundo da edição e da imprensa. Além disso, ela jamais me pertenceu por inteiro: as histórias que contei eram na maior parte lendas ou relatos que recolhíamos na Argélia e no Marrocos. Poucas intrigas saíram de minha imaginação. É certo que adquiri, ao longo dos anos, uma técnica relativamente boa da construção, da narração, mas minha escrita era relativamente fácil, às vezes até feita às pressas. Bastava naquela época descrever certas cenas da vida cotidiana da África do Norte, alguns modos pitorescos, contar sombrias intrigas em palácios no fim do mundo, grandiosos e misteriosos, ou ternos idílios contrariados, tudo salpicado de palavras árabes evocadoras, para emocionar ou fazer sonhar a França. E o filão era tão rentável, os editores nos solicitavam tanto que Leila me forçava a escrever sempre mais, sempre mais rápido, até o nojo às vezes. Certas noites tudo me dava náuseas, a tinta, o papel, as belas sultanas que eu nunca apertava em meus braços, o cheiro áspero e envolvente das moças do sul que eu nunca respiraria e todas as minhas resignações e todas as minhas covardias. Naquelas noites eu queria ter fugido, ter acabado com tudo, como alguns de meus personagens, para renascer, diferente, em outra terra. Em vez disso, contentava-me em ir ao encontro de Leila em seu leito um pouco mais cedo. Sabia que era a única coisa a fazer para que ela me permitisse de vez em quando descansar, não escrever. Eis por que não reivindiquei mais forte uma obra que no fundo desprezava! Nela indiretamente introduzi, é claro, algumas imagens de mim, alguns fragmentos de vivido como na *Filha dos paxás* ou *Os judeus*, mas não o suficiente para me dar o sentimento de uma criação pessoal, autêntica, o sentimento de exprimir minha humanidade.

Você entende melhor agora por que não lhes disse nada durante anos, por que tentei enterrar esta história pouco gloriosa, por que este passado é para mim odioso. Minha vida de escritor é um duplo fracasso: de um lado, nunca fui reconhecido como tal; quando um pequeno círculo de editores e autoridades enfim souberam a verdade, em 1940, foi para me arrastar na lama e me fechar para sempre as portas do mundo literário cujas chaves detinham. Mas, de outro, aquela glória, aquele reconhecimento popular que me haviam escapado, penso que não a merecia, que era apenas um autor secundário, de sucesso fácil demais, bem montado demais. E mesmo assim estava seguro de que no fundo de mim dormia, sufocava um grande escritor: eu tinha bem outras coisas a dizer que aquelas histórias de paxás e, se tivesse tido tempo, se não tivesse tido a preocupação forçada de produzir sempre mais, teria dado a meu estilo mais firmeza, mais nervosidade, mais fôlego. Não é só a consciência do que me roubaram que agora me mata, mas também de tudo o que não fiz, de tudo o que me impediram de dizer, de criar, de aperfeiçoar. E, mais uma vez, sou em grande parte responsável por isso. Minha história não é a de uma vítima, menos ainda a de um herói. É a de um homem que dobra a espinha durante vinte anos, que aceita reduzir-se, deixar-se confiscar e finalmente perder sua existência embora aspirasse o contrário, embora soubesse que era capaz de levar uma vida de homem e de escritor por inteiro. E você queria que eu lhes contasse tudo isso! Para que tivessem vergonha de mim! Para que carregassem durante toda a juventude de vocês a imagem de um pai miserável, que jamais se amou...".

É mais de meia-noite. Raul, há sete horas, fala quase sem parar. Berrou as últimas palavras num acesso de violência e raiva, bem perto do rosto do filho de quem se aproximou, à medida que seu tom subia. E Pierre está horrorizado com o hálito do pai, acre, fedorento, com seus olhos virados, seus cabelos desgrenhados, com a baba que lhe escorre da boca e que lhe dá um ar de demente. Pierre não ousa dizer nada. Sente que qualquer comentário só serviria para excitar Raul ainda mais. Não lhe diz sequer o que pensa já há um certo tempo, isto é, que o primeiro relato que Raul lhe fez, nos últimos dias, de sua reclusão era muito edulcorado: Raul nele aparecia como uma vítima enclausurada, explorada por uma mulher sem escrúpulos, preocupada com suas meras ambições e em levar a seu termo uma implacável vingança. Na verdade, Raul agora diz bem que acabara por se comprazer naquela prisão sem grades, naquela descida aos infernos. Mas como censurar-lhe por ter num primeiro tempo travestido a realidade? Uma confissão como esta não se faz de um golpe, sem hesitação, sem artifício, sem desvio. E depois, que realidade? A segunda versão é forçosamente mais verdadeira que a primeira? Raul não foi a um só tempo vítima e cúmplice, ou ora um, ora outro? Provavelmente nunca viu muito claro em si mesmo, ainda que hoje tente a impossível aposta de acabar com a ambigüidade, ainda que não queira mais velar a face. Não está se acabrunhando de propósito e amplificando seus fracassos? Não será uma das síndromes da doença que o está minando ver-se em negro, carregado de todos os males e de todas as culpas? A não ser que inconscientemente busque destruir a imagem que o filho tinha dele, essa imagem que ele tentou manter gloriosa até o último momento. Teste de amor diabólico? Um pai está perguntando ao filho: "Você ainda me ama em minha feiúra, em minha fraqueza, em tudo o que estraguei?". Talvez busque também fazer com que ele partilhe sua convicção de que um pai como esse não merece viver mais muito tempo...

Pierre está transtornado com o tom daquela nova confissão, com a determinação de Raul em ir até o fim de sua verdade, sem subterfúgios, sem mascarada. Sempre admirou o pai; eis agora que aquele homem o emociona, porque descobre nele um ser frágil, ferido, profundamente culpado. Tem até a impressão de amá-lo realmente pela primeira vez. Em todo caso, nunca esteve tão próximo dele. Qualquer que tenha sido a qualidade de suas relações precedentes, nunca sentiu entre eles tal cumplicidade, tal intensidade na emoção, na presença de um ao outro; nunca tinha imaginado que um pai pudesse colocar-se assim a nu diante do filho, oferecendo-lhe o fundo de suas entranhas, mostrando-lhe seus mínimos recônditos, tirando da toca para ele todos os seus demônios, todos os seus arranhões, todas as suas fantasias.

E Raul é inesgotável. Às três horas da manhã ainda está falando; há alguns minutos, fala de sua vida sexual, das amantes que teve entre quarenta e cinco e sessenta anos. Pierre conhece algumas, enfermeiras, mulheres de oficiais, amigas de Laura. Em geral Raul não precisou cortejar para seduzir; as mulheres rapidamente ficavam apaixonadas por seu encanto, seu brio, seu humor, sua cultura literária, sua distância em relação às coisas materiais, a desenvoltura com a qual tratava os grandes problemas deste mundo, a política, a economia, a religião, o amor, a morte. Algumas não ficavam insensíveis a seu lado feminino, aos atalhos que sabia pegar por intuição, à sua percepção toda sensual das formas, das cores, dos odores, à sua arte de pôr em evidência um nada, um detalhe sem importância ou imperceptível para os outros e ao qual ele dava novamente peso, papel, valor.

Conta que pôde a um só tempo amar apaixonadamente a mulher e estar atraído por outros corpos, outras formas de inteligência ou de sedução. Nenhuma realmente o parou. Nenhuma conseguiu tentá-lo a deixar Laura. Mas ele tinha tanto atraso a recuperar, tantas faltas a preencher!

"E Leila?" pergunta-lhe Pierre bruscamente. "O que você sentia exatamente por ela? De qualquer modo você conseguiu fazer amor com ela e não tocar outro corpo durante vinte anos".

Raul acende em silêncio outro charuto que vai rápido deixar apagar como os precedentes. Mas Pierre agora se habituou; sabe que esse gesto precede em geral uma revelação importante ou dolorosa.

"São quatro horas da manhã e não posso mais... Mas tenho que lhe responder; não posso mais esconder nada de você... Aliás, eu estava esperando esta pergunta, entendo que a faça... Eu mesmo a fiz com freqüência".

Raul agora se exprime com dificuldade, escandindo as palavras, parando ofegante entre cada frase, como se se tratasse da derradeira confidência, a mais grave de todas.

"Eu... Eu de fato não lhe disse tudo a respeito de minhas relações com essa mulher... e de meus sentimentos por ela... Aparentemente ela era repugnante... sim, é isso, repugnante. Mesmo quando conseguiu emagrecer, não pesou menos de 90 quilos! Que nojo eu tinha dela... e de mim! E seu ar frio, autoritário, que durante muito tempo me aterrorizou, paralisou. Como pude?

– Como pôde o quê?

– ...

– ...

– Amá-la!

– Pois você a amou?

– Acho, sim, pelo menos durante dez a doze anos, não sei mais muito bem... Tanto ódio e tantos dramas se acumularam desde então que tenho a impressão de confundir tudo. Lembro-me somente de tê-la fortemente desejado no dia de meus vinte anos, lembro-me de que, para além de sua deformidade, certas noites emanava dela algo que me atraía, que me excitava, ainda que o temesse".

Raul de repente se anima. Sua vazão se faz mais rápida, mais regular.

"Mas eu não podia fazer nada, não podia resistir. Acho que desde o primeiro dia, ou desde a primeira vez que fizemos amor, eu soube que ela me destruiria. Mas no fundo não era essa minha verdade da época, para além de meus ideais, meus sonhos e minhas arquiteturas: a volúpia de se perder, a vertigem deliciosa do mergulho no vazio, no monstruoso, no inominável? Devo tê-la amado por isso, por tudo o que ela destruía em mim, pelo caminho ao avesso que ela me fazia percorrer, por suas comédias, pelo enigma que ela trazia em si, por suas mudanças de voz, de atitudes, pela lentidão sábia de seus carinhos e sua violência em gozar, pelo suor que gotejava em seu pescoço e o vermelho que invadia seu peito quando o desejo a assaltava; porque ela exigia tudo de mim menos o essencial, a comunicação, à qual ela havia renunciado, como aliás com quem quer que fosse. Aquela mulher parecia manter diálogo só com os fantasmas que a habitavam. Sempre permaneceu para mim uma estranha, a amante incestuosa, que não se entregava, que se abandonava para melhor se recusar, que me roubava uma parte de meu prazer do lado da ternura de que ela era avara para melhor manter a brutalidade de nossa relação, o choque de dois seres, de dois corpos, que linguagem alguma, que laço afetivo algum vem reduzir ou amortecer. Acho que a amei por sua maneira sádica, perversa, infalível de negar minha alma, ela que parecia ter perdido a dela há tanto tempo, grandiosa porque desumana, detestável por seu cinismo e sua ingratidão. Mas é por isso que eu a desejava, porque era perversa, grandiosa, desumana, ingrata, cínica...".

Pierre não cai em si. Assim, a história de Leila e de Raul é também uma história de amor, de posse, infinitamente mais turva, mais complexa do que ele havia imaginado até ali. Não há mais de um lado o carrasco, o explorador, do outro, a vítima, o alienado. Há um casal maldito, inquietante. Há um homem e uma mulher que se queimaram juntos, que partilharam os mesmos êxtases, que fabricaram um para o outro, no fundo de suas noites, gritos, gestos, palavras de amor talvez, ainda que fosse para reencontrar de manhã o peso do ódio, da amargura ou da indiferença que sentiam.

Cinco horas da manhã – Raul e Pierre pegaram no sono em suas poltronas. Pela primeira vez há muito tempo, Raul não precisou de droga para adormecer.

24 de janeiro. 10 horas da manhã.

Pierre acordou primeiro. Limitou-se a abrir os olhos sem se mexer, sem sequer levantar. Encara longamente o pai como se este, do fundo de seu sono, continuasse a lhe falar, a lhe contar sua vida. Pensa em Leila, em Raul. Imagina os dois, um sobre o outro, um no outro, amando-se e desafiando-se ao mesmo tempo. Acha muito estranho as semelhanças de suas histórias pessoais. Ambos "vendidos" na idade da adolescência, "aprisionados" durante toda a juventude. Leila fazendo Raul sofrer o mesmo tipo de tormentos que os que ela suportara durante quinze anos: a mesma ausência de comunicação, o mesmo assassinato da personalidade, da identidade, o mesmo encurtamento dos gestos, dos deslocamentos cotidianos, o mesmo encolhimento do cérebro, a mesma ignorância das coisas da vida. E Leila que só se resolve a contar seu drama a Raul após vinte anos de silêncio, Raul que, durante um quarto de século, esconde a verdade à mulher, aos filhos. Surpreendente repetição do destino que transforma Raul em Leila e que, há algum tempo, levanta uma muralha em torno de Raul e de seu filho, os põe em "prisão domiciliar". Pierre se pergunta mais uma vez se não está, por sua vez, sendo objeto de um sortilégio qualquer, se a maldição que atingiu Leila numa noite do ano de 1899 não o está contaminando também por intermédio de seu pai. Inoculação pelas palavras, propagadoras de uma estranha doença que atinge tanto aqueles que as pronunciam quanto aqueles a quem são transmitidas.

Raul sentiu o olhar do filho fixado sobre ele? Desperta bruscamente, vai direto à cozinha de onde volta, alguns minutos depois, com duas xícaras de café fervendo meio derramadas nos pires. Deixa-se cair sobre o canapé e, antes mesmo que Pierre abra a boca, recomeça a falar. Pierre está estupefato com aquele fluxo de palavras, com o ardor com que Raul as ejeta, com os sobressaltos que agitam seu corpo, com os soluços mal contidos que às vezes o fazem gaguejar, sufocar. Após dois dias de terrível silêncio, aquela febre, aquela vazão, aquela raiva de dizer! Raul visivelmente se machuca a cada frase, a cada evocação. Mas Pierre receia principalmente o fim da confissão. Em que estado o pai vai estar? Raul está doente, Raul sofre, Raul não se suporta mais, não suporta mais o corpo, as mãos, a cabeça, nem o ódio que tem de si mesmo, nem a idéia obsessiva de que a loucura está próxima.

Pierre gostaria muito de encontrar palavras, gestos apaziguadores. Gostaria de lhe dizer que sua vida não é fracassada, que a vê, ao contrário, rica e apaixonante, que se sente orgulhoso de ter um pai como ele; tantos homens não têm nada a contar aos filhos fora algumas lembranças de escola, de serviço militar ou do campo cem vezes repisadas... Tantos homens carregam, no fim da vida, o peso de uma existência sem cores, sem brilho. Mas Pierre sabe também a gravidade do mal que devasta Raul e o faz desejar a morte. Que alívio saberia ele encontrar à idéia de que sua vida terá sido original, interessante? Só pode ser insensível, inacessível a qualquer julgamento objetivo ou estético sobre sua vida. A única realidade de que esteja realmente consciente é a de sua carne e de todas as mordidas e de todos os bombardeios maciços que a acometem e a dilaceram.

Por isso Pierre continua calado, registrando, esperando.

"Imagino que você deve estar se perguntando por que, uma vez livre de Leila, não escrevi mais nada. Eu com efeito estava livre para realizar enfim minhas aspirações mais profundas, para fazer aquele grande romance autobiográfico que sempre sonhei, que teria retraçado a história da minha vida, que teria denunciado a injustiça de que fui vítima. Teria talvez emocionado os franceses revelando-lhes a história daquele homem, que uma mulher, uma ladra, levara consigo em sua noite para fazer dele uma sombra anônima e inconsistente. Teria intitulado esse livro: *O homem engaiolado* ou *O homem sem nome.* Nele teria contado minha infância, a miséria que eu suportava sem grandes dificuldades pois era livre, pois me nutria de literatura e sonho, teria contado minhas admirações, minhas esperanças, minhas torturas, minhas quedas, minhas nostalgias!

Conheci em minha nova existência momentos extraordinários, com sua mãe principalmente, com outras mulheres às vezes, momentos que eu teria gostado de fixar, de contar. Gostaria, por exemplo, de ter escrito dezenas de páginas sobre o estalar, o cheiro, o gosto de uma lagosta devorada de madrugada quando não dormimos porque fizemos amor a noite inteira e mesmo assim não temos sono, porque a manhã ainda está úmida de nossos sexos, porque o dia ainda traz o murmúrio de nossas carícias, de nossos beijos da noite. Aquela lagosta que decidimos comer na véspera às nove horas da noite e que às nove horas da noite não tivemos mais vontade de comer porque tínhamos outras fomes, outros desejos.

Teria tido prazer em descrever a Argélia real, viva e não aquela figura do imaginário ocidental de que sempre fui prisioneiro; aquele pequeno povo da Argélia, todas as raças confundidas, maltratado pelos dois campos e que não tinha outra aspiração a não ser viver naquela terra de sol, com um pouco menos de exploração, um pouco menos de injustiça, um pouco menos de miséria. Vi lado a lado trabalhadores franceses e árabes manifestarem-se em nossas oficinas, reivindicar os mesmos direitos, melhores condições de trabalho, salários mais elevados, férias mais longas. Vi organizarem festas juntos, se abraçarem para saudar suas vitórias, crerem num futuro comum. É uma utopia, sei, mas eu teria defendido a idéia de uma Argélia independente, que teria expulsado os colonos, mas que teria integrado, reunido todos aqueles, franceses e árabes, que desejavam fazer daquele país um modelo de igualdade, tolerância e justiça social. Eu me tornara idealista; após ter sido cortado do mundo durante mais de vinte anos, precisei em seguida defender grandes causas, grandes idéias. E tudo isso eu precisaria ter escrito, expressado em ensaios, em romances. Tinha em particular coisas a dizer sobre o movimento que me levava, eu um judeu, para a língua árabe e o islã; sabe, nunca pratiquei realmente nossa religião, sem nem por isso negá-la. Pois eu sabia que um filho de Israel continua sendo filho de Israel o que quer que aconteça, o que quer que faça. Esta dimensão fundamental do judaísmo que enraíza o judeu em sua comunidade para a eternidade é única, soberba e bastava para justificar minha fidelidade a meus irmãos. Mas creio que se deve ir em direção aos outros, aprender a conhecê-los, amar o que há de amável na civilização deles, nos costumes, na fé. Descobri tantas coisas maravilhosas na alma e na cultura muçulmanas, da arte de contar e escutar à de ler e escrever o mistério do mundo, da mística da hospitalidade à mística da vida, da simplicidade do amor à da morte. E quantas passarelas, quantos pontos comuns entre nossas duas religiões. Se soubessem disso, desconfiariam menos, poderiam melhor se apreciar, se estimar. O racismo é antes de tudo ignorância!

E depois teria descrito Paris, minha vida de pequeno funcionário, morno e anônimo, na qual encontrara mesmo assim, no início, um sutil deleite. Paris com que sempre sonhara, pois no fundo não me apegava realmente àquela terra da Argélia pela qual nos diziam que devíamos lutar, que devíamos morrer. Paris que vi em seguida tornar-se insossa, vulgarizar-se na concorrência, no consumo e em outros pruridos de nossas sociedades ocidentais. Aliás, tenho que lhe mostrar a única coisa que escrevi em mais de um quarto de século.

Raul vai pegar na biblioteca uma coletânea de poemas de Albert Samain, sacode o livro e tira dele uma folha de papel quadriculado que estende a Pierre num gesto desiludido. Pierre começa a ler:

Disseram-me Paris
Disseram-me o Sena
Amor, Glória e Pátria
E as grandes fontes

Disseram-me Paris
Disseram-me o Sena
As belas no belo bosque
E os prantos de Verlaine

Então vi Paris
Então vi o Sena
Montparnasse ruía
Sob torres totêmicas
Os poetas rodavam
Em carros mecânicos
Falava-se apenas de grana
Paris é uma lojinha

Disseram-me Paris
Disseram-me a França
Era o paraíso
O sonho de minha infância

Disseram-me Paris
Disseram-me a França
Falaram democracia
Igualdade de chances

Então vi Paris
Mas não havia mais romança
Só havia figurões
De pequenos ares angélicos
Que levavam os transviados
A porretadas
Hipócritas esfomeados
Belas libidinosas

Irei dizer novamente Paris
Do fundo de meu sol
Irei dizer novamente Paris
No país das maravilhas

Irei dizer de novo Verlaine
Ao som dos tamborins
E as margens do Sena
A todos meus verdadeiros companheiros

E esquecerei Paris
E esquecerei este bordel
Hipócritas doutores
Os rios de diamantes
Os operários de salário
As belas putas no bosque
Os poetas afásicos
Os presidentes ocultos

Disseram-me Paris
Disseram-me o Sena
Disseram-me... Paris.

Pierre está emocionado com esse poema que poderia muito bem ser o texto de uma canção; ele também experimentou tais sentimentos antes de ir para o Marrocos... E tem vontade de dizê-lo ao pai, mas este já encadeia: "Que importância e por que lhe contar tudo isso? Por que fazer agora o repertório de tudo o que não escrevi? Você deve estar me achando ridículo, com meu poeminha e minhas mãos vazias!".

Pierre mal tem tempo de esboçar um gesto de denegação. Raul logo retoma:

"Na verdade, há vinte e cinco anos não cesso de detestar tudo o que se refere à escrita e ao mundo literário. Produzi demais, preenchi folhas demais, milhares e milhares de páginas quase sempre sem prazer, sem gratificação nem material, nem intelectual, nem afetiva. A literatura era para mim como um imenso território de areia no qual eu me atolava a cada dia; tinha o sentimento de que me haviam jogado nele para a eternidade, para me fazer expiar sei lá que crime; às vezes, pensei gostar desse cercado; era um pouco meu museu imaginário. Nele fazia nascer e viver personagens de lenda que eu fora buscar no fundo de meus sonhos ou no fim do deserto ou lá nas montanhas azuis do Médio Atlas; reinventava todo um mundo de formas, cores, sensações, de que por vezes, é verdade, ficava orgulhoso. Mas verti tantas lágrimas sobre essa areia, nela sofri tanto, nela me debati tanto para tentar sair dali que, quando enfim pude dela escapar, nunca mais tive força nem coragem de a ela retornar. Era um lugar maldito; então precisava fugir dele para sempre.

E depois a traição final de meus editores acabara por me enojar. Já há muito tempo a sociedade muito fechada dos intelectuais não me interessava mais, achava-a pretensiosa, separada da realidade, interesseira, imóvel em discursos cujo objetivo primordial era tornar vantajosos seus autores. Não tolerava mais a maioria deles e por nada no mundo teria de novo convivido com aquela gente que no entanto é indispensável adular caso se queira ter êxito, ser editado, ser ouvido... Imagine você que, desde 1940, não pude ler um romance moderno, nem uma novela, nem uma crítica. Não podia sequer passar diante de uma editora sem ter náuseas. Para lhe dizer a que ponto fiquei traumatizado!".

Raul fica imóvel alguns segundos. Uma idéia nova parece se impor subitamente a ele. Reflete muito rápido, depois continua:

"Não estou cuspindo em cima daqueles que, seja como for, me fizeram viver durante anos? Este ódio que devoto a eles não é um álibi, uma maneira de disfarçar, de desviar para eles o horror que tenho de meu próprio personagem? Por que responsabilizá-los forçosamente por minha ruptura com a literatura? Pois eu poderia ter escrito apesar deles, até mesmo contra eles. E se, simplesmente, eu não tivesse mais inspiração? E se a morte de Leila, a morte de meu duplo, a morte de Elissa Rhaís tivesse matado em mim o escritor. E se...".

Raul hesita.

"E se eu não pudesse escrever sem ela! No fundo, não escrevi tanto por escrever nem para minha própria satisfação. Escrevi sobretudo para ela, em todos os sentidos da palavra 'para', e principalmente 'em seu lugar'. Mas também porque ela me pedia isso, porque o exigia. De um lado, de certa maneira, aqueles textos pertenciam a ela, já que lhe eram destinados; do outro, eu quase acabara me convencendo de que eu era ela. Por isso é que, quando ela morreu, tive a impressão de morrer com ela; em todo caso, enterrando-a, eu estava enterrando ao mesmo tempo tudo o que em mim tinha uma relação qualquer com a criação.

Não escrevi nada desde então. Isso me fez falta às vezes, digo-lhe, mas eu estava a tal ponto convencido de ter perdido meu talento, minha imaginação e, de maneira geral, o que chamam a veia do escritor que eu não teria conseguido. Aliás, não me saí lá muito mal. Havia encontrado outras razões de viver e de mobilizar minha energia. E a idéia mesma de que o escritor estava morto em mim ajudava-me a suportar não criar mais. Estava certo? Minha inspiração tinha realmente secado? Não sei. Talvez eu tenha apenas procurado me convencer disso? Tinha a impressão de ter-me tornado outro homem. Pelo menos achava isso... Até o dia, até aquele dia terrível...".

E Pierre vai imaginando a cena à medida que Raul vai contando. Um dia de março de 1962: Raul recebe uma entrada para a Ópera, acompanhada de um bilhete do diretor. "Vamos representar na próxima semana *Kerkeb, dançarina berbere*, cujo libreto foi escrito a partir de uma novela de sua falecida mãe e do qual Samuel-Rousseau fez a música. Esta obra dormiu durante vinte e cinco anos por motivos diversos mas estou feliz de poder finalmente apresentá-la. Encontrei seu rastro por acaso, graças a meu amigo Ferrand, antigo diretor da Ópera de Argel, que conheceu bem sua família. Venha me ver após a representação. Ficarei feliz de conhecê-lo". Raul quase desmaia. Aquele passado que de repente brota novamente de uma caixa de correio, de um envelope, de um cartão de visitas! E justamente *Kerkeb*, uma das raras novelas inteiramente imaginada por ele. Em todo caso, um de seus textos preferidos, um texto da violência, do desafio. Um texto curto e forte que simboliza bem seu próprio drama. "Uma novela de sua falecida mãe"! Ele estava no entanto acostumado outrora. Outrora, sim... Mas hoje Raul acha insuportável aquela falsa atribuição, e particularmente para aquele relato. Ele está de repente tomado do desejo brutal de ir clamar por toda parte a verdade, de reivindicar não só *Kerkeb* mas o conjunto de sua obra. Gostaria de ir dizer que Leila não era sua mãe, que Elissa Rhaís era ele. Sabe que não fará isso, é fraco demais, velho demais, precisaria remexer tantas coisas, tantas lembranças enterradas. Teria que se justificar e ele é, quanto ao passado, de uma preguiça tal! Pegou o hábito de se calar, continuará. Mas aquele passado ressurgiu bem naquele dia. A longa tortura de Raul recomeça.

Após longas hesitações e várias decisões contraditórias, Raul finalmente não pôde resistir ao apelo dos navios que acreditava ter queimado atrás de si. E se vê no átrio da Ópera sem saber nem por que está ali, nem o que ali veio buscar. Na entrada compra o programa. Na capa, aquele nome: Elissa Rhaís! O seu! que só pertence a ele. Sua única verdadeira identidade. Que forjou com seu sangue, seus sonhos, suas lágrimas.

Sob os lustres imensos, Raul vacila. Indiferença das pessoas com que cruza ou que param a seu lado: toda uma multidão de freqüentadores que falam do tempo que faz, do calendário da estação lírica, da voz de Géori Boué que fará o papel de Kerkeb e que já ouviram em *O rapto do serralho*.

A seu lado, na sala, um velho casal distinto.

"Você se lembra, querida, de Samuel-Rousseau. Era na época de nossa juventude. Falavam muito dele entre as duas guerras. Um grande compositor orientalista! O autor, parece-me, de *Tarass Boulba* e do *Rei Dagoberto* que devemos ter visto há quase quarenta anos. Por outro lado, Elissa Rhaís, não sei nem um pouco de quem se trata. Você sabe?".

Já na abertura, Raul começa a tremer. Não está habituado à grande música, escutou pouco na vida e aquela lhe atravessa o corpo. O compositor não hesitou em atacar violentamente. Quis fazer jorrar, desde o início, o Oriente selvagem e apaixonado e mergulhar de imediato o espectador na atmosfera do enfrentamento e do drama. Raul é como uma falésia numa noite de tempestade, despedaçado pelas ondas, respingado de gotículas, martelado, podado pelo desencadeamento dos sons.

Quando a cortina se levanta, descobrindo as altas muralhas de cor ocre do palácio de Sid el-Bacha no sopé dos cimos abruptos do Rif, é a um só tempo o espetáculo de seu aprisionamento e o universo imaginário de vinte anos de existência e de escrita que, em bloco, ressurgem. Seus romances, seus heróis, seus cenários, está tudo ali; uma vida inteira numa cor, no granito da pedra, na beleza e no ardor de um rosto de mulher.

Kerkeb prisioneira. Que canta suas montanhas perdidas, o tempo em que dançava livre e seminua para os homens da aldeia. Aquela voz áspera, enrugada e surda que chora a dor da escravidão, que passa da nostalgia terna e gemente à raiva mais violenta. Aquela revolta, aquela cólera da mulher que recusa viver de joelhos, a cantora vai buscá-la até nas cavidades mais profundas de sua voz. Raul, com a mente desvairada, quer ir embora imediatamente, fugir da lembrança da própria prisão e não cair na armadilha, não ser de novo aprisionado pelo passado. Mas algo mais forte o prende na poltrona.

Kerkeb logo muda de tom. Fica misteriosa, íntima, cativante. Pois o mestre entrou em seu quarto para lhe dizer até breve e lhe fazer jurar que não sairá, que não irá dançar para os outros.

Fora, sob os muros do palácio, a festa atinge seu auge. É a noite do bairã, do prazer após a abstinência do ramadã.

Raul fecha os olhos. Os ruídos daquela festa que o diretor de cena não mostrou, mas que a música, os cantos, os gritos, os risos sugerem, são todas as festas de que foi privado, de que nunca foi o herói. Sempre foram escondidas dele como hoje do espectador transtornado que ele está, afundado na poltrona, afogado na memória. Pior ainda: se saiu muito com Leila, se receberam muito, o prazer da festa, com a qual convivia no entanto, sempre lhe foi subtraído, como um faminto diante de quem fariam desfilar, proibindo que tocasse, as iguarias mais saborosas, as mais tentadoras. Por toda parte o olho de Leila velava, reprovava, censurava.

Raul não precisa olhar; sabe que Kerkeb escapou e dança agora sob os muros do palácio. Mil vezes imaginou esta cena. Mil vezes viu-se desafiando Leila para finalmente só emitir raros e mornos protestos. Mas para Kerkeb ele mandou fazer o gesto do escândalo e da ruptura.

Eis que crê de repente ouvir a voz de Leila na do alcaide, aquela voz selvagem, obscena que se infla, que vomita sua paixão, que berra seu furor de ser despojada ao mesmo tempo do poder e do amor.

Raul, percorrido por um longo arrepio, reabre os olhos: o escravo Knett brandiu seu punhal sobre Kerkeb, que Sid el-Bacha lhe pediu para assassinar. E Kerkeb inventa uma nova voz, sensual, velhaca, suplicante. A música envolve tudo em volutas, em *dégradés*, em suspiros. Suave, quase afetada aqui e ali. Em contraponto, alguns toques mais vigorosos, alguns rugidos de trombones e címbalos que lembram que o instante é grave, que a morte ronda o palácio. Mas Raul não ouve nada dali por diante. Ele é apenas o encontro dos olhares de Kerkeb e de Knett, da sedução e da morte. O olhar de dois escravos que de repente descobrem uma fraternidade, uma solidariedade. Um escravo não mata outro escravo! Raul deriva, já longe daquele espetáculo, errante, solitário, perdido nas terras queimadas de sua infância, da juventude que não teve e de todos os resíduos calcinados de uma vida agora em farrapos.

Só encontra um último resto de consciência no momento em que Kerkeb, que se apossou do punhal, assassina o alcaide. E quando Sid el-Bacha tomba no palco, o raio se abate sobre Raul, que descobre bruscamente que, ele também, é um assassino, que foi ele quem provocou a morte de Leila. Aquelas cartas que outrora enviou no masculino, foram elas que assassinaram aquela que o prendia. Aquela que ele tinha amado. Sempre tivera consciência de ter-se colocado naquela novela. Nunca se dera conta de que, ao inventar o gesto de Kerkeb, estava fabricando por antecipação (por premonição?) o assassinato de Leila.

Mas, no instante em que a cortina baixa e remete cada um à sua indiferença e às luzes da noite, ele está a tal ponto destruído que tem o sentimento de uma vingança que está se cumprindo; do fundo do caixão, Leila começa a matá-lo...

Assim, ele acaba de assistir também à própria morte. A um só tempo espectador, ator e autor de uma dança macabra de que é ao mesmo tempo a vítima. Hoje, os personagens que criou, através dos quais expressou suas próprias infelicidades, lhe escapam, desempenham seu próprio papel. A não ser que, por uma terrível metamorfose, pertençam dali por diante a Leila, já que, da mesma forma, são eles que o crucificam. Raul, pai de uma ópera que arma, para além de sua morte, o braço do carrasco, porque aquela ópera é por demais sua vida, em todo caso muito mais que a consciência que tinha dela. O espectador revelado totalmente a si mesmo e desfeito pelo espetáculo que criou.

Assim, Pierre não se enganara: a perturbação que notara no comportamento e no humor do pai tinha bem uma origem datada, precisa. No momento, sentira-se tentado a procurar entender as verdadeiras razões daquilo. Depois, como a mãe, como o irmão, contentara-se com explicações fáceis, cômodas, rápidas demais: a inatividade da aposentadoria, a repatriação, a mudança de vida... Hoje Pierre sente-se terrivelmente culpado. Por que não interrogou o pai? Por que nunca levou realmente a sério seu mal? E todos os esforços que aquele homem teve de fazer para agüentar seis anos após um tal despertar! Para calar-se ainda por tanto tempo!

27 de janeiro de 1968.

Três dias que Raul contou a Pierre o choque da Ópera. Depois disso, de novo, o silêncio! Algumas frases vazias de tempos em tempos sobre o frio que deve estar fazendo lá fora, a caldeira que apita levemente, a cozinha que precisa ser pintada. E sempre os mesmos lamentos de Raul sobre a tensão de seus nervos, as dores fulgurantes na cabeça, a inutilidade de sua vida. Entre dois gemidos, o abatimento desvairado, as longas horas de recolhimento, as sombras que passam por seu rosto, o turbilhão alucinante das imagens. Pierre o imagina viajando no espaço e no tempo, refazendo mil vezes o mesmo caminho ao avesso; e cada um daqueles percursos que o faz perder progressivamente a razão, que rói um pouco mais seu cérebro.

Ele é 1940, 1920, 1900. Adolescente ingênuo e terno em Bouzaréah. Sonhador e melancólico sob as buganvílias em Blida. Acalentado pelo murmúrio das noites da África, a melopéia longínqua dos muezins, os primeiros gritos dos animais da noite. Historiógrafo dos contos de Aicha, percorre os corredores escuros dos haréns, acuando as mulheres infiéis, fustigando os eunucos, acariciando a pele de jovens virgens trêmulas. É violado pela tia e morre todas as noites sobre seu corpo de paquiderme. É Leila drapeada em cafetãs de veludo, recebendo as homenagens do *Tout-Paris*, saboreando o chá da vingança, os olhos semicerrados, estendida sobre sofás macios. Depois passa a ser de novo aquele jovem de olhar febril e nostálgico que passeia nos jardins da Mamounia. Descobre uma jovem de dezesseis anos que jaz entre os mosaicos e as flores numa manhã de mel e sangue, de cavalos selvagens e cavaleiros em fogo.

Mais tarde, lança-se sobre a lavadeira de L'Haÿ-les-Roses porque o guardião do roseiral lhe fechou a grade na cara, porque a mulher o olhou, porque a mulher riu. Escreve ao mundo inteiro que ele é um homem, que é um autor reconhecido, que é o primeiro grande escritor feminista deste século. Mas ninguém quer saber de seu segredo e ele ouve berrar: "Você não é Elissa Rhaís. Elissa Rhaís morreu. Elissa Rhaís jamais existiu".

"Morreu. Jamais existiu. Morreu".

Raul acorda a toda hora com as mãos tapando com força os ouvidos, para não ouvir mais aqueles gritos, para se proteger do assédio daquelas palavras de repetição que lhe martelam o crânio.

E Pierre perdido. Pierre inútil. Pierre que se pergunta o que ainda pode fazer para salvar o pai. Que não pode mais. Que começa também a ter alucinações. A imagem de Leila, Raul lhe mostrou uma foto dela, o persegue: aquela força, aquela autoridade, que emanam de seu olhar, do porte da cabeça sobre o pescoço. Aquele corpo vagaroso e sensual. De tanto ouvir Raul repeti-lo, acreditou até ler no fundo de seus olhos aquela maldição de que acaba agora por estar convencido de que é hereditária. Mas Pierre que não consegue decidir-se a abandonar o pai. Pierre que compreende bem demais o que está em jogo...

28 de janeiro. 5 horas da manhã.

Raul está sentado ao pé da cama do filho. Um e outro não fecharam o olho. Raul não cessou de ir e vir pela casa, de abrir e fechar a porta do armário de remédios; os soníferos, que no entanto tomou em quantidade, não conseguiram fazê-lo dormir. E aquele combate pelo sono o esgotou. Pierre, inquieto, não cessou de vigiá-lo; levantou-se cada vez que ouvia um ruído, para verificar o número dos comprimidos no tubo. Todas as noites ele conta as pílulas e pode assim, de manhã, saber o que o pai engoliu durante a noite. Há alguns dias, Raul não se controla mais. Dobra, triplica as doses, apesar das recomendações do médico e das censuras de Pierre. Teve de percorrer todas as farmácias de L'Haÿ-les-Roses com a mesma receita! E o médico que cometeu a imprudência de inscrever a menção "renovável" em cima da receita! Aquele armário cheio é obcecante e obcecante a idéia da morte que ele contém.

De repente, Raul põe a cabeça de Pierre entre as mãos, como outrora, quando tinha algo de importante a lhe dizer e queria chamar sua atenção. Depois murmura lentamente, em voz baixa, como se fosse seu último sopro, como para um último adeus:

"Vai embora, meu filho, não fique nesta casa. Você deve viver, deve reencontrar seus alunos, seus amigos, seu sol. Aqui, a morte ronda por toda parte. Peço-lhe, fuja, deixe-me. Agora já sei o que me resta fazer".

Até o presente, Raul tinha, ao contrário, retido Pierre. Fora ele quem lhe impusera aquela reclusão. Eis que agora quer liberá-lo. E Pierre que temia este instante sabe por quê: Raul não tem mais nada a dizer. Chegado ao fim de seu relato, acha que pode enfim autorizar-se a morrer.

Pierre então explode. Conteve-se por muito tempo. Aquela noite sem sono e Raul que soluça lhe dão a coragem de falar também, para dizer as palavras de sua ternura, de sua emoção, de sua recusa da morte:

"Mas você não me ama então para querer assim me abandonar? Não se dá conta de a que ponto ainda preciso de você? Você sempre foi meu modelo, meu ídolo, o pai que eu queria ter. Você além disso me dá o presente inestimável de me contar a história de sua vida, sem me esconder nada, e quer me deixar com este amontoado de palavras, sem que façamos juntos algo com elas! Eu teria sido para você somente um gravador! Mas é traição! Você tem que viver, pelo menos para mim, para nós, para a relação excepcional que estamos vivendo, graças a você, graças ao que acaba de me dar. Você queria que eu lhe agradecesse por tudo isso fazendo-me cúmplice de sua morte. Mas seria um assassinato! Não posso aceitar".

Raul segura a cabeça entre as mãos, os olhos fechados, a boca entreaberta. Respira com dificuldade mas consegue pronunciar antes de se levantar:

"Você não entende. Talvez um dia me perdoe...".

Pierre por sua vez se levanta e segue o pai pelo corredor, continuando a exortá-lo.

"Sim, eu entendo você. Vejo o quanto sofre. Mas não quero que morra. Não quero perder meu pai. Partamos antes juntos. Deixemos este inferno. Levarei você comigo para o Marrocos. Passearemos naquelas *medina*s que você adorava. Lembra-se do cheiro de couro, dos temperos, da lã bruta? Lembra-se dos olhos das mulheres berberes, da beleza dos homens do deserto, do mistério daquelas preces, daquelas litanias que parecem vir de lugar nenhum? Lembra-se dos azuis de Fez, dos ocres de Marrakech, da brancura das cidades do Rif e das aldeias de terra lá perto de Taroudant, que se confundem com o solo, com a montanha, com o vale? Lembra-se do gosto das ameixas no *tajine*, do cominho sobre o carneiro grelhado, das passas, da canela e do chá de menta? Eu gostaria de reaprender tudo isso com você. Venha, partamos!".

Pierre agarrou o braço do pai e o sacode como se quisesse acordá-lo, tirá-lo de um pesadelo. Mas Raul não ouve mais nada. Sequer reagiu à evocação daquele Marrocos que amava tanto outrora. Desprende-se de Pierre com um gesto violento, precipita-se sobre a cama e adormece imediatamente. Pierre entra suavemente no quarto, senta-se no rebordo da janela e contempla o rosto do pai, virado para o céu.

São oito horas; o dia raiou mas, tamisado pelas ventanas e as cortinas, só consegue empalidecer ligeiramente a sombra daquele cômodo. Os minutos, as horas passam. Pierre tem a impressão de velar um morto. Ouve no entanto o arquejo irregular e rouco da respiração de Raul. Habituando-se à ausência de luz, acaba distinguindo os pêlos arrepiados de sua barba nos quais se demora.

Acha aquele homem fascinante apesar do tormento que agita seu sono, apesar das mãos descarnadas, do pescoço enrugado, da pele cinzenta.

Por que pensa bruscamente em Aicha, a narradora, que antes de sucumbir semeara estranhas pedrinhas sobre seu caminho? Aicha e seus relatos, Aicha e seu teatro. Aicha que não imaginava que ao divertir Leila, ao fazê-la sonhar no harém, estava fabricando destinos, glórias e toda uma série de desesperos, assassinatos, suicídios. É dela que Raul descende. Ela é sua mãe e seu carrasco. Ele lhe deve sua obra e sua agonia. Ela morreu delirando, contando histórias. Raul o narrador não está morrendo da mesma maneira que, sessenta anos antes, morria Aicha?

Pierre está mais ou menos certo de que o pai não tem mais saída, de que ele está além de qualquer discurso, de qualquer racionalidade. Por mais que lhe suplique, que evoque o amor de um pai por um filho, de um filho pelo pai, nada dará jeito. Raul provavelmente perdeu o sentido dos valores, do amor, da vida.

"E no entanto, mesmo sem esperança, é preciso resistir", pensa Pierre. "Só minha presença ainda o liga à existência. Aqui estou eu, então, prisioneiro voluntário, emparedado vivo; até quando vou poder agüentar?".

29, 30, 31 de janeiro.

Nada. Nem uma palavra entre os dois homens. Últimos olhares. Últimas súplicas silenciosas de Pierre ao pai. Raul sente cada vez mais dor, cada vez mais medo. Anda com dificuldade, cai com freqüência no corredor ou no salão. Os dois vão definhando por falta de oxigênio, sonolência, apatia, refeições magras demais, consumidas sem apetite, ausência de movimentos, náuseas permanentes.

E Laura que continua a descascar seus legumes, a arrumar a casa, a cantarolar árias de operetas, a comentar a fuga para os Estados Unidos da filha de Stalin, o coroamento de Farah, o escândalo do genocídio dos bebês focas e os transplantes "milagrosos" do doutor Barnard.

1º de fevereiro.

Nada ainda. Pierre está no fim de suas forças. Na prisão, veria ao menos guardiães, outros prisioneiros. Aquele face a face, aquele julgamento a portas fechadas que não acaba mais agora atinge seu cérebro e o faz também delirar certas noites. Sente que deve fazer algo, que seu destino e o de seu pai estão em suas mãos e que, se não se mexer, eles morrerão ou ficarão loucos os dois.

Sete horas. Raul está dormindo após dois dias de insônia total. Laura foi na véspera, à noite, para Paris. A irmã a censurara ao telefone por sair pouco, por se deixar levar e a convidara.

"Você não devia ficar assim confinada nessa casa", disse-lhe. "Seus homens podem muito bem ficar sem você uma vez".

Pierre erra pela casa, torturado, febril, mas decidido a agir. Está até pensando em fazer o que o pai no entanto lhe pediu há alguns dias para nunca fazer: telefonar para a Polícia-Socorro. Que levem este homem! No hospital vai estar em segurança, vigiado, tratado. E ele mesmo livre de novo.

Pierre disca o número mas não espera que chame e desliga.

"Seria traí-lo", pensa. "Se eu fosse ele, odiaria o filho que me obrigasse a viver. Já uma primeira vez lhe haviam roubado sua morte. Aos setenta anos, ele tem o direito de escolher a maneira de deixar este mundo!".

E Pierre agora está convencido: não tem mais nada a fazer ali. Tem que viver, é esta a vontade de Raul. Vai carregar, é certo, o peso desta aventura e de todas as lições e de todas as ameaças que ela contém. Vai talvez acusar-se da morte do pai. Mas por enquanto, e sejam quais forem as conseqüências, vai fugir do cheiro funesto desta casa e recusar, ao menos provisoriamente, a idéia da contaminação e do malefício. Não vai se deixar cair na armadilha. A longa cadeia de infelicidades tem de se romper. "Nada é definitivo", pensa, "nem mesmo a maldição. Basta não crer nela...".

Enche rápido a mala, esquenta um último café, a bebida, a comida preferida de Raul, amontoa em duas bolsas os manuscritos, as cartas, os jornais que o pai havia aberto para ele, tantos testemunhos e provas materiais daquela história em forma de grito, de processo, de danação. Uma história que ele vai ter que esquecer... ou que contar um dia, para melhor se desfazer dela. Da porta do quarto, lança uma última olhada para aquele homem próximo de seu último sono e, após ter fechado cuidadosamente a porta atrás de si, enrolado com a bagagem, mas livre enfim, "enche a manhã".

Trecho de uma carta de Paul Tabet a seu editor

... Durante muitos anos, como Leila e Raul haviam feito com suas respectivas histórias, escondi este relato, sufoquei as palavras que no entanto tivera muitas vezes vontade de pronunciar. O silêncio também se transmite.

Medo? Sentimento de ser eu também o "filho" de Leila, de Leila a maldita? Foi preciso que entre Roma e o aeroporto de Fiumicino um amigo um pouco mais atento que os outros me interrogasse, forçasse meus escrúpulos e minhas apreensões para que se abrisse enfim minha memória.

Entretanto, no momento de instruir o dossiê e de empreender este relato e ao querer remontar no tempo e desmontar o mecanismo desta estranha aventura, perguntei-me se não estava destruindo meu pai uma segunda vez. Pois eis que também me sirvo dele, que ele de novo vai entrar na literatura por procuração. Confiscação póstuma de um homem que já foi tão roubado em vida.

Pensei em seguida que fosse talvez ele que, desta vez, se servia de outra pessoa, fazendo de mim o escravo que ele foi para aquela mulher. Será que me aprisionou? Será que se tornou Leila para mim, mudando-me nele mesmo, fazendo-me conhecer o horror que vivera mas desta vez não como uma vingança ou uma punição qualquer, bem antes como o suntuoso presente de um pai a um filho? Fantástica metamorfose: ao me contar esta história que ele não pôde escrever – que teria gostado de escrever – ele me fazia entrar na escrita como a ela fora ele mesmo forçado. Não podendo guardar sua vida, ele a oferecia a mim, ao mesmo tempo que me oferecia a daquela mulher, e, por um último sortilégio, enraizava-me no destino deles.

Ousaria dizer enfim que este homem é também meu filho, já que, hoje, acabo de pari-lo...

Roma, 1º de junho de 1981.

Companhia de Freud
editora

OBRAS PUBLICADAS

Psicanálise e Tempo
Erik Porge

Psicanálise e Análise
do Discurso
Nina Leite

Letra a Letra
Jean Allouch

Mal-Estar na Procriação
Marie-Magdeleine Chatel

Marguerite ou
"A Aimée" de Lacan
Jean Allouch

Revista Internacional nº 1
A Clínica Lacaniana

A Criança na Clínica Psicanalítica
Angela Vorcaro

A Feminilidade Velada
Philippe Julien

O Discurso Melancólico
Marie-Claude Lambotte

A Etificação da Psicanálise
Jean Allouch

Roubo de Idéias?
Erik Porge

Os Nomes do Pai
em Jacques Lacan
Erik Porge

Revista Internacional nº 2
A Histeria

Anorexia mental, ascese, mística
Éric Bidaud

Hitler - A Tirania e a Psicanálise
Jean-Gérard Bursztein

Littoral
A Criança e o Psicanalista

O Amor ao Avesso
Gérard Pommier

Paixões do Ser
Sandra Dias

A Ficção do Si Mesmo
Ana Maria Medeiros da Costa

As Construções do Universal
Monique David-Ménard

Littoral
Luto de Criança

Trata-se uma Criança - Tomos I e II
*Congresso Internacional de Psicanálise
e suas Conexões - Vários*

O Adolescente e o Psicanalista
Jean-Jacques Rassial

— Alô, Lacan?
— É claro que não.
Jean Allouch

A Crise de Adolescência
Octave Mannoni e outros

O Adolescente na Psicanálise
Raymond Cahn

A Morte e o Imaginário na Adolescência
Silvia Tubert

Invocações
Alain Didier-Weill

Um Percurso em Psicanálise
com Lacan
Taciana de Melo Mafra

A Fantasia da Eleição Divina
Sergio Becker

Lacan e o Espelho Sofiânico de Boehme
Dany-Robert Dufour

O Adolescente e a Modernidade - Tomos I, II e III
*Congresso Internacional de Psicanálise
e suas Conexões - Vários*

A Hora do Chá na Casa dos Pendlebury
Alain Didier-Weill

W. R. Bion – Novas Leituras
Arnaldo Chuster

Crianças na Psicanálise
Angela Vorcaro

O Sorriso da Gioconda
Catherine Mathelin

As Psicoses
Philippe Julien

O Olhar e a Voz
Paul-Laurent Assoun

Um Jeito de Poeta
Luís Mauro Caetano da Rosa

Estética da Melancolia
Marie-Claude Lambotte

O Desejo do Psicanalista
Diana F. Rabinovich

Os Mistérios da Trindade
Dany-Robert Dufour

A Equação do Sonhos
Gisèle Chaboudez

Abandonarás teu Pai e tua Mãe
Philippe Julian

A Estrutura na Obra Lacaniana
Taciana de Melo Mafra

Crianças na Psicanálise
Angela Vorcaro

Elissa Rhaís
Paul Tabet

Ciúmes
Denise Lachaud

Trilhamenos do Feminino
Jerzuí Tomaz

Gostar de Mulheres
Autores diversos

Os Errantes da Carne
Jean-Pierre Winter

As Intervenções do Analista
Isidoro Vegh

Adolescência e Psicose
Edson Saggese

Os Discursos e a Cura
Isidoro Vegh

markgraph
Rua Aguiar Moreira, 386 - Bonsucesso
Tel.: (21) 3868-5802 Fax: (21) 270-9656
e-mail: markgraph@domain.com.br
Rio de Janeiro - RJ